顾客定制驱动因素研究

王艳芝 著

南开大学出版社
天 津

图书在版编目(CIP)数据

顾客定制驱动因素研究 / 王艳芝著. —天津：南开大学出版社，2016.3
ISBN 978-7-310-05065-9

Ⅰ. ①顾… Ⅱ. ①王… Ⅲ. ①顾客需求—研究 Ⅳ. ①F713.53

中国版本图书馆 CIP 数据核字(2016)第 018398 号

南开大学出版社出版发行
出版人:孙克强
地址:天津市南开区卫津路 94 号　　邮政编码:300071
营销部电话:(022)23508339　23500755
营销部传真:(022)23508542　　邮购部电话:(022)23502200
*
北京楠海印刷厂印刷
全国各地新华书店经销
*
2016 年 3 月第 1 版　　2016 年 3 月第 1 次印刷
230×155 毫米　16 开本　14.75 印张　217 千字
定价:33.00 元

如遇图书印装质量问题,请与本社营销部联系调换,电话:(022)23507125

前　言

每一次企业商业模式的突破式创新背后，一定存在竞争、市场或技术驱力。随着经济社会的高度发展和体验经济时代的到来，企业经营面临前所未有的挑战：首先，市场竞争越发激烈，企业依靠传统的竞争策略比如成本领先、差异化和集中战略等已经越来越难以获得竞争优势。其次，顾客的要求和角色发生了翻天覆地的转变。一方面，随着 Y 一代（20 世纪 70 年代末到 80 年代初出生的人）和千禧一代消费者逐渐成长为消费市场的中坚力量，“我的事情我做主”“与众不同”成为消费者的个人标签，消费者对产品的功能、设计和质量越来越挑剔，市场上出售的同质化标准商品难以引起他们的消费兴趣；另一方面，消费者对于参与产品设计却表现出日益浓厚的兴趣，他们不再满足于作为“观众”被动地接受商家所提供的流水线产品，而是更愿意积极参与到整个产品设计过程中去，成为公司价值创造的共同参与者，通过参与过程获得体验价值成为消费者的重要心理诉求。与此同时，现代信息和制造业技术也获得了长足发展，移动互联、大数据、云计算、3D（三维立体）打印、物联网等高新技术也为企业商业模式的创新扫除了技术障碍。企业无需担心创新背后的技术实现问题，很多过去难以逾越的技术难题已在现代技术面前迎刃而解了。

在竞争、市场和技术等多种因素的共同作用下，能够以大规模生产的较低成本满足顾客个性化需求的大规模定制模式受到实践和研究人员的密切关注。作为与传统刚性的大规模生产模式相对应的柔性战略范式，大规模定制被认为开启了制造业的新范式，通过为顾客带来功能和体验价值，从而为企业创造综合竞争优势。实践中，很多企业，比如 LV（路易威登）、P&G（宝洁）、Kraft Foods（卡夫食品）、Adidas（阿迪达斯）、Dell（戴尔）、Lego（乐高）等推出了各种形式的定制化服务，定制种类从 T 恤衫、礼品、食物、珠宝、电脑，到美容、新闻、家居设计等不一而足。Youbar 的创始人安东尼•弗林在《私人定制》一书中对当前全球提供定制化服务公司进行过统计，当前大概有 783 家公司为消费者提供各种各样的定制化产品，产品定制在美国和德国尤其普遍。他甚至预言，“到 2040 年，我们所消费的每一样东西——食物、衣服、汽车、广告、出国旅行，都会根据我们的需求量身打造”。

大规模定制就像一块诱人的奶油蛋糕，每个人都想咬上一口。不过对于谨慎而又精明的商家来说，诱人的前景决不意味着应该贸然前往。特别是市场上一些大规模定制的失败案例，更是为企业敲响警钟：并不是所有企业都适合实施大规模定制，也并不是所有顾客都希望进行产品定制。在决定为顾客提供产品定制之前，企业家们需要思考清楚一个关键问题：定制产品的最终接受方是顾客，顾客是否愿意进行产品定制？哪些因素将会影响他们对定制产品的购买意向？其相关机理如何？这些问题的解决，关系到企业大规模定制是否能够成功实施。然而非常遗憾的是，企业家们对此问题并不非常清楚。系统回顾已有大规模定制的理论研究文献后我们得知，虽然学者们从大规模定制战略的流程设计、供应链和存货管理、大规模定制的技术实现以及顾客偏好等视角对大规模定制实施问题进行了广泛探讨，但是尚没有学者从消费者选择与行为决策角度揭示上述问题。研究的缺失也在某种程度上阻碍了大规模定制实践的进一步发展。

鉴于理论研究和商家实践的双重需要，本书将基于消费者行为决策视角，并选取社会心理学和消费者行为研究领域中应用广泛的拓展版的计划行为理论作为研究的整体理论框架，以顾客对定制产品的购买意向作为研究的结果变量，详细剖析顾客对定制产品购买行为意向背后的驱动因素及其作用机理。本研究成果不仅丰富和拓展了现有大规模定制理论的研究内容，相关研究结论对于商家实践还具有重要的指导意义：已经实施了大规模定制的企业可以参考本书的研究结论，改善和优化现有的大规模定制措施；准备实施大规模定制的企业更可以此为鉴，从顾客感知角度认真评估是否具备实施大规模定制的条件，准确进行大规模定制的营销宣传，或者科学设计大规模定制建构平台，避免因决策失误给企业带来不必要的损失。

本书将围绕以下几个部分展开：第一章绪论部分详细阐述本研究的现实和理论背景以及具有的理论和实践应用价值，并交代本研究如何进行研究设计以及拟开展的研究内容和整体结构安排是怎样的。第二章对当前大规模定制理论研究进行文献回顾，通过文献研究，仔细梳理大规模定制研究脉络，找出已有研究存在的空白点以及本研究拟进行突破的方向。第三章对本研究的理论基础即计划行为理论进行研究回顾，综述计划行为理论产生的来龙去脉、应用范围，详细分析了该理论模型的作用机制和在实证研究中的应用，以及为什么本研究以此理论作为研究的理论基础。第四章主要对研究的关键变量进行界定，通过严密的逻辑推导提出 12 项相关研究假设，并在此基础上构筑研究的理论模型。第五章实证研究部分，通过大规模问卷调查数据检验假设是否成立。第六章是结论部分，深入分析实证数据产生结果的原因，对研究结论进行总结，并阐释研究的创新点和特色之处；最后指出研究存在的不足以及未来进一步的研究方向。在书的最后附有调查问卷样本、数据检验结果以及大规模定制案例。

本书内容是在博士论文研究基础上的拓展和深入，希望能够为读者带来些许收获。在撰写过程中得到了众多老师、同学以及南开大学出版社相关老师的帮助和指点，在此深表谢意！尤其是我的亲密爱人对本书的鼎力支持和大力协助，让我完全没有后顾之忧，整个写作都受其爱驱动！但是，由于时间和能力有限，本书仍有许多不足和值得进一步探索之处，恳请各位读者予以批评和指正！

作　者

2015 年 11 月 27 日于阳光书斋

目　录

第一章 绪论

在产业经济时代，大规模生产模式凭借规模效益和成本优势一度占据市场主导地位。然而随着现代科学技术的飞速发展和知识经济时代的悄然到来，企业所面临的市场形势发生根本转变，不仅企业之间的竞争博弈变得越来越激烈，而且消费者需求和角色也发生翻天覆地的变化。企业如果继续胶着于传统刚性的大规模生产模式，势必失去顾客欢心，从而在激烈的市场竞争中丧失竞争优势。在顾客决定商业模式的逻辑主导下，能够以大规模生产的较低成本满足顾客个性化需要的大规模定制模式自然受到企业家的“追捧”与“青睐”。

在本章中，我们首先介绍大规模定制所产生的现实背景和理论研究情况，在此基础上，提出本研究拟探究的科学问题；接下来详细阐述研究意义及研究特色之处；最后重点介绍本书的研究内容、研究方法和整体研究框架。本章内容是全篇研究的总括与“前奏”，为后续研究内容的系统展开做好铺垫。

第一节 研究背景与研究问题

1.1.1 研究的现实背景

顾客决定商业模式。在讲究效率和成本的产业经济时代，企业通过自动化的流水生产线，将清一色的标准化产品推向市场，就能够满足顾客需求。然而随着时间迈入21世纪，经济一体化和全球化进程加快，企业所处的竞争、市场和技术环境都发生了翻天覆地的变化，这给企业的生存和发展带来严峻挑战：

首先，企业之间的竞争越来越白热化。互联网络尤其是移动互联网络的兴起和广泛普及，使得消费破除了时空上的限制。企业之间的竞争博弈越发激烈，面对线上线下、国际国内无处不在的竞争对手，在某一领域或区域占据竞争优势的企业正逐渐被来自四面八方的竞争对手“攻城略地”，丧失“竞争根据地”。竞争白热化成为企业竞争新常态。如何在激烈的竞争博弈中杀出一条血路，或者另辟蹊径，寻找到充满生机和希望的“竞争蓝海”，成为很多企业亟须解决的难题。

其次，顾客需求和角色发生根本转变。伴随着产品供应的大量增加，市场权利重心从卖方转移到买方，顾客成为决定企业命运的上帝。他们不再满足于企业生产什么就消费什么的被动模式，而是更喜欢符合个人偏好的产品。特别是随着Y一代（20世纪70年代末到80年代初出生的人）和千禧一代逐渐成长为消费的主力大军，千篇一律的标准化产品越来越失去吸引力，个性化、与众不同成为年轻一代消费者的核心诉求。除了顾客需求发生转变以外，顾客在企业价值创造中的角色也发生了根本性变化。他们不再是企业价值链终端的被动接受者，而是积极参与到企业的价值创造中去，成为积极参与者（Parhalad & Ramaswamy，2000）。顾客变得越来越挑剔和精明，更喜欢在产品设计中表达个人意见和看法，愿意投身企业的产品设计过程，从而体现个人能力和价值，获得成就感（Sigala，2006）。

实际上，企业为顾客定制产品是一箭多雕之事。一方面，企业在与顾客的沟通和互动过程中可以获取顾客偏好信息，此类信息不仅能够降低企业的市场调研成本，更是企业产品和服务创新的重要源泉；不仅能够增加企业竞争优势，还可以提高顾客对企业的情感认同与依赖，有利于企业培养长期黏性的顾客关系。另一方面，对于顾客来说，顾客通过参与过程收获成就感和满意的个人产品，这无疑能够增加顾客价值与满意度。除此以外，企业通过为顾客提供参与产品设计的途径和手段，还可以使顾客对价格变动不那么敏感。因为根据禀赋效应理论，顾客往往对自己亲自参与设计的产品给出更高价格，并且对自己设计的产品会更满意（Peppers & Rogers，1997）。而顾客是否满意和忠诚则关系到企业能否获得竞争优势：从成本角度来说，开发获得一名新顾客的成本比留住一名老顾客的成本要高出 5 倍（Peppers & Rogers，1993）；另外，满意的顾客能够给企业带来更好的口碑效应，不满意的顾客会将他的不满传递给更多的人。有研究显示，一名高兴的顾客将把他们的满意告诉 3 个人，而一名不满意的顾客会将他的不满意传递给 9 个人（Whiteley & Hessan，1996）。在当前激烈的市场竞争条件下，企业不愿意随便放弃任何目标顾客。如何创新商业模式，满足顾客日益增长的个性化和多样性需求并提高顾客满意度和忠诚度，成了很多企业面临的一次"大考"。

最后，现代信息和制造业技术从根本上改变了企业的竞争策略。3D（三维立体）打印、大数据、云计算、移动互联、物联网等新兴科技不仅深刻改变了人类社会，更直接改变了企业竞争逻辑。技术上的长足进步解决了企业商业模式创新中的技术瓶颈，过去很多在创新过程中难以实现的技术问题借助高新技术手段迎刃而解，新一轮科技革命正在引发全球产业发展方式的变革。被誉为"竞争战略之父"的美国学者迈克尔·波特在其《竞争战略》一书中提出竞争的三大战略：成本领先、差别化和集中战略。这三大战略曾经被很多身处竞争红海中的企业奉为"葵花宝典"。然而在竞争对手分布广泛、竞争程度加剧、顾客需求和角色发生根本转变的竞争新常态下，这三大战略日益表现得差强人意。对于成本领先战略来说，该战略一度为企业带来成本红利。企业通过各种措施压缩成本，不仅能够战胜现有竞争对手，更阻止了潜在的竞争对手进入市场，形成天然的竞争壁垒，从而获得竞争优势。但是该战略的缺点也异常明显，通过短兵相接的价格战很容易使企业"杀敌一百，自损三千"。比如每年"双十一"各大电商的价格博弈，最终结果不但压缩了自身的利润空间，还使企业过度聚焦于产业链上的价格因素，而忽视了整个产业格局的新变化，对竞争趋势缺乏敏感性，最终损害企业的核心竞争优势。差异化战略能够将企业从"竞争红海"引入有开发潜力的"蓝海"区域，公司通过提供差异化的产品和服务，能够在产业竞争中形成独特优势。

这不仅缓解了企业竞争上的压力，而且更容易建立顾客忠诚度。但是差异化战略仍然是建立在大规模生产基础上的细分，这样的产品细分不可能无限制细分下去。面对顾客日益增长的个性化消费需求，该战略越来越难以为继。集中战略是指企业把重心聚焦于某个目标市场，这在传统竞争中曾经发挥了很大作用。比如格力电器集团专注于空调市场，企业可以集中优势资源做产品研发，从而凭借较好的产品口碑获得目标顾客的认可。但是，这种过度集中于某一细分市场的战略虽然使企业能够集中优势资源，却很难在更广阔的范围内超越对手，获得竞争优势。

21 世纪是体验经济时代，要求企业一切以用户为中心。如何为顾客创造更多价值，成为很多企业驱动竞争格局良性发展的核心力量。面对这种新的市场现实，能够以大规模生产的成本满足顾客个性化需求的大规模定制模式日益受到学者和商家的重视。大规模定制模式的研究先驱 Pine 教授甚至预言，大规模定制模式是 21 世纪企业发展的新战略，该战略能够最终代替 20 世纪占主流地位的大规模生产模式而成为市场上的主导战略（Pine，1993）。

很多大企业看重大规模定制模式所带来的巨大市场潜力，纷纷将其作为有力的竞争武器。比如必胜宅急送推出“个性点料，我的专属比萨”服务，顾客可以从公司网站自由选择自己喜欢的比萨口味、配料等，全新设计自己喜欢的比萨口味，做到“我的比萨我做主”。美国汽车品牌 Dodge（道奇）发布了全新定制系列 Viper GTC，提供 8000 个外观颜色、24000 款定制化线条、10 种轮圈、16 种内饰与 6 种空气力学套件可选。换句话说，有超过 2500 万种方案供买家定制，然后交由 Dodge 以极致手工艺打造出一辆独一无二的 Viper GTC。最为消费者耳熟能详的定制公司是戴尔，迈克尔·戴尔 1984 年开始推出自行设计的定制电脑，从电脑外观、颜色到内部 CPU（中央处理器）等元器件，消费者都可以自由组合。截至目前，该公司总价值已经达到 270 亿美元。世界 500 强中提供定制化产品或者服务的公司已经为数众多，比如宝洁、百事、克莱斯勒、通用汽车、惠普、波音、强生等公司。根据《纽约时报》的相关资料，定制公司正以惊人的数量增长，行业先驱 Zazzle 和 CafePress 每年增长率都在 80%以上（Miller，2009）。美国食品定制公司 Youbar 的创始人在《私人定制》一书中做过统计，截至2014年，全球定制化公司大概有783家，定制产品涵盖了衣服、珠宝、食品、礼物等。另外，娱乐、旅游、电信等服务也纷纷推出定制模式。毫不夸张地说，定制化已经深入欧美人的生活内部，即使在电商增长率下降到1位数的时候，消费者也愿意选择独有产品（Franke et al.，2009；Franke & Piller，2004）。

在国内，推出大规模定制模式的公司也并不在少数。比如海尔集团通过互联网实现从大规模生产模式向大规模个性化定制生产模式的转变。在其海尔冰箱沈阳工厂，首创互联工厂新模式。根据用户的需求，整合全球一流的设计资源、模块供应商等外部资源。在互联工厂的平台上，用户下单除了下给工厂，也同步实时传递到模块商，模块商可以及时接收用户信息、高效提供模块，以满足互联网时代用户的个性化、碎片化需求。PLC（可编程控制器）产品制造商南大傲拓科技江苏有限公司通过提供硬件定制、软件定制、解决方案定制和售后服务定制四项定制服务，一路赶超发力，逐渐洗去国产PLC“技不如人”的印象。中国电信结合产品、服务、网络、渠道等优势，将众多IT（信息技术）软、硬件产品与电信基础通信业务和增值业务相融合，面向企业客户推出了“领航定制终端服务”，通过为企业客户搭建专业、安全、可靠的电信网络和服务平台，让中小企业享受运营商提供的一站式、快捷、安全的电信产品和服务。

综合来看，大规模定制模式的兴起和日益普及，既有其存在的必然性，又有其发展的合理性。在这种高涨的大规模定制实践背景下，尤其需要创新性的理论研究成果。

1.1.2 研究的理论背景

与实践中很多大企业对大规模定制寄予厚望相对应，学者们也对此商业模式给予了密切关注，不但相关研究成果数量颇丰，而且频频出现在世界顶级期刊如JM（*Journal of Marketing*）、JMR（*Journal of Marketing Research*）、MS（*Marketing Science*）、JCR（*Journal of Consumer Research*）上面。认真回顾梳理已有研究，我们可以发现大规模定制研究呈现由浅入深、从定性的现象描述式研究到定量的机理剖析转化等特点。

"大规模定制"概念最早出现在美国学者 Davis（1987）的《完美未来》一书中，他认为"……（当时的）技术条件阻碍了大规模定制的出现，但大规模定制模式将成为未来商业发展的趋势"。至于何为大规模定制，Davis 在 1996 年的研究中给出如下描述："大规模定制意味着企业可以用工业经济时代的大规模市场方式接触大量顾客，同时用前工业经济时代的定制模式单独满足每个顾客需求。这种无限精细化的市场细分最终将实现单体细分，即在大规模生产基础之上满足单个消费者的定制化需要。"

作为一种新兴的商业模式，学者们对大规模定制的概念、内涵、实施条件、优缺点等进行了广泛探讨，获得了较深的认识。随着研究的深入，如何成功实施大规模定制成为学者们的研究重心。围绕大规模定制的实施研究，大体上存在两种研究思路：企业视角和顾客视角。最初学者们对大规模定制的实施研究主要立足于企业，包括产品定制中的流程再造、物流配送和产品库存管理、供应链整合、大规模定制平台设计、延迟和模块化技术等。这些研究成果为企业的定制实践提供了很多帮助。然而现实中也出现一些大规模定制失败的案例，比如知名牛仔裤品牌 Levi's（李维斯）在 1994 年就推出"Personal Pair"（个人之裤），随后又推出"Original Spin"（原始旋转）的定制概念，这一服务在推出后也曾受到市场热烈追捧，一度被很多企业当作大规模定制的成功案例，可是谁想到 2003 年 Levi's 公司却关闭了"Original Spin"系列定制服务（Piller et al., 2004）。

现实中失败的大规模定制案例为企业的定制热情浇了"一盆冷水"，一个关键问题引起企业重视。即如果想成功实施大规模定制，定制产品的最终接受方也就是顾客是否能够接受才是核心要件。如果顾客对企业的定制产品或服务不买账，任何的技术讨论都没有实质意义。基于这样的研究认知，学者们把研究重心逐渐从企业转移到顾客身上，对大规模定制的研究视角趋于微观，并且多采用定量研究方法。基于顾客视角的大规模定制实施研究又可以梳理出三条主线：

第一条研究主线围绕顾客特点展开。比如 Simonson（2005）发现，大规模定制产品并不适合所有人，虽然人们都喜欢个性化产品，但是并不是所有人都对个人偏好有清晰的认知。正是因为这样，只有那些偏好稳定并且能够清晰定义的顾客才有可能欣赏定制化产品并接受大规模产品定制模式。他的研究也进一步提醒企业，在实施大规模定制之前，一定要有清晰的目标顾客群体。Kaplan 等人（2007）通过调查发现，顾客的基本类产品消费频率和定制产品购买意图积极相关。何昊（2010）发现顾客所拥有的定制产品知识和定制任务能够共同影响消费者参与定制的情感体验、感知匹配和心理拥有感。另外，在顾客的心理预期转换为实际定制产品购买意愿的过程中，消费者的判断还会受到品牌信任因素的影响。

第二条研究主线围绕定制任务特点与消费者感知展开。比如 Randall 等人（2007）对比了以参数为基础的建构工具和以属性为基础的工具之间的异同，发现以参数为基础的建构工具更适合专家使用者；而后者则更适合新手使用。Delaert & Stremersch（2005）分析了工具类型、感知复杂性和产品功用之间的关系，他们发现模块和模块水平数量并不会增加感知复杂性，但是能够显著增加顾客感知的产品效用。另外，有研究人员从信息呈现方式与顾客满意角度着手，发现信息的呈现方式不同也能够影响顾客对定制产品的满意度。如果信息是以属性而不是替代选择方式呈现的话，顾客将会对定制产品更满意，也将感知更少的定制复杂性（Huffman & Kahn，1998）。

第三条研究主线围绕定制过程展开研究。举例来说，Nikolaus 等人（2009）发现设计过程以及伴随该过程的顾客心理反应与其对自我设计产品的主观评价积极相关。他们采取实验方法，要求 186 名被试者设计头巾。实验结果表明，被试者对于自我设计产品的主观价值感知不仅受到偏好吻合的影响，还受到顾客所报告的过程享乐性、偏好吻合与过程享乐性的交互作用以及偏好吻合和感知过程努力的交互性的影响。

回顾已有的研究我们不难发现，已有对大规模定制模式的研究经历了可喜的转变，从关注企业的定制实施到探究顾客是否愿意接受，并且关注怎样才能让顾客更好地接受定制产品问题，研究方法也从最初的定性描述拓展到实证研究。这些研究成果虽然为企业的定制实践提供了有益指导，但是仍然存在一些局限。比如基于顾客视角的研究还是较为分散，尚缺乏从消费者行为决策视角系统探究到底哪些因素影响顾客接受定制产品的研究。研究的这些缺失不可避免地对企业的定制实践带来一定影响。

1.1.3 研究问题的提出

通过上面的论述我们不难发现，当前企业面临双重困境：一方面是越来越挑剔的顾客以及激烈的市场竞争，另一方面则是大规模生产模式的“力不从心”。为突破困境，企业自然对柔性的大规模定制模式“寄予厚望”。然而“理想很丰满，现实很骨感”。企业在决定推出大规模定制之前，一些非常重要而严肃的问题需要仔细思考清楚：顾客到底如何看待定制产品？他们愿意为定制产品买单吗？哪些因素会影响他们的定制选择？企业又该如何有针对性地推出大规模定制？这些问题的解决关系到企业的定制战略能否成功实施。而回顾已有关于大规模定制的理论研究，虽然有少部分学者从顾客视角对大规模定制的实施问题进行了初步探讨，然而对上述问题至今没有提供令人满意的答案。归根结底，要解决上述问题，需要立足顾客视角，深入了解顾客选择与行为决策过程。

在消费者选择与决策研究领域，计划行为理论被证明能够有效预测个体的行为意图和行为结果。该理论是在合理行为理论基础上发展而来的；其核心假设是认为，个体的行为可以通过其行为意图加以预测，而态度、主观标准和感知行为控制能够预测其行为意图。态度反映了个体对于是否从事该行为所持有的积极或者消极评价；主观标准反映了周围群体的意见，是个体对周围群体是否赞同其行为的主观判断；但是仅有态度和主观标准并不一定产生行为意图，个体是否有能力从事此行为即感知行为控制对其行为意图的预测也非常关键。

计划行为理论一经提出，便得到研究人员的热烈响应。学者们不仅从很多领域对该行为的适用性进行了实证研究，而且有很多学者对该理论进行了扩展研究。其中比较突出的有 Thorbjornsen 等人（2007）的研究。他们把身份理论和社会认同理论与计划行为理论整合在一起，认为除了态度、主观标准和感知行为控制以外，自我身份表达和社会身份表达也会独立作用于个体的行为意图；除此以外，自我身份表达能够通过态度间接影响行为意图，而主观标准也能够通过对社会身份表达的强化间接地影响行为意图。他们在对传统计划行为理论模型和拓展计划行为理论模型进行实证检验后发现，这种经过拓展的计划行为理论模型对个体使用多媒体信息的行为意图的预测力更强。

基于此，本研究立足消费者选择与行为决策视角，选取拓展的计划行为理论作为研究的理论基础，在态度理论、信任理论、参照群体理论、自我效能理论等理论基础上，从顾客认知与情感、社会影响因素以及实际行为能力等方面探究对顾客购买定制产品意图的预测因素；并以期待—价值模型为基础，从顾客自身特征、企业因素、社会影响因素三个方面，对上述驱动因素的前置影响变量进行研究。同时，在深入探究各因素的作用路径与机理基础上，系统构筑顾客定制驱动因素整合模型，并通过实证数据对模型的有效性进行检验。

在本研究中，我们之所以选取拓展的计划行为理论作为研究的整体框架，其原因在于，我们认为定制产品除了具有能够更好地满足顾客偏好的功能价值以外，向外界传递使用者的个人身份和社会身份信息也是其必不可少的用途之一。也就是说，除了功能价值以外，定制产品的象征性意义也非常关键。传统的计划行为理论仅反映了个体的态度、感知行为控制以及主观行为标准对其行为意图的预测作用，不能完整反映个体的身份表达需要。通过系统构筑顾客定制驱动因素整合模型，本研究不仅填补了现有大规模定制理论研究的空白，而且本研究结果还将具有较强的理论和现实指导意义。

第二节　研究意义与研究特色

1.2.1　研究的理论意义

本研究的理论意义在于从顾客视角出发，抓住了大规模定制实施的关键问题。我们选取顾客对定制产品的购买意向作为研究的结果变量，以社会心理学和消费者行为决策领域应用广泛的计划行为理论作为研究的整体框架，顺着动机—行为的逻辑研究主线，对影响顾客购买定制产品意向的预测因素和作用效果进行深入探究。研究从根本上解决了顾客究竟为何购买定制产品的关键问题；研究结果不仅证实了现有部分大规模定制实证研究的结果，并且深化和拓展了大规模定制理论的研究范围。

除此以外，本研究并没有局限于对定制产品购买意向预测因素的孤立探究，而是继续向前追溯预测因素的前置影响变量，以期待—价值模型作为研究基础，从顾客自身特征因素、企业实施方因素、定制情境因素三个方面对定制产品购买意向预测因素的前置影响变量进行了深入剖析。在期待—价值—动机—行为整体逻辑链条下，科学构筑顾客定制驱动因素整合模型。该研究模型填补了现有大规模定制理论研究的断层与空白，将生产领域的大规模定制研究同消费者行为领域的消费者行为决策研究有机结合，推动了现有的大规模定制研究向更加微观的方向纵深发展。

1.2.2 研究的实践意义

理论来源于实践，最后又服务于实践。大规模定制模式自从其诞生之日起就受到学者和企业实践人员的密切关注，相关研究成果颇丰。本研究在对已有研究文献进行细致研读和梳理的基础上，发现大规模定制研究中存在一些断层和空白之处。从顾客行为决策视角出发，本研究创新性地提出顾客定制驱动因素模型，并通过实证研究证明该模型的有效性，填补了现有大规模定制理论研究的空白。在对大规模定制做出创新性理论贡献的基础上，本研究的相关研究结论对企业的大规模定制实践也具有重要指导作用。对于企业大规模定制实践中所关心的重点和难点问题，比如哪些顾客更喜欢定制产品？哪些因素影响他们的购买行为意向？其内部行为决策过程是怎样的？这些问题的解决对于企业成功实施大规模定制至关重要。本研究通过科学剖析影响顾客对定制产品购买意向的预测因素及各因素的作用效果，完整而又清晰地呈现了顾客对定制产品购买行为的内部决策过程；同时，揭示出大规模定制情境中，顾客对定制产品购买意向背后的驱动因素。这些因素和作用机理的揭示，能够帮助企业更加精准地进行大规模定制平台设计，或者针对目标顾客群体开展大规模定制的营销宣传工作，相关研究结论对于企业的定制实践具有重要启示作用。

1.2.3 研究特色

第一，整合社会学、市场营销与消费者行为研究，体现交叉研究特点。消费者行为决策领域的拓展计划行为理论精准捕捉到影响顾客行为意图的认知与情感因素、社会因素以及实际行为能力因素，能够有效预测个体的行为意图。我们以拓展的计划行为理论框架作为本研究的整体理论基础。除此以外，我们还整合参照群体理论、品牌信任理论等，对上述因素的前置影响变量进行研究。这种交叉研究思维有助于我们全面捕捉驱动顾客进行产品定制的因素，有利于科学全面地理解顾客选择定制产品的内在原因。

第二，在研究思路上，我们既考虑消费者选择与行为决策特点如个人认知信念（态度）、周围群体意见（主观标准）和行为能力（感知行为控制），又考虑定制产品所具有的双重意义（偏好满足和象征价值）。之所以选取拓展的计划行为理论作为研究的理论基础，是因为该理论已被证明能够很好地预测顾客的行为意图。除此以外，我们还考虑顾客特点（顾客对定制产品的敏感性、顾客的定制产品知识）、企业因素（如品牌信任、企业的定制指导）以及社会因素（参照群体影响），进而对上述行为动机因素的前置影响变量进行研究。

本研究立足于顾客对定制产品的购买行为意图，既考虑到顾客行为特征（认知与情感、行为能力）和社会群体因素（主观标准）的预测作用，同时又整合顾客、企业和社会三方面因素探究预测因素的前置变量研究，在设计上层层推进、由表及里，科学还原了顾客为何选择定制产品的现象本质。

第三，在研究方法上，本研究采用定性分析与定量实证相结合，通过文献研究、大样本问卷调查、统计分析等多种研究手段相辅相成，既能满足理论推导的科学、严谨性，又能确保研究结论的有效性与普适性。

第三节 研究内容、方法与整体框架

1.3.1 研究内容

进入21世纪，企业所面临的市场环境愈加动荡不稳。除去对手之间的竞争博弈越来越激烈以外，最大的挑战来自顾客需求和角色的重要转变。Y一代和千禧一代的年轻消费者对于被动接受企业提供的标准化产品越来越不满意，更希望获取能够满足个人偏好的独一无二的商品。在这样的市场背景下，如何转变生产模式，满足顾客的个性化需求成为企业获取竞争优势的头等大事。如果企业继续坚持资源基础观，执着于传统的大规模生产模式，显然无法适应快速变化的市场需求。如何培养企业动态能力并实行弹性生产模式迫在眉睫。所幸，现代信息、物流和制造等高新技术的发展也为企业商业模式创新提供了坚定的保障。能够以大规模生产的成本来满足顾客日益增长的个性化需要的大规模定制模式受到商家青睐。

很多企业希望通过大规模定制模式吸引顾客，以获取顾客满意与忠诚。但是大规模定制成功实施的一个关键条件在于顾客是否愿意接受定制产品，所以，了解顾客的想法和意见至关重要。顾客如何看待大规模定制产品？哪些因素能够影响他们购买定制产品的行为意向？相关作用机理又是什么？这些问题悬而未决，而答案无论是对大规模定制的理论研究还是对企业实践都具有重要意义。基于此，本研究立足顾客选择与行为决策视角，以拓展的计划行为理论作为研究基础，探讨驱动顾客选择定制产品的相关因素，希望能够在已有研究文献基础上，通过科学严谨的逻辑推理，构筑影响顾客选择定制产品的因素整合模型，深入探究各影响因素的作用效果和相关机理，并通过实证调查数据对此模型的科学性进行实证检验。为达成以上这些研究目标，笔者拟开展以下几个方面的研究：

第一，仔细回顾梳理现有大规模定制研究文献，找到研究空白点和不足之处，为本研究奠定基础。一项创新性研究的开展，首先离不开对已有研究成果的整理与述评,只有在前人研究的基础上找到研究的断层、空白点或者矛盾之处，才会进一步理清未来的研究方向，也才能使研究不至于成为“无源之水”“无本之木”，理论创新也才能由此实现。大规模定制概念从 20 世纪 80 年代提出至今已将近 30 年时间,其真正获得长足发展是最近数年的事。虽然有少部分学者如美国的 Pine 教授对此模式寄予厚望，认为该模式终将取代大规模生产，成为 21 世纪企业的主导模式；然而与实践需要相比，学者们对大规模定制模式的理论研究却远远落在后面。

在深入开展本研究之前，我们首先需要做的工作是对大规模定制的已有研究成果进行收集、整理、细致研读，尤其是要对大规模定制的起源、种类、概念的外延和内涵、企业实施大规模定制所需具备的条件，以及企业该如何实施大规模定制等问题进行系统梳理。文献研究的结果能够帮助我们找到当前大规模定制研究的空白点，这些是接下来研究的重点。

第二，在文献研究整理出的研究空白点基础上，设计本研究基本框架和内容。大规模定制研究最核心的问题在于企业究竟该如何实施此模式。已有关于大规模定制实施的研究文献多基于企业视角展开，比如说企业供应链整合、物流和库存管理、延迟和定制平台设计等。虽然有少部分学者从顾客立场出发，对大规模定制任务设计进行了研究，但是对于究竟有哪些因素驱动顾客选择定制产品仍然缺乏系统深入的研究。研究的缺失不利于大规模定制实践的进一步发展。本研究在已有空白点基础上，拟从顾客选择与行为决策视角对大规模定制究竟该如何成功实施进行系统探究。我们将在社会学、社会心理学、市场营销和消费者行为决策等理论基础上，选择扩展的计划行为理论作为研究的整体框架。我们将对计划行为理论模型的起源、基本架构、适用范围、实证分析等进行广泛而深入的研究，从中研判是否适合大规模定制的研究情境，从而得到对本研究的启示等，初步构建本研究的基本框架。

第三，系统构建顾客定制驱动因素整合模型，并对各因素的作用机理和路径进行详细探究。顾客行为可以通过其行为意图有效预测。影响顾客行为意图的因素很多，除去顾客本身的认知与情感以外，周围人是否赞同、顾客是否具备实际行为能力等也都可以预测。举例来说，某位女顾客在商场看到一双漂亮的鞋子，她非常喜欢也很想买，陪同的老公也赞同，可是结账时却发现忘带钱包。在这种情况下，决定顾客购买鞋子行为意图的除了态度、主观标准以外，感知行为控制对其行为意图也非常关键。在本研究情境中，顾客是否喜欢定制产品？他们对定制产品的购买意图将会受到哪些因素影响呢？本研究将通过逻辑推演来证实顾客对定制产品的态度、主观标准和感知行为控制是否能够预测其对定制产品的购买行为意图，以及这些因素的预测能力是否存在差别。另外，定制产品除了具有满足个人偏好的功能性价值以外，还具有象征性意义，顾客的自我身份表达和社会身份表达是否能够预测其对定制产品的购买意图也需要加以研究。

除去论证顾客对定制产品的态度、主观标准、感知行为控制、自我身份表达和社会身份表达对顾客定制产品购买意图是否具备预测作用，以及各影响因素的预测作用的权重高低以外，这些因素的前置影响因素有哪些？顾客之间差异很大，有的人定制产品知识丰富，有的一无所知；有的顾客非常需要定制产品，而有的顾客觉得标准化产品也没什么不好。另外，企业存在品牌差异，是有品牌效应的企业还是无名企业推出定制产品模式更有利？企业到底是否应该推出定制指导？周围群体意见对于顾客的定制选择会产生影响吗？影响权重有多大？这些问题都将在本研究中细致展开。

第四，通过实证数据，对理论模型的有效性进行检验。定性分析与定量研究相辅相成，缺一不可。理论模型构建成功以后，该模型的科学性和有效性需要来自实证数据的检验。本研究将采用大样本问卷调查方法，以南开大学和河北大学两所学校的大学生作为调查对象。之所以选择大学生作为调查样本，原因在于大学生作为年轻的消费群体，在消费市场中越来越占据中坚地位。成长于独生子女政策下的中国大学生，大多数家境良好，消费能力可观，特别是对于更反映个性的定制产品有着较强烈的需求，所以具有较强的代表性。对于研究中所涉及的变量，我们将会借鉴现有的成熟量表，并根据本研究的研究情境进行适当修改。对于修改后的调查问卷，将会反复进行专家团队论证，进行预调查，以期获得科学有效的调查问卷。问卷收集上来以后，会特别去掉不合要求的答卷；对于有效问卷所获数据，将通过 Lisrel 8.7 软件对理论模型进行结构方程检验，数据分析结果将揭示理论模型是否成立。

第五，对结论进行总讨论，总结研究的理论创新和实践贡献、研究中存在的不足并指出未来进一步的研究方向。通过文献研究和逻辑推导，我们提出了驱动顾客选择定制产品的因素整合模型，并进一步通过实证数据，对此模型的有效性进行了检验。在本部分，我们将对所提假设实证检验部分进行总结，对研究结论和观点进一步提炼。在此基础上，归纳本研究的理论贡献和实践价值。除此以外，我们还将客观讨论研究中存在的缺点和不足，以及未来需要研究的方向，为进一步研究奠定基础。

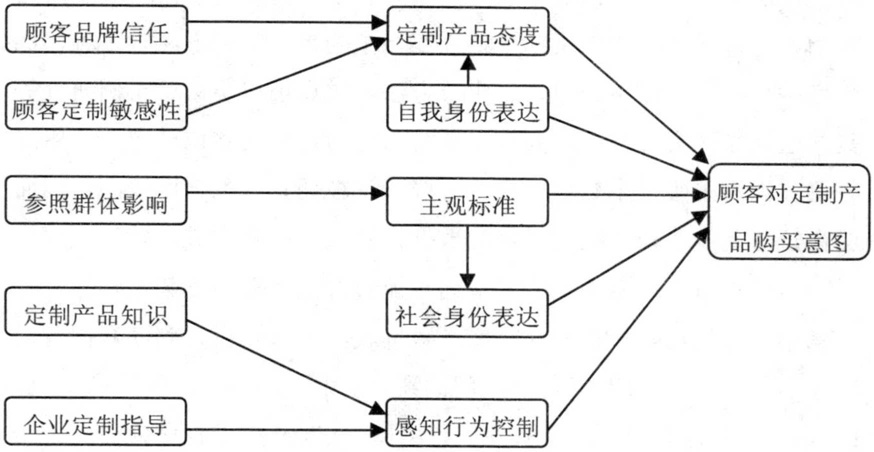

图 1.1　本研究整体理论模型

资料来源：作者整理。

1.3.2　研究方法

本项目采取理论和实证研究相结合、定性和定量分析兼顾的方法，根据不同研究阶段和目标，综合运用多种研究方法和手段，通过研究方法之间的功能与优势互补，以期获得科学可信的研究结论。

第一，文献研究。自从 20 世纪 80 年代大规模定制概念提出后，对大规模定制研究的文献如雨后春笋，蓬勃发展。研究学者来自运营生产、战略管理、创新管理、市场研究等多个领域。但是伴随而来的问题也非常突出，表现为相关研究内容交错纷乱、主线不清，研究观点不一致等。如何从大量的研究文献中梳理出研究演进的脉络和方向并找出研究遗漏和不足的地方，对大规模定制研究和企业实践都具有非凡的意义。当然，颇具难度的研究对笔者也是个很大的挑战。为此，笔者从多个中英文数据库中检索出几百篇与大规模定制相关的研究文献，进行了仔细研读、分析，利用一年多时间提炼出拟研究的问题，通过逻辑推导构建了本研究中的理论模型。

第二，大样本问卷调查。通过理论推导构建的模型是否成立，还需要来自实证数据的检验。为此，笔者根据研究目标与内容设计，采用随机抽样的大样本数据调查方法，对南开大学、河北大学两所大学的大学生消费者进行实证数据采样。特别要指出的是，实证方法有多种，比如大样本数据调查、田野研究、实验方法、焦点小组访谈、案例研究等，具体选取哪种实证方法需要根据研究内容而定。问卷调查方法应用最为普遍，因为采集样本数量很大，一般来说被调查者配合度较高，因而能够在短时间内快速获取高质量的数据，并且数据获取成本较为低廉。所以，根据本研究内容，我们采取问卷调查方法获取实证数据。

第三，统计分析技术。在实证数据收集上来以后，到底数据背后反映了怎样的信息则需要借助专门的统计分析技术加以提炼。我们通过 Lisrel 8.7 软件对模型的有效性进行检验。Lisrel 模型也称为协方差结构模型，是一种多变量统计技术，用于检验潜变量间的假设关系，在实践中应用非常广泛。它整合了因素分析与路径分析两种统计方法，同时检验模型中包含的显性变量、潜变量、干扰或误差变量间的关系，进而获得自变量对因变量影响的直接效果、间接效果或总效果，是一种应用非常广泛的统计分析技术。

1.3.3 研究的整体框架

为达成本研究的研究目标，研究整体围绕四个部分展开，详细情况如图 1.2 所示。

第一部分是研究概述，主要集中在第一章，起到提纲挈领的作用。

在这部分内容中，大体分三个层次进行：第一节我们重点介绍大规模定制模式兴起的宏观背景，企业对大规模定制寄予的厚望，专家学者对此模式进行研究的主要脉络、存在的研究空白点，本研究所聚集的问题以及研究思路等；第二节我们重点介绍本研究的理论和现实意义与研究特色，这是本研究的贡献所在，也是存在的必要基础；第三节我们概述了本研究的研究内容、研究目标、所采用的研究方法以及整体研究框架等内容。

第二部分是研究的理论基础部分，包括第二章和第三章内容。该部分是本研究的重要基石。其中，第二章对大规模定制的现有研究文献进行了细致梳理，包括大规模定制概念的起源、内涵与外延，学者们对大规模定制与大规模生产关系的定位与争议，大规模定制的种类、实施条件。这些问题有助于我们从整体角度科学地理解大规模定制模式。除此以外，我们重点回顾了学者们从不同学科和视角对大规模定制实施的研究，通过对已有大规模定制研究文献进行述评，从中找到研究断层和研究空白点，从而为本研究提供了研究机会。

第三章是本研究的理论基础部分。在此章，我们重点介绍了本研究的理论基础——拓展版的计划行为理论的产生与发展、该理论模型中各变量的内涵与测量维度、模型中各变量的作用效应分析，以及已有研究对该模型有效性的实证检验结果。根据对该理论的研究回顾，得出对本研究的启示，同时对本研究采用拓展版的计划行为理论作为研究基础进行必要性分析。

第三部分是本研究的主体部分，也是创新与价值所在，包括第四章和第五章内容。在第四章中，我们通过细致而周密的文献研究，提炼出本研究的核心研究变量。经过严谨的逻辑推导，提出研究假设，得到变量与变量之间的作用关系路径，并在此基础上创新性地提出本研究的理论模型即影响顾客选择定制产品的整合因素模型。第五章是实证研究部分。理论模型提出后，是否能够经受住来自实践数据的检验？模型的科学性和有效性到底如何？我们采用随机抽样的大样本问卷调查方法，对年轻的大学生消费者进行实证调查。对于收集上来的有效数据，运用 Lisrel 软件进行统计分析。高质量的实证数据能够验证本研究的理论模型是否成立以及相关研究假设是否得到数据支持。

第四部分是本研究的总结提炼部分，主要在第六章进行。在这部分内容中，我们重点对第五章实证数据检验结果进行归纳总结，对主要研究结论进行提炼，尤其对假设没有得到数据支持的情况，进一步分析原因。除此以外，我们将研究成果与现有相关领域研究成果有机结合，提炼出本研究的理论贡献与实践价值,并客观指出研究中存在的不足之处，以及未来的研究方向。

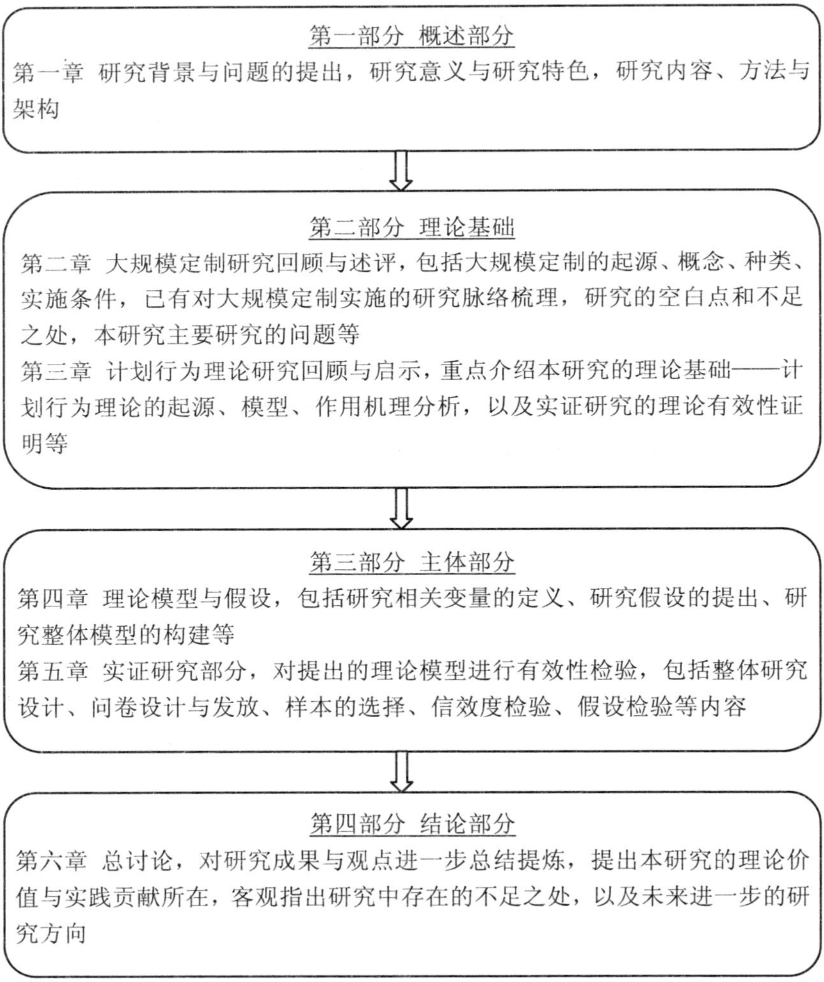

图 1.2 研究整体框架

资料来源：作者整理。

第二章　大规模定制研究回顾与述评

本部分主要对研究客体——大规模定制模式的兴起与研究脉络进行系统回顾与梳理，包括大规模定制模式的起源、概念内涵、定制种类、实施条件、与大规模生产模式的关系以及具体如何实施等问题。重点整理现有研究的切入视角、研究所依托的理论基础、所采用的研究方法以及相关研究结论。在此基础上，发现已有研究的空白以及未来可能的研究机会。对研究问题的细致梳理与述评，为本研究的进一步开展打下了坚实的基础。

第一节　大规模定制模式的产生

2.1.1　生产模式的变迁

生产模式的变迁总是与经济发展水平、技术条件和市场需求息息相关，纵观制造工艺发展史，总的来说经历了以下三种生产模式的转变：

1. 传统手工作坊式生产（Handicraft Production）——19 世纪的生产模式选择。在 20 世纪以前的产前经济时代，人类社会的产品制造基本以技术工人的手工生产为主。那时经济发展水平低下，现代技术尚处萌芽阶段，整个世界市场化程度极低。人们主要通过生活聚居地附近的市集，进行以简单生产工具加工出来的商品的交换或贸易活动。生活范围的狭隘以及生活方式的简单，使得人们对商品需求以维持基本生活需要为主。这种手工作坊式生产一度在人类社会持续较长时间，该方式能够根据人们的需要灵活生产，但是效率低下，很难同时满足众多需要。随着经济发展水平的提高和人们需求的大量增长，手工作坊式生产越来越难以为继。

2. 大规模生产模式（Mass Production）——20 世纪的主导生产模式。进入 20 世纪，能够实现规模经济效益的大规模生产模式开始在制造业中占据主导地位。该种模式的优势在于通过依托劳动分工与协作，在机械化和自动化等生产技术支持下，能够大幅度提高生产总量和劳动生产率，从而降低单位产品的生产成本，实现规模经济所带来的增量效益。

大规模生产模式的先驱和典型例子是美国的福特汽车公司。福特汽车公司创立于 1903 年，当时年产量 1700 多辆。第一次世界大战以后，百废待兴，市场刚刚起步，只有少数有钱人才买得起汽车。福特汽车公司的创始人亨利·福特认为，如果能够以最低的成本卖出最多的产品就能够获得最大的利润，而为了实现尽可能低的生产成本以占有更大的市场份额，在生产过程中需要尽量实现自动化。于是从 1908 年开始，福特着手在 T 型汽车上实行单一品种的大批量生产；到 1915 年福特公司建成了汽车行业的第一条流水生产线，实现了一分钟生产一辆汽车的愿望；到了 1916 年，T 型汽车累计产量达到 58 万辆；11 年后，T 型车的累计产量突破了 150 万辆，市场占有率达到 50%，实现了很多美国家庭的汽车梦想。福特汽车公司的这种大规模生产模式使得汽车成为普通美国人的大众消费品，而这种生产模式也很快被其他行业采用，迅速成为工业经济时代的主导生产模式。

大规模生产模式基于产品或零件的标准化，通过自动化、标准化的规模化生产，以牺牲产品多样性为代价，一度为企业成本降低带来综合竞争优势。该模式极大地突破了手工作坊式小批量生产的局限，助推了工业化进程和经济的高速发展。不可否认，即便在市场瞬息万变的今天，对于发展缓慢、市场需求较强而相应的市场竞争并不那么激烈的产品，刚性的大规模生产仍然是重要的生产模式。然而，随着现代市场竞争程度的加剧和市场重心的转换，缺乏弹性的大规模生产模式越来越“力不从心”。

3. 柔性生产模式（Flexible Production）——21 世纪的必然选择。柔性生产是指主要依靠高度柔性的以计算机数控机床为主的制造设备来实现多品种、小批量生产的生产方式。柔性生产的概念最早是在 1965 年由英国的 Molins 公司首次提出。随着社会经济的发展与大批量产品的生产，原先贫乏的市场供应日趋饱和，市场由卖方市场进入买方市场。顾客对于整齐划一的标准化产品缺乏兴趣，更需要多元化的产品供应，这时候企业普遍面临着大规模生产模式与快速变化的市场多元化需求之间的矛盾。于是，大规模生产模式逐渐被更能满足市场需要的柔性生产模式所替代。在从刚性生产向柔性生产模式转变过程中，出现了一系列基于柔性生产模式的先进制造技术和管理方法，比如 GT（成组技术）、AMI（独立制造岛）、CIMS（计算机集成制造系统）、IMS（智能制造）、LP（精益生产）、IVM（虚拟制造）、AM（敏捷制造）、ERP（公司资源计划）等。

顾名思义，柔性生产是以市场需求为导向的生产模式。该模式突破了传统大规模生产模式从企业生产角度出发，要求生产什么顾客就接受什么的僵化格局，更重视市场需求的满足。该模式是在自动化技术、信息技术及先进制造技术基础上，将以往企业中相互独立的工程设计、产品制造及经营管理等环节，在计算机及其软件的支撑下，构成一个覆盖整个企业的完整而有机的系统，以实现全局动态最优化、总体高效益、高柔性，并进而赢得竞争全胜的智能制造模式。而在所有的柔性生产模式中，以产品模块化技术为支撑的大规模定制模式无疑代表了柔性生产的最高境界，能够实现以大规模生产的成本满足单体顾客个性化需求，因而必将成为 21 世纪的主导生产模式。

2.1.2 大规模定制模式产生的背景

企业商业模式的突破性创新，必定离不开外部驱动力。作为新兴柔性战略范式的一种，大规模定制模式被认为开启了制造业的新范式（Pine Ⅱ，1993）。而认真探究大规模定制模式产生的现实背景，与市场、竞争和技术发展密切相关。

首先，产品生命周期缩短和行业竞争加剧，导致许多大规模生产行业呈现萎缩态势（Kakati，2002）。传统的大规模生产模式曾经一度为企业带来成本优势和规模效益，在为顾客带来价格回报的同时，企业也集聚了一大批价格敏感的顾客。然而，随着经济发展水平的迅猛提高和生产技术条件的改进，企业产品生命周期变得越来越短，缺乏弹性的规模生产“船大难掉头”，难以迅速满足市场需要。而与此同时，市场竞争态势越发动荡不安，企业随时需要防范来自线上和线下竞争对手的“逆袭”，企业之间的竞争日益白热化。在这种情况下，如果企业继续胶着于传统的大规模生产方式，无疑是“绝路一条”。

其次，市场需求发生重大转变。顾客变得越来越挑剔，他们不再满足于千篇一律的标准化产品，而是更喜欢能够表达个性的商品，而这种个性化商品依靠传统的市场细分战略已经很难做到（Pine，1989）。原因在于，即使再精细化的细分战略，也不可能无限制细分下去。细分市场战略总有个最低细分限度，而顾客真正需要的，是区别于其他消费者的独一无二的个性化商品。除了需求发生变化以外，顾客对于自身角色定义也发生了转变。以前都是企业生产什么，他们就被动接受什么。而随着千禧一代年轻消费者日渐成为消费市场的主力，他们更愿意投身到企业的生产制造环节，在产品设计中表达个人意见，由被动的消费者变身为企业价值创造的积极参与者。

在这种新的市场现实面前，如果企业继续忽视顾客的消费诉求，从自身生产能力出发，“一厢情愿”地为市场提供商品，以为顾客能够欢喜买单，那么结局很可能是“赔了夫人又折兵”，白白浪费掉巨大的生产制造成本与费用，而最终收获的却是顾客的抱怨与流失。

最后，现代高新技术发展也为大规模定制模式产生提供了必要条件。移动互联、3D（三维立体）打印、物联网、大数据、云计算等新技术的涌现，使得企业发展有了新的助力（Durey et al.，2000；Kahn，1998）。依托于现代信息和制造业技术，在企业商业模式创新中，很多过去难以突破的技术瓶颈迎刃而解。举例来说，通过在企业网站提供定制设计界面，顾客可以轻松实现满足个人偏好的自我产品定制，这极大地减少了顾客投入的时间和精力，同时也为企业节省了市场调研费用。

在外部市场、竞争和技术的共同推动下，能够满足顾客偏好的大规模定制受到企业青睐。与其他柔性生产模式比如AMI、LP、AM等相比，大规模定制模式的优势在于从顾客需求出发，实现了最终市场需求的单体细分。每位顾客消费的产品都是决不雷同的商品，是顾客与企业共同协作的结晶，里面有顾客的心血与创意，大规模定制模式更能提高顾客黏性。

2.1.3 大规模定制模式的产生历程

大规模定制模式从产生到发展并不是一帆风顺的。作为一种新兴商业模式，大规模定制从被企业初识到实施经历了曲折变化。

第一阶段，20世纪50～80年代，萌芽阶段。早在20世纪50年代，著名管理学大师彼得·德鲁克在其1954年发表的一篇市场分析报告中就曾经做出惊人的预测，他认为在未来世界，顾客将会变得越来越靠近企业，公司将会面临全方位被打乱的趋势。顾客不但将拥有越来越强的购买力，并且试图通过个性化产品的选择表达自身个性，而在这种情况下，制造者将被迫建立产品项目以提供多样化的选择。到最后，许多公司将不得不单独应对他们的顾客。但好消息是，企业在个性化服务过程中收集到的顾客信息将有利于与顾客建立长久关系。然而这种颇具天赋的预见在当时并未引起人们关注。50年代初，新兴市场经济刚刚露出萌芽，市场百废待兴，人们迫切需要改善生活质量，需要充足而丰盛的产品供应。而企业考虑的则是通过何种战略降低产品生产成本，从而获得竞争优势。所以在当时的市场条件下，虽然德鲁克精准预见到未来市场需求的转变，但是太过超前的见地终究没有引起理论界和实践人员的关注。

大规模定制（Mass Customization）概念30多年后出现在美国学者Davis（1987）的*Future Perfect*一书中。他在书中首次提出“大规模定制”一词，并且认为大规模定制必将成为未来商业发展的趋势；不过他也承认，当时的技术条件阻碍了大规模定制的发展。Davis的研究具有划时代的意义，他不仅首次提出了大规模定制的概念，同时把技术发展水平与大规模定制的实施有机关联，指出了大规模定制的必要条件。在1987年研究的基础上，Davis（1996）进一步对大规模定制模式进行了详细描述:“……大规模定制意味着企业可以用工业经济时代的大规模市场方式接触大量的顾客，同时用前工业经济时代的定制模式单独满足每个顾客的需求……这种无限精细化的市场细分最终将实现单体细分，即在大规模基础之上满足每个消费者的定制化需求。”

第二阶段，20 世纪 90 年代，起步发展阶段。从 20 世纪 90 年代开始，大规模定制模式从萌芽进入起步发展阶段。从企业实践角度来说，这时候的市场条件不确定性增加，市场环境变得动荡不安，而企业之间的竞争态势则日趋激烈。德鲁克在 50 年代初所预见到的市场需求转变在现实生活中真实上演。顾客对市场上雷同的标准化产品越发挑剔和不满。如何创新生产模式以满足顾客需求成为企业的头等大事，这时候大规模定制模式真正得到发展机会。企业认识到大规模定制能够为企业带来顾客满意和顾客黏性，从顾客身上获取的需求信息又能为其带来创新源泉，是一举两得之事。

很多企业比如 Nike（耐克）、Adidas（阿迪达斯）、P&G（宝洁）、Dell（戴尔）等都推出了大规模定制服务。与此同时，学者们对大规模定制的研究成果也呈日渐增多趋势。这一时期的研究代表人物是 Pine 教授。他对大规模定制持非常乐观的看法，认为这种模式终将代替大规模生产，成为 21 世纪企业的主导范式。Pine 教授在 1991、1993 和 1994 年接连发表关于大规模定制的研究文章，不仅详细探究大规模定制的内涵，更对大规模定制的实施模式、类型进行了深入探究。他的研究带动了学者们的研究热情，自此以后，专家学者们从各领域对大规模定制模式进行广泛探究，研究内容日渐深入与丰富。

第三阶段，从 2000 年后至今，大规模定制进入快速发展阶段。进入 21 世纪以后，市场出现了许多新的变化：首先，市场环境变得愈加动荡和不确定，互联网络的发展使得企业面临的竞争对手遍布线上线下，企业的生存之战愈加激烈。其次，买方市场力量越来越强，面对过剩的市场供应，顾客越来越难以得到满足，他们渴望真正获得属于自己的独一无二的商品，从而与其他人有所区别，而这种个性化商品在现有批量生产中难以做到。与此同时，这一时期的技术发展水平有了迅猛提高。移动互联、3D 打印、大数据、物联网等，这些技术为大规模定制模式扫除了技术障碍。

在这种新的市场现实和技术发展条件下，很多企业把大规模定制模式作为获得持续竞争优势的救命稻草。从服装、食品、家具等商品到旅游、新闻等服务，很多行业都推出了大规模定制，大规模定制模式呈现遍地开花现象。而这一时期的规模定制理论研究，同样取得丰硕成果。研究人员从对大规模定制现象剖析的定性研究过渡到实施机理和实施过程的定量研究，研究内容日趋深入，研究方法更加多元化，人们对大规模定制这种新兴模式有了更加客观和科学的认识。

第二节　大规模定制模式的基本认识

2.2.1　大规模定制的概念

在对现象进一步深化研究之前，首先需要对研究对象的内涵与外延界定清楚。近代作为逻辑教本之一的《波尔·罗亚尔逻辑》，第一次提出了内涵和外延的区别。传统逻辑认为，词项的内涵是它的含义即概念，是事物的特有属性的反映，如“商品”的内涵就是“为交换而生产的劳动产品”；词项的外延是词项所指事物所组成的那个类，如“人”的外延就是古往今来一切人所组成的那个类。回顾并梳理已有大规模定制研究的文献，学者们对大规模定制的概念界定大体有以下几种脉络：

一种定义从大规模生产派生出来，代表人物是Davis教授。他在1987年的书中首次提出“大规模定制”一词，但是对大规模定制的概念阐述直到1996年的另一篇研究才完成。他认为大规模定制是市场细分的最高级形态，是一种“精细化的细分”，因为大规模定制的优势在于企业可以用工业经济时代的大规模市场方式接触大量的顾客，同时用工业经济时代的定制模式单独满足每个顾客的需求。而他在1987年提出大规模定制名词时，也是为了与当时的主流生产模式——大规模生产相对应。不难看出，Davis 教授的定义还仅仅是为了与大规模生产相区别，仅限于对大规模定制的粗放描述，对于大规模定制的本质特征并未触及，所以有学者认为,从字面上理解，“大规模”与“定制”本身就是相互矛盾的字眼，定义的粗放也影响了对大规模定制研究的深入（Kumar et al.,2007）。

另一种定义主要源于成本效益角度，代表人物是 Pine 教授。他在 1993 年的前沿书籍 *Mass Customization: The New Frontier in Business Competition* 中，将大规模定制定义为“低成本、高质量、大量地向顾客递送个性化定制产品”。不难看出，与 Davis 教授的定义相比，Pine 关注到了大规模定制为企业所带来的经济效益，他的一系列研究也因此才真正引起理论界和实践人员对大规模定制的密切关注。然而，他的定义也存在本质缺陷，即仅从经济角度定义大规模定制，对于该弹性生产模式的优势并未充分描述，尤其对顾客为何愿意参与定制过程没有涉及。

还有学者基于大规模定制技术实现角度给出定义。比如 Hart 教授在 1995 年的研究论文《大规模定制：概念强化，机会和局限》中给出大规模定制理想化和现实出发两种定义。他认为理想化的大规模定制指的是一种能够在任何时间、任何地点，对任何事情，以任何方式提供给顾客个性化产品的能力；但是显而易见，这个概念是非常理想化的。虽然有很多公司希望能够达到这种境界，但是由于现实条件的限制，极少有公司能够做到。所以他又给出第二个比较现实的定义，他认为现实出发的大规模定制指的是企业使用弹性生产过程和组织结构，以较低的标准化的大规模生产系统，提供多样化的甚至是个性化的定制产品和服务。与已有大规模定制的定义相比，Hart 教授更突出了大规模定制实施所依托的技术和组织条件。这样他就将学者们的研究视线从对大规模定制的现象描述引入实施的具体过程。

沿着这样的研究脉络，我国学者也从不同角度给出大规模定制的定义。比如邵晓峰、黄培清、季建华（2000）认为，大规模定制是在高效率的大规模生产的基础上，通过产品结构和制造过程的重组，运用现代信息技术、新材料技术、柔性技术等一系列高新技术，以大规模生产的成本和速度，为单个顾客或小批量多品种市场，定制任意数量的产品的一种生产模式。吴锡英和仇晓黎（2001）从成组技术角度出发，认为大规模定制生产模式是成组技术（GT）在信息时代的新模式或新体现。周水银和陈荣秋（2003）认为，大规模定制是指一种能够通过高过程敏捷性、柔性和集成，来对每一个用户提供个性化设计的产品或服务的能力。周晓东等人（2003）则认为，大规模定制就是以大规模生产的成本和速度，结合企业的实际能力（大规模定制能力），为单个客户或多品种的市场定制任意数量产品的一种生产模式。基于技术实现角度对大规模定制的定义虽然进一步阐释了大规模定制模式的关键要件，这为企业科学地理解该模式并客观评估是否具备实施条件奠定了坚实基础；然而其缺陷在于仍然忽略了顾客在此柔性生产模式中的核心地位和作用，对于顾客究竟为何愿意接纳该模式，从其定义中无从得知。

基于这样的研究缺陷，王晶、席阳和李铁克（2004）从体验经济和顾客参与的视角对大规模定制进行定义。他们认为大规模定制就是改变传统厂商与顾客的相对地位，建立一种由顾客需求拉动生产的模式，顾客成为生产的参与者，顾客价值充分体现在产品的设计、生产、销售等各环节中。他们认为大规模定制的实质就是制造—销售—消费的一体化，这也是大规模定制的最终目标。不难看出，与已有定义相比，他们的定义更强调了顾客在大规模定制中的角色和诉求；但是美中不足的是，他们的定义又完全偏向市场一方，忽略了企业在大规模定制中的能动性，尤其是大规模定制赖以实现的技术和组织条件等。

在整合剖析已有大规模定制研究定义的基础上，笔者在博士论文中从大规模定制实施方的技术准备和市场接收方的角色诉求两个方面，对大规模定制给出如下描述："大规模生产的暗含假设就是企业生产什么，顾客就接受什么，对该战略起主导作用的是企业。而大规模定制的暗含假设则是顾客需要什么，那么企业就提供什么，在此战略中，起主导作用的是顾客。所以我们认为对于大规模定制的定义更应该强调顾客的这种核心主导作用。大规模定制实质上是企业以顾客为核心的一种创新生产战略，借助于高新技术手段，实现以较低的生产成本提供更满足顾客偏好的个性化产品。通过吸引顾客参与企业的价值创造过程，从而建立长期忠诚的客户关系。"

基于以上回顾，我们认为大规模定制的内涵指的是一种以顾客需求为导向的弹性生产模式。其外延包括顾客偏好的一对一满足、顾客参与、现代信息和制造技术手段以及弹性的生产过程和组织准备等。该生产模式的核心优势在于批量生产的低成本（借助于高新技术手段）以及顾客参与和偏好满足所带来的长期忠诚的客户关系。

2.2.2 大规模定制与大规模生产的关系

新兴弹性的大规模定制模式与产业经济时代占据主导地位的大规模生产模式之间到底存在怎样的角色定位？大规模定制是对传统大规模生产方式的替代，还是仅作为大规模生产细分市场的补充？对于大规模定制模式的战略地位，学者们有着截然不同的见识，总体上可分为狂热派和冷静派两种。

狂热派的代表首推 Pine 教授和其研究团队。他们是大规模定制模式的积极拥护者和倡导者。在其 1993 年的研究中，他们就曾经大胆预言，大规模生产时代已死，以后是大规模定制的天下。原因在于他们认为，大规模生产模式是高度机械化的，产品生产周期很长，并且只能提供标准化产品。而与之相反，大规模定制模式则围绕短期的产品开发，是围绕个体的特殊需要而进行的产品制造，它将消费者整合进整个生产制造过程。大规模定制与大规模生产是两种截然不同的生产模式，有着很多不同且互不相容的范式，而这些范式需要企业拥有不同的组织结构、管理价值和角色、系统学习方法，包括与顾客联系的方式。所以他们认为，大规模定制站在大规模生产的对立面，是对大规模生产方式的完全替代。不过在 1994 年的研究中他们也指出，大规模定制的发展有很多不同阶段，其发展不一定是一步到位的，企业依据其自身条件不同，可能处于大规模定制的不同阶段。但是在大规模定制的最高阶段，将会呈现对大规模生产的完全替代，市场将完全由大规模定制模式主导。

然而 Pine 教授的观点并未得到学术界的一致接纳。与其倡导的替代观点相反，有部分学者质疑大规模定制与大规模生产这种“有你无我”的互不相容状态，认为两者应该是一种互为补充的关系。比如 Kotha（1995）在《大规模定制：竞争优势的新兴范式》一文中就直言不讳地指出，Pine（1993）声称的“大规模生产是一种不可行的战略”的评价太过极端。他认为，对于许多公司来说，放弃大规模生产模式转而追求大规模定制产生的利润是不现实的，根本原因在于虽然技术的进步促进了生产的弹性，但是这种弹性可能并不充分。大规模定制的确能够为企业带来诸如降低库存、减少大规模生产中的市场信息预测投入，从而带来可以直接处理顾客需求从而增加“黏性”信息等好处；然而对于企业来说，考虑到这些好处的同时，也需要意识到大规模定制存在一些不利的方面，比如说在高新制造技术设备上的先期投入，以及计算机信息处理系统的升级、管理系统的调整、人员的培训等投入。所以，并不是所有企业都一定或者必须实施大规模定制，大规模定制模式也不是大规模生产模式的必然替代。

Kotha（1995）认为，企业在实施大规模定制之前，需要仔细评估四个方面的条件：第一，企业所处行业的竞争情况。竞争对手有没有实施定制化的先例？产品细分是否越来越多？新产品是否需要不断升级换代？行业中的顾客是否愿意参与到企业的价值创造活动中来？在上述条件都满足的情况下，企业的大规模定制实施才有可能成功。第二，要评估企业的文化和组织设计。企业的组织文化需要强调知识的积累和制造业能力的塑造，生产系统需要强调细节和价值建立过程中的“零缺陷”，高管团队需要强调互动。第三，要评价企业的资源和能力。如企业是否拥有一群有着良好纪律且受过训练的工人？是否有机智的营销团队？是否能够整合专业知识和制造业能力等？第四，内部和组间合作情况。包括跨越不同功能单位的整合，以及开发与供应商密切联系的信息网络等。只有这四个方面的条件都得到满足，大规模定制战略才能够为企业带来竞争上的优势。显而易见，并不是所有企业都能够满足上述四个条件，所以他们认为，预言大规模定制代替大规模生产是不现实的。

Buffington（2011）在比较大规模定制与大规模生产两种生产模式时，认为两者之间是一种互补关系。他的证据之一就来自市场数据观察。他认为在 Pine 教授 1993 年的大胆预言过去将近二十年后，市场上并未出现如 Pine 所预言的大规模定制取代大规模生产而占据市场主导地位现象；相反，听到的却是一些企业实施大规模定制失败的案例。比如在 2003 年 10 月，大规模定制的先驱者 Levi Strauss 被迫关闭了它的 Original Spin（原始旋转）大规模定制程序（Piller & Müller，2004），虽然失败原因是多方面的，但是很多企业由此对大规模定制持谨慎态度。

除了现实数据观察，Buffington 还认为学术界对大规模定制的理论研究也存在一定的缺陷。比如从大规模定制的定义来看，大规模定制缺乏清晰的界定，大规模定制最初的定义就缺乏必要的“一般理论”支撑（Kumar et al.，2007）。研究人员经常将大规模定制与满足细分市场的个性化需要等同起来，这种定义上的不明确直接限制了企业对于大规模定制模式的精准把握。

除了现象观察和理论研究不足以外，Buffington 认为市场需求不足也是重要原因。

大规模定制优势在于取得大规模生产的效率，可是预期的消费者市场的定制需求似乎并没有那么旺盛，消费品市场上的大赢家依然是继续追求标准化战略的企业（Rigby & Vishwanath，2006），顾客宁愿选择效率而不是创新。对于这种情况的原因，Buffington 通过对美国和瑞典消费者的感知、意愿和参与大规模定制能力的调查发现，消费者对待大规模定制实际上持一种矛盾的态度。他们希望有满足个人偏好的商品，可是又不愿意付出更多精力。所以他认为，大规模定制实际上只是作为大规模生产的细分市场的一种补充战略，并不会挑战大规模生产的地位。与此同时，他提出大规模定制的另一种替代战略即一般性定制。一般性定制与大规模定制的区别在于消费者卷入和付出的弹性程度不同。如果消费者对共同卷入和付出意愿有着弹性态度，大规模定制可以作为大规模生产较好的替代战略；如果消费者对卷入和付出态度是矛盾的甚至是消极的，那么一般性定制效果会更好。

仔细分析上述研究，专家们的观点看起来截然不同，实则殊途同归，原因在于对两者关系定位的着眼点存在差异。狂热派的代表 Pine 教授认为大规模定制终将取代大规模生产而成为市场的主导战略，其出发点在于未来的发展趋势，人类生产制造的终极发展必将是根据个人偏好量身定制的生产模式。这是生产制造的最高级形式。然而基于现实情况出发，他们也客观指出，大规模定制存在多种发展阶段，并不排除在大规模定制的初级发展阶段，与大规模生产模式齐头并进或者市场地位远不如大规模生产的情况出现。而冷静派的 Kotha 和 Buffington 等人的观点则更强调现阶段的市场和企业条件。

任何一种新兴范式的发展，必将经历曲折上扬的过程，中间或许还会呈现反复甚至倒退现象。无论如何，从人类社会发展的现状和趋势判断，作为21世纪制造业新范式的大规模定制，或许可以与20世纪的主导模式——大规模生产“携手走完一段旅程”，但是最终必将凭借完美的顾客价值创造而取代大规模生产，成为市场的主导战略。

2.2.3 大规模定制的实现方式

作为一种新兴的弹性生产模式，学者们对大规模定制的概念内涵和市场定位有了初步认识后，关于该模式的实现方式有不同见解。有学者根据顾客在此模式中的卷入程度不同进行划分，比如Gilmore & Pine II（1997）认为企业的大规模定制可以通过合作定制（Collaborative Customization）、适应定制（Adaptive Customization）、美学定制（Cosmetic Customization）和透明定制（Transparent Customization）四条路径予以实现。每条路径的特点以及适用情况并不相同，公司可以根据具体情况选取其中一种或者通过多条路径对顾客需求予以满足。合作定制指的是企业为顾客提供对话界面以帮助其精确识别自身需要。当顾客很难做出选择时这种方式比较合适。比如，日本的眼镜零售商Paris Miki拥有世界上规模最大的眼镜商店，该公司用了5年时间开发Mikissimes 设计系统，该系统首先对每位顾客面部拍摄数字照片，分析其特征，并结合顾客对其希望形象的陈述，据此推荐镜片尺寸和形状，并且通过数字照片呈现佩戴后效果，顾客与技师可以一起合作调整形状和镜片尺寸直到双方都觉得满意为止。适应性定制指的是为顾客提供一种标准化产品，但是顾客可以根据其需要进行修改。这种定制方式特别适合于顾客希望产品能够在不同场合使用的情况。例如，灯具制造公司可以生产一种照明灯具同时适合家里和办公场所使用，用户只需转换不同开关就可以自由调节想要的照明效果，这种方式就是适应性定制。美学定制指的是为顾客提供不同的标准化产品。这种方式比较适合顾客希望使用产品的方式相同但是包装方式不同的情况。比如，我们在大型生活超市中购物，在售卖花生米的柜台可能有不同重量的包装规格，如200克、500克、1000克等，花生米的质量是相同的，不同的是顾客可以根据个人需要，自由选择不同规格的产品包装，这种形式的定制就是美学定制，也叫产品包装定制方式。透明定制指的是提供给顾客独特的产品和服务，可是顾客并不清晰地指明这些产品和服务是定制给他们的。这种定制形式比较隐蔽。当顾客的需要是可以预测的，并且可以清晰引导出来时这种方式比较合适。透明定制方式虽然可以观察顾客的行为，但是却没有直接互动。这实际上对企业的定制能力是一种挑战，需要企业有比较完备的顾客信息系统，能够根据顾客所提供的数据资料挖掘他们的偏好信息。在实践中这种定制形式并不多见。不难看出，Gilmore 和 Pine Ⅱ 教授对大规模定制实现路径的划分主要是基于顾客方的参与和付出程度。在透明定制方式中顾客的卷入程度最低，需要付出的时间、精力也最少，定制过程在顾客几乎没有察觉的情况下完成。而合作性定制则相应要求顾客卷入程度较高，顾客需要与企业共同完成产品的定制过程。

还有学者基于企业价值链角度，根据定制发生在企业价值链中的不同阶段进行划分。比如 Brian 等人（2004）认为大规模定制共有四种实现方式：配送定制、装配定制、生产定制和设计定制。配送定制方式发生在产品的配送阶段，企业可以为顾客提供多种递送计划和递送地点；但是在这种定制方式中，产品实际上是标准化的，顾客选择的是更符合个人需要的产品配送方式。第二种定制方式是装配定制，此种方式允许顾客根据企业预先制定好的选项进行挑选，企业可以根据顾客选项，通过标准化的组成成分制造产品；这种定制方式的好处在于企业的定制成本较低。而生产定制方式发生在产品的生产阶段，顾客可以根据个人偏好选取产品设计，企业提供给顾客一系列预先定义好的产品设计，然后根据顾客选择结果进行生产。设计定制方式则是顾客不借助企业力量，而是根据个人喜好自由进行产品的设计，企业根据顾客设计结果进行生产。基于大规模定制在企业价值链中所发生位置不同进行的划分，能够清楚洞悉企业为定制所需要具备的能力和条件，有利于企业根据自身条件进行定制评估。

虽然学者们基于多元标准对大规模定制的实现方式有不同划分，然而其中一个共识在于，大规模定制模式是个复杂系统，不同定制方式对顾客卷入和企业能力的要求并不相同，定制模式可繁可简，而在定制方式的选择上，顾客意愿至关重要。

2.2.4 大规模定制模式的实施条件

由于市场竞争环境和顾客需求发生巨大转变，企业如果继续胶着于传统刚性的大规模生产模式，难以获得综合竞争优势。所以，很多企业对于弹性的大规模定制模式寄予厚望。然而，现实中大规模定制失败的例子比比皆是，刺眼又醒目地告诉企业，大规模定制似乎并没有看上去那么美。问题到底出在哪里？要回答这个问题，首先需要追溯大规模定制模式的实施条件。

冷静派的学者们早就指出，大规模定制并不适合所有企业（Pine，1991；Hart，1995；Kotha，1996；Zipkin，2001；Frank et al., 2004；Rachna & Roger，2010）。至于哪些企业可以采取大规模定制战略，大体上有竞争观、资源观和能力观三派观点。

持竞争观的研究人员认为，只有深处动荡不稳的竞争环境中的企业才有必要实施大规模定制战略。比如 Pine（1991）认为，大规模定制模式之所以产生，初衷就是应对竞争环境的变化。所以只有那些身处动荡环境中的企业，实施大规模定制才容易成功。由于竞争环境的动荡不稳，传统上缺乏弹性的大规模生产模式难以满足竞争以及顾客需要，而为了从与竞争对手的博弈中胜出，企业才有必要推出更能满足顾客偏好的大规模定制模式。所以他认为，环境的需要应该是企业实施大规模定制战略的先决条件。Hart（1995）在分析大规模定制模式的概念、机会和局限时则认为，环境的不确定除了竞争激烈以外，还包括经济发展上的不确定，而越是处于不稳定和不确定环境中的企业，越有必要提供多样化和定制化的产品给顾客，只有这样企业才能获取先动者竞争优势。Kotha（1996）也认为大规模定制并不适合所有企业，在仔细评估企业是否具备实施大规模定制的条件时，首先就是要分析企业所处的行业竞争情况。只有当竞争对手并没有实施定制化的先例、新产品需要不断升级换代，并且所处行业中的顾客愿意参与到企业的价值创造活动中来时，企业实施大规模定制才更容易成功。除了行业竞争情况以外，他还提出了对竞争对手的战略模式进行分析。这也和中国的兵家战略思想“知己知彼，百战不殆”相吻合。

秉持资源基础观的学者认为，企业自身条件和拥有资源的多寡决定了大规模定制实施是否成功。比如 Hart（1995）认为，除了竞争环境分析（也是其中条件之一）以外，组织在实施大规模定制之前还需要具备其他三个条件：顾客定制敏感性、过程整合能力和组织准备。

第一个条件是顾客定制敏感性，指的是以顾客需要的敏感性和顾客愿意做出的“牺牲”为基础。举例来说，现在有两种盐，一种用来食用，而另一种用来铺路。顾客在使用过程中并不需要更多盐的种类，这些基本的产品种类已经能够满足顾客多样化甚至是个性化的需要，所以顾客对盐的定制需要就比较低。只有当顾客的需要比较独特，并且他们不愿意接受不符合个人需要的产品时，企业的大规模定制才有意义。顾客愿意做出的“牺牲”指的是顾客在定制化过程中所付出的时间、精力等成本。顾客需要的是更符合个人偏好的产品，而不是更多的选项。顾客有可能对产品定制并不买账。

第二个条件是过程整合能力，包括能动者、营销和战略、设计、生产和物流。能动者促使改变发生，它还包括技术基础和组织。没有依托的技术，接近和分析顾客需要、为顾客定制产品和满足其特殊需求几乎不可能实现。组织能动包括自我导向的工作团队、绩效导向的薪酬体系以及案例工人项目（Case-worker Programmes）。组织的营销能力是个大问题，比如如何对营销团队进行整合，以获得需要的顾客信息？大规模定制需要充分了解顾客需要，因此就需要营销部门与顾客保持互动，甚至是一对一的对话，只有这样才可能收集到顾客需要的全面信息。在营销环节收集到的顾客需求信息需要进一步转化成设计创意并生产出来，所以在设计、生产和物流配送环节都需要无缝对接，这些都需要组织具备较强的整合能力。

第三个条件是组织准备，包括领导力、对公司核心能力的认知以及财务准备。公司领导是否开明？执行者是否对新的想法持开放态度？他们是否有雄心追求公司的竞争优势？另外，公司文化对于这种新型模式是否足够开明？其他经理人都能够理解新的意图并在行动上予以配合吗？公司的财务是否做好准备？对于大规模定制所需要付出的成本、代价以及潜在收益等是否计算清楚？总之，面对新型的弹性生产范式，企业在实施之前需要仔细评估领导、文化、组织架构、财务等各方面是否已经准备到位。这些都是成功实施大规模定制必不可少的条件。

Kotha（1996）在对日本自行车行业的定制实践进行研究后，认为企业实施大规模定制需要具备内、外部两方面条件。除了外部竞争需要以外，企业内部资源和能力也至关重要。这包括对先进生产技术和人力资源开发的长期投入、企业的生产系统强调细节和价值建立过程中的“零缺陷”，以及组织文化更聚焦知识的积累和制造能力的开发。另外，还包括企业是否拥有机智的营销团队，是否能够引导顾客追求个人偏好满足，是否拥有训练有素的工人，以及高管团队是否强调互动等。这些资源条件制约了企业是否能够实施大规模定制模式。Bouwens（2000）也认为，企业文化在大规模定制中扮演着重要角色，定制化需要一种鼓励个体不断创新，对顾客需要负责并予以满足的组织文化。另外，是否具备信息化技术也影响大规模定制的实施。Lenda（2002）指出，信息化技术是实现大规模定制的基础，比如传输数据或者精准捕捉顾客外形数据等，企业若想成功实施大规模定制，必须建立一套完备的信息化系统。Frank等人（2004）与其观点相同，认为现代信息技术在大规模定制中扮演了重要角色。

除了竞争观和资源观以外，还有些学者基于企业能力视角对大规模定制的实施条件进行研究。比如，Zipkin（2001）认为大规模定制模式是少数公司所应用的，旨在为顾客提供定制化产品或服务的一种模式。该模式能够在较大范围内为顾客提供多样化选择，然而该模式在应用时存在较多局限，需要企业加倍小心。具体来说，大规模定制模式需要企业具备三种能力：诱导顾客偏好的能力、过程弹性、物流。任何一家公司在决定实施大规模定制之前都需要仔细评估自身是否具备上述三种能力，然后对其加以整合。公司应该思考以下问题：自身哪些产品可以为顾客提供多样化选择，从而为顾客带来真正价值？这些产品特性需要哪些重要的生产过程？这些过程目前的弹性如何？企业该如何对其进行改进？产品有多大的可能性被重新模块化或者重构？新技术会带来哪些新的机会？该如何将定制产品送到顾客手上？如何使顾客十分愿意为大规模定制付出？

除此以外，Zipkin（2001）认为技术能力也制约着企业的定制实践。举例来说，顾客都愿意产品更符合个人偏好，有些人的确能够精确地描述自身偏好，然而更常见的情况是，顾客对自身偏好无法描述清楚，或者他们对自己的需要并不确定，他们被太多选择所困扰。企业在诱导顾客偏好的过程中需要艺术。在顾客偏好信息的诱导过程中，对企业的要求也不同。比如，将顾客姓名印在钱包上的做法对企业要求较低，只需要知道顾客姓名就可以。但是随着定制化程度的加深，企业需要了解更多的顾客信息，这就需要企业精心设计一种顾客偏好诱导平台，这无疑需要技术的支撑。比如，Levi's 并不提供定制颜色，原因在于技术不允许；而自行车公司的定制实践也存在较多限制；同样，在定制产品的物流阶段也存在类似制约。所以，Zipkin 认为不要被大规模定制所诱惑，需要小心评价新技术、市场要求以及企业自身能力的发展。

Rachna & Roger（2010）从组织的信息管理角度进行研究，他们对美国、德国、芬兰、瑞典、日本和韩国六国的电子、机械、汽车供应三个行业共 189 家制造企业进行调查，发现独立管理顾客要求和企业供应方面的不确定性都不能使企业获得大规模定制能力，只有共同管理好这两个方面的不确定性才能使大规模定制有效运行。

还有学者从大规模定制操作角度对其实施条件进行总结。比如，Tu & Ragu（2001）认为企业的大规模定制能力来自三个方面：定制成本有效性、定制数量有效性、定制的反应性。定制成本有效性指的是在不增加制造业成本的情况下进行产品定制的能力，定制数量有效性则指的是在牺牲产品数量的情况下增加产品的多样性，而定制的反应性则涉及重新组织制造从而快速对顾客的需要进行反应的能力。这三个条件都会制约大规模定制的实施，实践中如果企业不具备这三个方面的能力，那么就需要谨慎实行大规模定制战略。Qiang Tu（2004）则从模块化和顾客紧密性两个方面提出大规模定制能力，他认为有着较高的以模块化为基础的制造业实践经验的公司和与顾客更为接近的公司有着较强的大规模定制能力。

Rungtusanatham（2008）运用结构惯性理论分析了企业从大规模生

产到大规模定制模式过渡中面临的五个挑战：第一个挑战是面对产品细分的市场路径，公司可能会缺乏面对多样性的知识和工具，因此不能有效开发顾客的多样性需要。第二个挑战是计算产品直接成本的财务程序。在大规模生产的情况下，成本的细分可能不是一个问题；而在大规模定制情况下，去掉其中一个部分或者增加某个部分，各组成部分的成本到底如何，需要单独的成本核算，这对企业来说也增加了障碍。第三个挑战是工程设计的优先性。大规模定制需要优先集中于产品的独特性和多样性。第四个挑战是制造性资产的投资标准问题。过去的投资是没有弹性的、高生产性机械，决策制定者一般会规避沉没成本的发生；而大规模定制需要重新投入成本，有的决策者不愿意抹去过去的投入成本，因此采取延迟战略。第五个挑战是既有结构的阻碍。重新构建整个供应链系统对于企业来说，意味着对既有的供应链进行革新，这无疑会面临已有结构内的阻力。因此对企业来说，若想成功实施大规模定制，需要首先具备去除这五个方面阻碍的能力，才有可能成功。

学者 Kakati（2002）冷静地指出，大规模定制在某些行业被认为是一种趋势，如果不采用就可能在市场份额上输给竞争者，而关注战略的管理者则可能把运用新技术作为执行这些战略的唯一方法。然而他们可能犯了一个错误，原因在于大规模定制模式是一种并不连贯的收获，从大规模生产到大规模定制，企业需要转换主要的生产范式并具备突破性思维，能够理解顾客需求是起点，而不是通过令人眼花缭乱的技术生产顾客并不需要的多样化产品。因此，在大规模定制战略的每个阶段都需要小心计划，需要不断创新、提高质量、节省时间和弹性，并进行成本管理，既要建立大规模定制的实施模块，又要做好各种定制准备工作包括市场分析、组织准备等。只有上述条件都到位，企业才有可能实施好大规模定制模式。

从学者们对大规模定制实施条件所做的分析来看，大体分为外部宏观条件和内部微观条件两个方面。外部宏观条件包括企业所处的竞争环境和经济发展的不确定性以及顾客需求变化等方面。内部条件包括组织准备如企业文化、领导能力、组织架构、人员和知识准备、信息系统等，以及生产过程管理能力如设计弹性、物流配送、过程弹性等。另外，企业的市场分析能力也至关重要，比如分析顾客需要的独特性和稳定性、顾客愿意为定制产品付出的程度，以及对顾客偏好的诱导方式等。这些条件都会影响企业大规模定制的实施。具体见表 2.1。

表 2.1　大规模定制的实施条件

需要的条件	详细内容	代表学者
环境的需要	竞争环境的动荡，经济上的不确定性等	Pine（1991），Kotha（1996），Hart（1995）
组织准备：资源和能力	组织文化：市场导向，鼓励创新	Hart（1995），Kotha（1996），Franke et al.（2004），Bouwens et al.（2000），Rachna & Roger（2010），Qiang Tu（2004）
	领导能力：思想开明	
	财务管理	
	组织架构：跨部门合作顺畅	
	人员和知识准备：高素质，顾客导向	
	信息系统	
生产过程管理能力	设计弹性	Tu & Ragu（2001），Rung-tusanatham（2008），Kakati（2002），Qiang Tu（2004）
	物流配送	
	过程弹性	
市场分析	顾客需要的独特性和不稳定性	Hart（1995），Paul（2001），Qiang Tu（2004）
	顾客愿意付出的程度	
	对顾客偏好的诱导方式	

资料来源：作者整理。

正如很多学者所指出的，大规模定制并不适合所有企业，Pine 教授所指出的大规模定制终将取代大规模生产、成为市场的主导方式不会马上来临。企业所处发展阶段、行业竞争程度、自身所拥有的条件以及顾客需求都会影响大规模定制的实施。

2.2.5　大规模定制模式的战略优势

在动荡的市场竞争环境面前，面对产品生命周期的缩短，以及顾客越来越难以满足的个性化需要和参与到企业价值创造中的热情，企业依靠大规模生产模式越来越难以获得竞争优势。所以，很多企业把希望寄托在弹性的大规模定制模式上面，期望通过更有针对性地满足顾客需求，从而为企业带来综合竞争优势。毕竟在顾客为王的时代，谁能获得顾客的“青睐与芳心”，谁就能在市场上“笑看群雄”。那么大规模定制模式究竟能够为企业带来哪些益处？为什么众多企业对大规模定制模式趋之若鹜，甚至不考虑实际条件和实施成本？对这些问题，研究人员进行了全方位探讨。总体上说，实施大规模定制模式可以获得三方面好处：提高企业的经济效益、驱动企业创新、增加顾客价值。

首先，大规模定制能够提高企业的经济效益。原因在于实施大规模定制可以为企业带来额外收入。与大规模生产模式相比，大规模定制模式能够为顾客提供定制化的产品与服务，这种更符合个人偏好的产品或服务，可以使企业获得额外收入，即通过满足顾客具体需要而获取额外价值（Chamberlin，1962）。这一研究结论得到了来自实证数据的支持。学者们通过对消费者的实证调查，发现消费者愿意为得到更加适合自己的定制化产品和服务而多支付费用。比如 Piller 等人（2002）通过对众多消费者的调查，发现消费者愿意为定制产品多支付费用。其中，有将近46%的男性和42%的女性愿意为定制产品支付高于平均标准产品10%～30%的价格；有接近12%的男性和18%的女性愿意接受高出30%或更高的价格；有大约40%的男性和35%的女性接受不超过标准产品10%的价格。也就是说，顾客认可这样一种观念，即如果希望获得更好的产品，就需要额外付出代价。Franke & Piller（2004）也对467名被试者做了四项研究，他们要求被试者自行设计手表，并且测量了使用者对自己设计的手表和标准化手表的购买意愿。调查数据显示，不管使用何种报价方法，被试者对自我设计手表的报价都会高出很多。比如标准化手表的购买意愿是€23.20（最低是€7.10），自我设计手表的购买意愿是€48.50（最低是€15.50），暗示了价值增加 109%（118%），即自行设计自己手表的顾客愿意支付的额外费用超过 100%。为了验证这种愿意出高价是孤立现象还是普遍现象，Martin（2006）在 Franke & Piller（2004）研究的基础上，让185名学生参加设计手机外壳、T恤衫、头巾。结果显示，对于自我设计手机外壳组，标准化产品价格是€3.7，而自我设计产品价格是€11.4，价值增加了 207% ；自我设计 T 恤衫的价值增加了 113%（标准化产品€6.0，自我设计产品€12.8）；而设计头巾组的价值则增加了 106%（标准化产品€4.9，自我设计产品€10.1）。因此作者得出结论，大规模定制为企业所带来的经济收入增加并不是孤立现象，而是一个普遍现象：顾客愿意为定制产品多付出费用。

除了顾客愿意为定制产品支付较高价格以外，大规模定制还可以降低产品成本，为企业开启新的成本节约之路。比如 Kotha（1995）认为，大规模定制能够为企业减少产品库存，同时从顾客处所收集的信息能够减少企业的先期市场调研费用；另外，这些“黏性”信息有利于企业直接聚焦于顾客的价值增加。还有的学者认为，企业根据已经识别的顾客需求信息进行精准生产，不但可以减少配送、存货和流动性风险，获得生产弹性；而且所收集的顾客信息具备黏性，有利于企业做出更好的计划和预测（Piller et al.，2004），这无疑能够降低企业的信息收集和计划成本。

其次，大规模定制能够促进企业创新。大规模定制不仅能够从经济角度为企业带来收入增加和成本减少，并且对于企业创新也有很大推动作用。因为大规模定制需要顾客的广泛参与，而公司通过与顾客接触过程中所提取的定制化信息能够详细透视顾客需求特点，这种对顾客需求特征的精准透视，使得企业能更有效地利用内部资源。另外，企业通过大规模定制所收集的顾客信息还可以使公司创新更接近顾客（Sundbo，1998；Shapiro & Varian，1999），这无疑能够极大地促进公司创新工作。

最后，大规模定制能够增加顾客价值，为企业带来顾客满意和顾客忠诚。大规模定制战略不仅可以为企业带来经济效益和创新驱动等好处，站在市场接受方——顾客角度来探讨，大规模定制还能够为顾客创造更多价值，并通过顾客价值增加为企业带来顾客满意和顾客忠诚，这能够有效增强企业的核心竞争优势。

第一，从顾客偏好满足角度来说，大规模定制能够根据顾客需要进行生产，以满足顾客个性化需要为直接推动力，所以提供的定制产品能够为顾客带来偏好满足的功能性价值。比如，有学者在针对德国顾客的调查中发现，德国顾客对标准化衣服的尺寸和合适性最为不满意，超过

70%的顾客表示所购买的正装需要进行修改；而 65%的顾客表示为了衣服更为合身，需要进行产品的定制（Franke & Muller，2004）。

第二，大规模定制能够为顾客带来体验价值。Fiore 等人（2001）从产品和定制过程两个方面进行探讨，他们认为大规模定制除了通过独特产品增加顾客感知价值外，也能够通过特殊体验吸引顾客，有很多顾客享受这种参与产品创造的过程，并且对自己参与设计的产品更为珍惜。在此基础上，Piller（2004）对定制过程中顾客的感知价值进行了深入分析，他发现，大规模定制不仅能够为顾客带来更多产品功能满足方面的价值，而且在参与定制化的过程中，顾客能够获得作为“设计者”的骄傲，这种定制过程中的享乐与体验为顾客带来非常重要的情感价值。正是基于功能价值和体验价值，大规模定制才会更加吸引顾客。以上研究虽然将研究视线从定制产品本身引入定制过程，从中提炼出情感体验的价值维度，然而缺陷在于学者们并未对情感价值进一步划分。研究的粗放不利于我们对其做更深入的了解。

在以上研究的基础上，Aurelie 等人（2008）对顾客价值进行了深入研究，他们认为大规模定制能够为顾客带来产品价值和体验价值。其中，产品价值包括三个维度：工业价值、人际区分价值和自我表达价值；而体验价值则包括享乐性价值和原创实现价值。他们认为这种体验价值能够通过产品价值的中介对顾客感知价值起到间接的影响作用。他们研究的贡献在于，不仅首次从功能性和象征性两个方面对定制产品价值进行了区分，而且对过程体验所带来的价值又从享受定制过程和自我成就（设计定制产品的原创）方面加以分类。从他们的研究中能够清楚透视产品定制所带来的顾客价值增加。在产品价值的三个维度中，工业价值指的是产品的使用价值，比如钢笔的工业价值是能够书写，电脑的工业价值是能够处理文档、播放多媒体等；而人际区分价值和自我表达价值则基于产品的象征价值，定制产品因为独一无二，所以能够非常鲜明地与其他人所使用的产品加以区分，在使用定制产品过程中也能够非常清晰地体现出使用者的身份。而体验价值的两个维度则从参与过程和作为原创设计师两个方面加以分类，参与过程所带来的体验价值是外显的体验价值，而作为原创设计师所带来的价值属于顾客内隐的心理体验价值。与其研究结论相一致，Ruth 等人（2010）通过实证数据调查发现，顾客通过参与产品定制的设计过程而得到了自我表达价值和产品使用功能价值的双重价值。

第三，由于大规模定制能够为顾客带来产品符合偏好的功能价值和定制参与过程中的体验价值，所以实施大规模定制有利于企业与顾客保持长期良好关系，增加顾客满意度和忠诚度。Pine 在 1993 年的分析文章中就曾经指出，大规模定制可以潜在地开发顾客忠诚，通过扩大产品范围从而增加市场份额。Piller 等人（2004）认为，大规模定制在个性化服务过程中收集到的顾客信息有利于顾客关系的长久保持，企业可以有针对性地为客户提供服务，这种举措能够有效改善客户关系，获得顾客认同与欢心。

第四，大规模定制除了能够为顾客带来价值增加和满意以外，从相反方向来考虑，当顾客想要转换商家，去购买另一家企业产品时，大规模定制也会无形中增加顾客的转换障碍。因为顾客在成功购买了个性化产品后，供应商在产品配置过程中获得的顾客知识可以形成一定程度上的转换障碍（Peppers & Rogers，1997）。即使竞争对手也实施了大规模定制，并且竞争对手也能够为顾客提供同样低的定制产品价格，但是当顾客希望转换商家时，他们将不得不经历产品定制过程中的信息提供阶段，并且顾客将不得不再一次面对产品质量和供应商行为的不确定性。这种不确定性能够直接导致顾客为了规避风险从而放弃转换行为。这在某种程度上增加了顾客的转换障碍，提高了其对定制产品供应商的黏性。

表 2.2　大规模定制战略优势

研究学者	价值方面	主要方面
Chamberlin（1962）	增加收入	收入增加
Piller et al.（2002）		定制产品价格提高带来的收入增加
Franke & Piller（2004）		价格提高带来的收入增加
Martin（2006）	经济和顾客角度	收入增加；设计者身份的骄傲，设计过程的享乐和体验
Piller et al.（2004）	降低成本	减少配送、库存和流动风险

续表

研究学者	价值方面	主要方面
Kotha（1995）	降低成本	成本降低：减少库存和市场调研费用
Sundbo（1998） Shapiro & Varian（1999）	有利于企业创新	从与顾客接触中了解到的信息更有利于企业的创新实践
	提高顾客满意度	定制产品更符合顾客偏好
Piller（2004）	增加顾客价值	产品的功能价值和体验价值
Fiore et al.（2001）		产品独特性和设计体验
Aurelie et al.（2008）		包括产品价值（工业价值、人际区分价值和自我表达价值）和体验价值两个方面（享乐性价值和原创实现价值）
Ruth et al.（2010）		产品功能价值、设计的自我表达价值
Piller et al.（2004） Pine（1993）	增加顾客忠诚	与顾客接触中的信息有利于改善顾客关系，增加忠诚
Peppers & Rogers（1997）	增加顾客转换障碍	再次提供信息，面临供应商行为的不确定性

资料来源：作者整理。

综上所述，与传统刚性的大规模生产模式相比，大规模定制不仅能够促进企业经济效益增长、推动企业创新，关键在于能够为顾客创造价值。在市场“用脚投票”的竞争形势下，谁能为客户创造更多价值，谁就能够在竞争中获胜。尤其在高新技术飞速发展的今天，为客户提供一对一的产品和服务已经成为现实，企业能够在不增加成本的情况下，为客户提供个性化产品。正如 Pine 教授所预言的，大规模生产模式的光环将逐渐退去，21 世纪将是大规模定制模式的天下。

第三节　大规模定制模式的实施研究

前面已经述及，学者们对大规模定制的战略优势从企业和顾客两方面进行了多元探讨。正是因为该模式不仅能够为企业带来直接的经济效益（包括收入增加和各种成本降低）并推动企业创新发展，而且能够增加顾客价值（包括功能价值和体验价值），所以很多企业对大规模定制抱有极大热情，渴望依靠此弹性生产模式为企业带来综合竞争优势。然而大规模定制是个复杂的系统工程，实施之前需要企业内外部条件的成熟与配合，并且需要进行科学的实施设计。理想很美，可现实似乎并不如意，很多企业在推出大规模定制后似乎并没有收到预期效果。尤其实践中一些如 Levi’s 关闭定制服务的失败案例更是给企业膨胀的定制热情泼了一盆冷水。大规模定制真的那么好吗？问题到底出在哪里？到底企业该如何成功实施大规模定制？企业家们迫切寻求问题答案，而这些问题其实也是学者们一直以来对大规模定制模式研究的重点和难点领域。综合来看，研究人员对上述问题的研究主要有两条脉络。

2.3.1　基于组织视角的大规模定制实施研究

早期研究人员对大规模定制的实施研究，主要基于企业视角，围绕大规模定制的技术实现、流程管理、组织支持和界面设计等内容展开。

关于大规模定制借助何种方式实现问题，Jianxin Jiao & Mitchell（1999）提出了产品族的结构方法。他们认为，企业实施大规模定制的目的就在于通过递送多样化产品，以更好地满足顾客需要，同时又能保持大规模生产的效率。为了实现这样的诉求，可以通过开发产品族的结构的方法，进行大规模定制的合理产品开发。这种方法能够通过一种整合平台，向顾客提供多元化产品，企业能够非常有效地对定制产品进行管理以满足顾客需要。然而他们的研究还是较为粗放，关于定制平台到底该如何进行设计并没有涉及。

在 2004 年发表的又一篇大规模定制研究论文中，他们集中围绕大规模定制的设计定制能力问题进行探讨。在文章中他们共识别出三个方面的定制能力：第一个是设计定制能力，即设计产品的内在性质；第二个是过程定制能力，涉及产品定制过程变量的经济维度；第三个是顾客感知定制化的价值，同时提出定制化的多维度观点（详见图 2.1）。在他们的多维度模型图中，他们将大规模定制分为产品平台和过程平台两种。产品平台涉及定制产品的功能领域和外形领域。在此平台上，除了考虑定制产品必须达到的功能性以外，还应该考虑技术上的可行性。而过程平台则主要涉及过程领域的变量控制，同时考虑技术上的可行性和成本问题。此外，他们认为大规模定制设计时还要考虑到顾客领域的顾客感知价值问题。只有顾客领域、产品功能领域、产品外形领域和过程领域这四个方面都设计完善，企业才能成功实施大规模定制。他们的这篇研究论文既涉及企业实施上的技术可行性、经济成本的高低，同时还考虑到定制产品设计对顾客感知价值的影响，研究视角较为全面。但是该研究仅构筑了大规模定制实施的概念框架，并未得到实证数据检验，而且相关实施细节还有待于进一步研究深化。

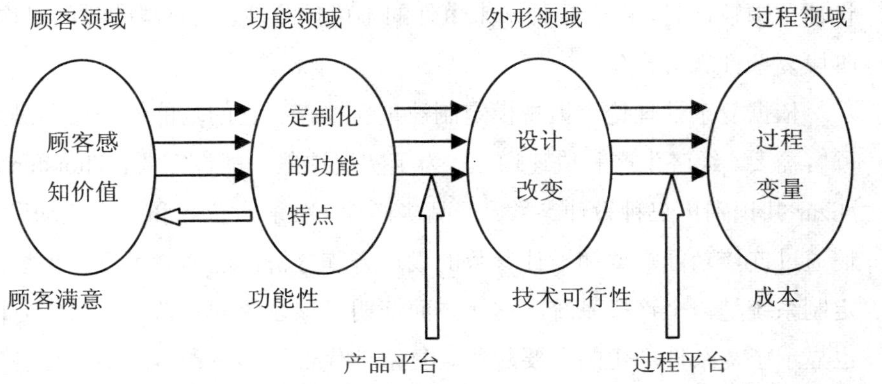

图 2.1　大规模定制设计平台

资料来源：Jianxin Jiao，Mitchell M.Tseng. Customizability Analysis in Design for Mass Customization [J]. Computer-aided Design ，2004，36（8）：745-757.

有的学者认为模块方式可以实现大规模定制。比如 Sriram 等人（2002）认为，大规模定制可以借助于互联网络技术，采用服务模块方式实施。他们认为一般的网络功能如路线、多点传送等都可以通过服务插件模块，动态地被应用者装载使用来实现。而服务可以组成复杂的服务集合，通过改变传统的网络服务定制方式，将过去的参数式输入方法改为服务模块，这样用户就可以自由组合服务模块，进行服务的集成。大规模定制能借此方式顺畅高效进行。

还有的学者以复杂理论为基础，提出大规模定制的系统实施办法。Thorsten & Nizar（2006）认识到大规模定制不能一蹴而就，因此他们在Suh（2005）复杂性理论基础上，提出大规模定制系统是个连接系统，不能被简单掌握。在较低复杂性水平上将大规模定制转换成一个非连接系统几乎是不可能的，然而为了有效和有目标地在产品和过程水平上实现多样性管理系统，可以通过更有效的分解来进行复杂性管理。在有关复杂性和多样性管理的研究文章中，他们首先仔细回顾了复杂性理论框架，认为复杂性分为时间独立和时间依赖两种。时间独立复杂性分为真实的复杂性和想象的复杂性，这部分复杂性的产生源于缺乏知识以及对具体设计的理解。而时间依赖复杂性分为组合复杂性和阶段复杂性，组合复杂性是“事件驱动”复杂性，它产生于时间过程中。当系统范围离设计范围较远时，由于几种未来事件的不可预测性，在有限的时间段内，阶段复杂性就会产生。

依据复杂性理论，大规模定制被重新检查了它的功能性需要即满足顾客需要、经济生产和快速递送。为了实现这些功能性需要，Thorsten & Nizar 共识别出三种设计参数：产品多样性、分解点位置和生产流动。人们通过连接功能需要和设计参数的设计方阵分析，能够清晰看出大规模定制系统是一个连接系统。这一方面证明了该系统的复杂性，另一方面也显示了复杂性产生的主要起源。复杂性代表了满足顾客需要、经济生产和快速递送的复杂性。大规模定制系统不能被分解为一个非连接系统，通过有目的地使用多样性管理系统，有可能将大规模定制转换为一个分解系统。若想实现这个目标，管理人员应该努力做到以下几点：第一，通过开发延迟和平台战略，减少顾客满意需要和分解点位置依赖；第二，通过模块化产品和位置，使递送时间较少依赖于分解点位置；第三，增加产品通用性，执行较少过程，实施团体技术；第四，以渐升次序执行多样性管理战略。不难看出，这篇文章主要的立足点在于大规模定制的生产和运营管理。

虽然该文章在复杂性理论基础上提出了大规模定制的系统管理方法，这对大规模定制的实施研究是很大的理论创新；然而文章也存在致命缺陷，该文只是概念性探讨文章，没有就多样性管理的可行性进行实证检验，这就为企业借鉴其研究成果进行定制实践带来一定难度，研究成果很难直接应用于企业的实践工作。

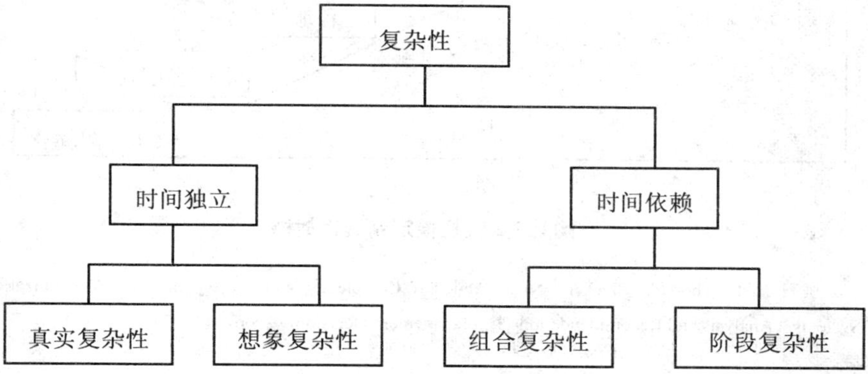

图 2.2　大规模定制复杂性示意图

资料来源：Suh, N.P. Complexity Theory and Applications. Oxford University Press, New York, 2005.

延迟也是大规模定制的一种实施方法。这种方法的原理在于试图通过设计产品和物流过程，以开发条款通用性、延迟不同节点来减少产品多样化中的风险（Aviv & Federgruen，2001a）。延迟能够增加弹性、减少不确定性，并通过减少大规模定制系统中成分和过程的多样性来降低复杂性成本。重新设计产品路径和过程颠覆路径是大规模定制系统中延迟的两个战略，在 Shao & ji（2008）的研究论文中，他们使用服务时间保证方法，分析和比较了两种不同的延迟战略，目的是决定哪种是正确路径，并识别其中重要的影响因素。他们提出了一个成本最小化模型，研究结论显示，在考虑阶段，处理时间和价值增加是决定战略是否正确的两个主要因素。

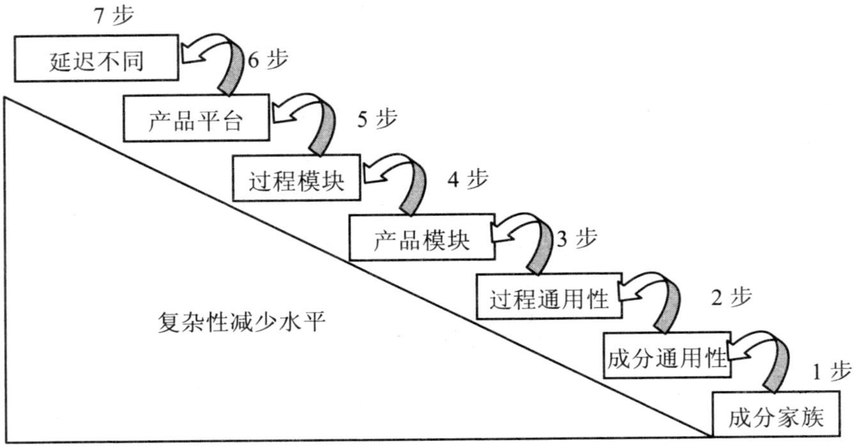

图 2.3 大规模定制延迟战略

资料来源：Thorsten Blecker，Nizar Abdelkafi.Complexity and Variety in Mass Customization Systems：Analysis and Recommendations[J]. Management Decision，2006，44（7）：908-929.

学者们对定制的设计问题也进行了细致研究。比如 Liechty 等人（2001）认为，通过以菜单为基础的实验路径，产生和使用以市场为基础并能够整合顾客价格敏感性和多样性偏好信息的定制设计，可以很好地提高企业大规模定制能力。他们的理论基于这样的认识，即信息技术的快速发展、操作弹性以及互联网络的发展给公司提供了前所未有的市场机遇，顾客角色发生了平行转换，他们不再是被动的观众，而是公司价值创造的积极参与者（Prahalad & Ramaswamy, 2000；Prahalad et al., 2000）。公司为顾客提供选择清单，顾客可以据此选择适合自己的选项，并且允许顾客自己设计。比如网上出版公司允许顾客自己定制出版物；新闻提供者如 Reuters（路透社）、Dow Jones（道琼斯）、Bloomberg（彭博社）和 PointCast（定点广播）提供打包信息服务；门户网站如 Yahoo（雅虎）提供 My Yahoo 的定制化服务等（Shapiro &Varian，1999）。Takatoshi 等人（2010）针对用户通过企业网站自行定制的情况，设计了用户的访问路径技术分析图。其目的在于通过对访问技术的结构与设计分析，帮助企业更好地实施大规模定制战略。它主要是从信息系统设计角度提出的一种实施交互界面研究，对于企业利用互联网络开展用户的自我定制设计实践有很强的指导作用。

为了从多方面探讨企业的大规模定制能力，还有学者从大规模定制的过程弹性和效率效益出发，认为大规模定制必须提高操作效率。为了达到这个目标，重要的是要决定哪种制造过程可以被用来进行产品定制。在这种理念驱使下，Cliff（2009）开发出一种数量化的索引方法，用来评价大规模定制的过程弹性。他将工具成本率和工具生命周期、启动成本和生产尺寸作为定制化索引的因素，从而满足大规模定制的效率和效益目标。

国内学者对大规模定制实施开展研究的文献也较为丰富。仔细分析已有研究脉络，发现我国学者对大规模定制实施的研究大体基于技术角度、定制产品设计、供应链整合和组织准备四条主线。

第一条主线从大规模定制模式的技术实现角度进行研究。比如龚本刚和华中生（2001）从管理集成的角度，提出了基于延迟技术的大规模定制生产模式，并重点分析了该模式如何把大规模生产和定制生产这两种生产模式的优势有机结合起来，从而使成本受控、产品实现多样化，同时满足客户的个性化需要。杨志雄等人（2005）则认为，大规模定制的关键技术之一是尽可能减少产品的内部多样化，用大量的标准件和通用件组成个性化的产品。为保证质量和降低成本，要求这些标准件和通用件尽可能由专业化的零件供应商提供。在这种背景下，产生了一种新的需求和协作模式，即面向大规模定制的整机企业，其需要在产品设计时就快速得到各种价廉物美的标准件和通用件的数据，而专业化零件供应商需要让尽可能多的企业在产品设计时就选用自己生产的零件。为了满足双方的需求，在网络技术的推动下，他们创建了一种面向大规模定制的基于 Web 的零件库。

第二条主线基于大规模定制的产品设计展开。比如但斌（2004）针对大规模定制生产模式下产品多样化和低复杂性的矛盾，系统地研究了一种大规模定制产品族的功能性评价与选择方法。林森和但斌（2005）则从功能视图、技术视图和组织视图三个方面建立了一种面向大规模定制的产品平台管理模型。张芬、陈卓宁和严晓光（2005）仔细研究了大规模定制模式下的基于产品族模型的产品配置设计，建立了产品族模型的通用结构。该模型的好处是能够充分反映客户需求，并且能够比计算机系统更快速地识别、解析。吴迪冲（2004）则对服装行业的大规模定制结构体系设计进行了研究，他从理论基础、工程技术、管理技术及实施目标四个方面提出了一种服装大规模定制的基本体系结构框架，为个性化服装市场制定营销策略提供了帮助和建议。舒彪和韩晓建（2007）则提出了一种基于产品族结构（完整的产品结构）的大规模定制模型。刘晓冰等人（2000）深入剖析了大规模定制生产模式的内涵，根据其特点提出了产品族数据管理的概念。在此基础上，建立了产品族数据管理系统框架，并实证检验了该框架的可行性。

第三条主线围绕大规模定制过程中的供应链整合。例如，邹国胜和周晓东（2002）根据供应链的不同功能，结合大规模定制的特点，提出运用三维并行工程，设计不同的供应链及其供应商与战略伙伴，从而实现大规模定制的低成本和快速反应。姚建明和周国华（2003）从供应链管理角度进行了分析，他们认为在大规模定制模式下，供应链中生产计划的调度优化过程是一个复杂的、随机的、多目标的、动态的调度问题。他们建立了一个大规模定制供应链管理的数学优化模型，并以实例分析了其可行性。

第四条主线与大规模定制的组织准备有关。比如闫芬、陈国权（2002）认为，从知识共享角度进行的大规模定制是更高层次的，模块化、制造流程重构都可以包括在知识共享的范围内，所以做好知识共享的管理是未来企业家必须重视的战略之一，也是大规模定制实施的关键。

回顾组织视角的大规模定制实施研究我们可以发现，已有相关文献多围绕企业产品制造过程，从操作层面进行研究，包括产品设计模块化、延迟技术、产品家族方法、供应链整合、组织准备等；而在研究方法上多采用逻辑推演和框架描述，基于实证研究的文献较少。这些研究成果对企业的定制实践有一定的指导意义。然而研究的不足之处也很明显，一个非常醒目的缺陷在于以上研究只聚焦于企业的大规模定制实施能力和实现方法，却忽略了倾听来自产品定制的最终接受方——顾客的声音。

大规模定制成败的关键在于市场接受方而不是企业实施方。原因在于，定制产品最终需要顾客的认可与满意，而定制过程更需要顾客的参与和配合。顾客到底是否愿意接纳定制产品？哪些因素会影响其对定制产品的购买选择？相关影响机理和决策路径是什么？这些问题的解决才是企业大规模定制实施成败的决定因素。也正是因为这样的研究共识，最近几年，学者们对大规模定制的实施研究重心逐渐从企业转移到顾客身上，从顾客视角进行的大规模定制实施研究呈现增多趋势。

2.3.2 基于顾客视角的大规模定制实施研究

当公司拥有能够允许顾客自行定制期待产品的能力时，研究的焦点应该集中在消费者是否需要定制以及他们对定制特色的购买意愿上（Wind & Mahajan，1997）；大规模定制的驱动力应该来自市场，而不是公司内部的产品生产能力（Bardakci & Whitelock，2003）。正是基于此认知，学者们将研究视线投向顾客，探讨顾客对大规模定制模式的价值感知。基于市场接受方视角来探讨顾客对大规模定制感知的研究，一个暗含假设就是顾客对定制任务的参与。为了能够提供符合顾客偏好的定制产品，企业需要精确了解顾客偏好信息。原则上说，企业可以通过各种手段收集顾客偏好信息，并建立顾客偏好数据库，然后在定制过程中调用数据库中的数据。这种做法对企业的要求很高，不仅需要由专人负责，而且搜集顾客偏好信息的成本也较大。随着现代信息技术的飞速发展以及互联网络的普及应用，企业在大规模定制建构方面有了较强的技术保证。在互联网络的帮助下，很多企业将定制主导权转移到顾客身上，通过建立产品定制交互界面，允许顾客自我定制。这样不但增加了顾客参与的乐趣，而且能够有效节约企业成本，可谓一举两得。在顾客参与定制的暗含假定下，学者们对大规模定制感知的研究大体沿着四条主线进行：大规模定制的平台设计、定制产品特征、顾客自身因素和定制情境因素。

第一条研究主线围绕大规模定制的平台设计展开，包括定制任务复杂性、选项呈现方式等。学者们认识到，定制任务不同，对顾客感知和选择的影响也会不同。Liechty 等人（2001）通过研究发现，现代企业会借助互联网络为顾客提供定制选择菜单，因此他们提出一种以菜单为基础的模型路径，对偏好选项库中每个选项的效用、价格和其他属性进行配比分析，并得出一种受限的随机效果 MVP 模型（Multivariate Probit Model，多元概率模型）。他们提出的路径使得公司能够理解顾客的选择特征、价格最优特征和评价需求特征，从而使顾客价值、收入、利润和其他企业的战略目标最大化。他们的研究虽然将视线投入到大规模定制的平台设计，通过贝叶斯模型，证实了定制平台设计能够影响顾客价值、公司收入和利润等指标；但是对于为什么不同的定制建构会影响消费者感知效用，也就是其顾客感知背后的机理问题并没有涉及。

顺着这样一种研究思路，Dellaert & Stremersch（2005）模拟了个人电脑定制的实验情境，探讨为什么顾客偏好一种大规模定制建构而不是另外一种。他们选择以任务复杂性理论、消费者选择理论和损失规避理论作为研究的理论基础。文章的潜在假设是，消费者对大规模定制建构的潜在效用同时被消费者对大规模定制中的产品效用和消费者的复杂性感知所决定。也就是说，顾客对定制产品的选择，需要在效用和成本之间做出平衡。他们的研究从大规模定制的建构出发，认为大规模定制建构模式能够影响消费者对产品效用和大规模定制复杂性的感知；反过来，产品效用和复杂性感知也会影响顾客对大规模定制建构效用的感知。即产品效用对顾客感知定制效果有着积极影响，复杂性对顾客感知定制效果有着消极影响。复杂性的效果既可能是直接的又可能是间接的，原因在于复杂性能够降低产品效用。在这种作用模式下，他们发现，消费者本身知识的多寡决定了对产品效用和复杂性的感知是不同的；高产品知识水平的消费者比低知识水平的消费者感知较少的建构复杂性，如果是专家消费者，产品复杂性对产品效用的负面影响较少。这篇研究的贡献在于首次从消费者选择与决策角度对大规模定制建构设计进行研究。他们提出顾客对定制产品的选择实际上是在收获（产品效用）与付出（定制复杂性）之间做出的权衡，而这种权衡也因顾客所掌握的定制产品知识的多寡而有所区别。该文对于企业如何设计大规模定制建构有着较强的指导作用。

选项呈现方式能够影响顾客对定制产品的选择。在实践中，很多企业为顾客提供选项包供顾客自行选择。选项呈现方式有“减法”和“加法”两种。“减法”选项呈现方式指的是提供给顾客一个完整的选项包，用户可以根据需要去掉不需要的选项。还有一种称之为“加法”的呈现方式，即提供给顾客一个基本服务包，然后顾客可以根据需要自行添加选项。由于损失规避偏好和框架效应，研究者们发现，在两种方式作用下，顾客感知决策难度会存在很大差异。在“减法”定制方式下，消费者面临一项期待选择时，可能会建立一种功能损失和金钱获得之间的冲突；相反，“加法”方式建立了功能获得和金钱损失之间的冲突。根据损失规避理论，消费者对功能损失比对金钱损失更为敏感（Tversky et al.，1991）。因此在“减法”方式下，消费者进行选择时可能感知更多的冲突。而消费者行为理论认为，人们倾向于在选择而不是放弃任务中形成决策（Shafir，1993）。所以在“减法”定制方式下，消费者会感知更多的决策难度（Park et al.，2000），选择更多享乐性功能（金立印等人，2009）。

还有的学者基于大规模定制网上进行的事实，研究大规模定制的选项范围和补充在线服务的作用。比如 Benedict 等人（2009）通过对消费者网上大规模定制使用意图调查后发现，补充在线服务和大规模定制的选项范围对消费者的大规模定制意图有积极影响，增加在线大规模定制选项范围以及提供补充在线服务能够提高消费者对产品效果、控制和使用在线大规模定制过程中的享乐性感知，增加选项范围会增加消费者的感知复杂性，而增加补充服务则不会增加感知复杂性。感知控制和享乐性、感知产品效果和复杂性对顾客使用在线大规模定制意图有着积极的影响。

第二条主线基于定制产品特征展开。学者们发现，定制产品本身的特点也可能会影响顾客判断。Pingjun（2004）从顾客体验视角，提出品牌的名称效应可能会起作用，因此他提出了品牌名称效应、消费者偏好匹配、产品类别（寻找性产品和经验性产品）以及消费者产品知识影响大规模定制产品购买意愿的模型。他认为，品牌名称在定制化过程中，对消费者的决策制定有着重要和积极的影响。名牌产品更可能获得顾客信任，因而增强顾客购买意愿。由于产品特点不同，品牌名称在消费者决策中所起的作用强弱也不一样。他将产品分为经验性产品和寻找性产品两种，经验性产品指的是顾客具有一定的产品知识和消费体验，对于这种产品的选择判断往往基于顾客自身的信息储备；而寻找性产品指的是消费者对这种产品所知不多，需要借助于外在信息做出决策。产品自身特点不同，品牌名称效应就会不同。寻找性产品与经验性产品相比，品牌名称在顾客决策过程中效果更强。而在顾客的定制决策制定过程中，除了产品特点不同以外，对应于消费者自身的产品知识的多寡，品牌名称效应也会不同。相较于产品知识较少的消费者，品牌名称对于知识丰富的消费者效果更强。品牌名称效果通过感知偏好匹配影响顾客的购买意愿，强烈的品牌名称效果导致了较高的偏好匹配。顾客对定制产品购买意愿与感知偏好匹配积极相关，较高的偏好匹配导致了较高程度的支付意愿。他的研究将定制产品特点和顾客特点结合起来，通过顾客心理变量感知偏好匹配的中介作用，探讨不同因素的影响作用。不足之处在于顾客心理变量仅探讨了偏好匹配的影响，而消费者选项决策行为非常复杂，顾客认知和情感方面的变量很多，是否存在其他变量需要进一步探讨。

Andreas 等人（2007）将研究视角集中于与基本类产品相关的因素。基本类产品指的是大规模定制产品在同样的产品种类范围内所有的标准类产品组。他们调查了基本类产品消费频率和需要满足的影响。通过观察 2114 名顾客对个性化印刷报纸的采用情况后发现：首先，基本类产品的消费频率和需要满足程度与顾客采用大规模定制行为意图有着直接联系，被试者经常消费基本类产品以外的产品，并且当他们对这种消费更加满意时，他们才有较高的定制产品采用意图。其次，基本类产品的消费频率起到重要的调节作用，在调查顾客采用定制行为意图时学者们发现，被试者经常消费基本类产品以外的产品，感知有用性比感知使用容易性对顾客的影响程度更强。文章最后显示，未观察到的基本类产品的潜在类别能够导致顾客不同的采用行为：一方面，对基本类产品不满意的个体，他们对大规模定制产品使用容易性比有用性的兴趣更少；另一方面，对基本类产品满意的个体，他们的采用行为主要以使用大规模定制产品的容易性为基础。

Ruth 等人（2010）在研究了消费者对美学产品定制的反应后发现，虽然研究顾客如何评价大规模定制功能的文献（例如，Dellaert & Stremersch，2005）很多，但是缺乏对美学产品大规模定制的补充理解。他们认为美学产品有着更多情感和象征性，从而驱动顾客对定制产生不同反应。他们在要求364名本科生定制手提电脑任务后发现了美学产品大规模定制对于自我表达和身份管理的意义。提高美学大规模定制的程度对于购买大规模定制意图有着积极（通过自我表达价值）和消极的（感知复杂性）效果，所以在进行大规模定制建构时需要小心评估这些效果。

第三条主线围绕顾客特征展开。学者们更多从顾客自身特点出发挖掘潜在的影响因素，研究主要从顾客偏好特征以及消费行为习惯两条主线进行。Simonson（2005）从消费者偏好理论出发，认为顾客对定制化订单的反应取决于几个因素：顾客偏好的特点、订单符合线索、顾客对订单的接受性、订单的具体内容和形式。根据消费者决策理论，顾客对自身偏好并不完全清楚，他们经常依赖于各种各样的线索或者符号来判断定制是否符合需要。所有顾客偏好开发的稳定性以及顾客对自己偏好的洞见是决定其对定制化反应的重要因素。Simonson认为，基于顾客自我偏好的视角，两种顾客偏好洞见非常重要：一种是顾客相信他们有着定义很好的偏见，另外一种是顾客的偏好知识。在此认知基础上，Simonson按照消费者偏好稳定性和自我偏好视角将消费者分为四种：第一种顾客的偏好并不稳定并且未经开发，他们对自己的偏好有着较差的视角。这样的顾客不可能设计出能够符合自身需要的满意的解决方案，并且很容易受到影响，所以他们可能错误地以相信符合他们偏好的选项为基础。第二种顾客的特点是知道自己没有清晰偏好的顾客。他们可能对建议和意见更能接受，不太可能接受声称符合他们偏好的定制选项。第三种顾客的特点是有稳定的偏好，但是对自己的偏好缺乏洞见。他们可能错误地接受定制化选项，但实际上并不符合他们的需要。第四种顾客的特点是自身偏好稳定，同时对自己的偏好又很清楚。他们能够正确判断定制化选项是否适合自身需要。在四种顾客类型的基础上，Simonson认为顾客偏好的稳定程度和对偏好的洞见程度，影响其对定制化选项的接受程度，以及对定制化订单的接受程度。Simonson的研究从顾客偏好视角切入，回归大规模定制成功实施的本原问题，从顾客偏好的稳定性和自身对偏好的认知两个维度对顾客进行了细分。其研究成果有利于企业更好地进行定制产品的目标市场选择；不足之处在于该分类只是提出了一个概念框架，其科学性尚未得到实证数据检验。

表 2.3　顾客偏好区分示意图

		顾客偏好	
		不稳定，未开发	稳定，开发较好
对偏好视角	差	（1）	（3）
	好	（2）	（4）

资料来源：Itamar Simonson. Determinants of Customers' Responses to Customized Offers: Conceptual Framework and Research Propositions [J]. Journal of Marketing, 2005, 69（1）: 32-45.

王晶等人（2004）指出，体验经济的到来是现代生产和社会发展的必然规律，顾客参与生产过程是企业在体验经济时代提高竞争力的重要因素，因此他们提出了一个基于网络的顾客参与大规模定制模型。与他们的观点类似，Fiore 等人（2004）也认为，在当前的体验经济条件下，消费者实际上需要的是值得记忆的独特体验。因此，顾客对于大规模定制产品的购买意愿，明显会受到其想要获得独特性产品以及想要尝试共同设计体验动机的积极影响，而企业的最佳刺激水平将会积极影响以上动机。根据他们的研究思路，对大规模定制实施的研究应该深入顾客心理过程，从其定制动机角度探究定制的行为意向。

那么，为什么有的顾客愿意在线购买大规模定制产品？什么原因使得他们再次购买？Endo & Kincade（2008）使用质量研究方法和深入访谈技术，识别出三种类型顾客：一种是缺乏兴趣顾客，这些人对于再次购买大规模定制产品没有兴趣；第二种是热情顾客，他们对于购买大规模定制产品和大规模生产产品都很有热情；第三种是整体性顾客，他们有着基本需要，可以被大规模定制产品满足。缺乏热情顾客对于与公司保持联系并不热衷，因为他们认为存在各种各样不可预测的因素，如最终产品、回报政策、对于大规模定制产品的支付政策等。另外，他们对于向公司提供个人信息也非常敏感，他们又很容易发现满足他们需要的其他产品。因此在购物过程中，这类群体尽量避免与销售人员有更多的互动。而热情顾客对于寻找独特和有风格的产品非常热衷，他们非常享受作为共同设计者的购物过程。如果双向沟通有效，公司可以与他们建立长期关系。但是需要注意的是，这些顾客可以随时中止与公司的关系，因为对于他们来说，市场上的选择机会很多。公司要想保证这些顾客的忠诚，需要连续为他们提供有吸引力的产品和服务。与前两种不同，整体性顾客将购物过程视为一个解决问题的过程，他们可以用非常及时的方式解决需求满足问题。

在辨析三类顾客及其特点的基础上，Endo & Kincade 将大规模定制机会与顾客的长期关系管理联系起来，发现有着较高定制化需要的整体性顾客，他们愿意卷入大规模定制过程中以解决自身问题。这种发现支持了以前的研究结论即顾客较高的定制化需要能够形成公司竞争优势（Silveira et al.，2001），帮助保持与顾客的长期关系（Rust & Lemon，2001）。如果公司能够有效解决顾客需求问题，那么有着设计和功能需要的顾客将会是公司为其他顾客开发新产品和提供更好服务的重要合作者。原因在于，这些作为重要合作者的顾客能够提供重要信息给公司（Gilmore & Pine，1997），所以公司应该认真保持与上述顾客的长期关系。除此以外，研究还发现，更多的视觉和口头支持可以提高顾客满意度，减轻顾客在大规模定制过程中的焦虑，相关的技术提高了双方的沟通速度，使得购物过程更加高效。不难看出，学者们已经意识到对定制产品的购买行为意向与顾客自身特点密切相关，这些研究成果对企业针对定制产品的目标市场定位有着较强的指导作用。然而已有研究的不足之处在于，没有就消费者的其他特征如定制产品敏感性以及消费者心理特征变量进行讨论，未来需要进一步基于顾客特征深化研究内容。

第四条主线主要探讨定制过程中的情境因素。比如 Franke & Piller（2003）发现，顾客购买大规模定制产品主要受两个因素影响：（1）定制价值，即顾客从定制产品中获得的效用，定制产品能够比标准化产品更好地满足他们的需要。（2）从设计过程中可能得到的回报，如流动体验或者对共同设计任务完成的满足感。消费者仅购买那些他们感知产品价值超过购买过程中感知付出的产品（Zeithaml, 1988）。

Nikolaus 等人（2009）认为，设计过程以及伴随该过程的心理反应与顾客对自我设计产品的主观评价积极相关，大规模定制过程中的享受和感知努力影响对大规模定制产品的感知价值。通过 186 名被试者设计头巾的实验，他们发现对于自我设计产品的主观价值确实不仅受到偏好吻合的影响，也受到顾客报告的过程享乐性、偏好吻合和过程享乐性的交互作用、偏好吻合和感知过程努力的交互性影响。研究结果发现，感知价值享乐性与顾客对结果的感知价值积极相关，而且这种效果独立于感知偏好的吻合。然而，他们并没有发现相同的感知过程努力的主效应存在。Nikolaus 等人认为其原因可能是顾客对于过程努力有着不同的解释，依赖于自我设计过程的成功。如果定制产品被感知有着较低的偏好匹配，那么努力就被认为是白费了；反过来，则减少了定制价值感知。设计过程中的情感反应对于顾客自我设计产品的价值感知是重要的。

在定制情境中，企业雇员行为能够影响顾客的定制感知。比如 Bettencourt & Gwinner（1996）讨论了在服务体验定制中，企业一线雇员行为对顾客感知定制结果的影响。他们发现，与顾客直接接触的一线雇员在定制中将会有两种行为模式：人际适应性行为和服务提供适应。人际适应性行为指雇员通过改变各种人际沟通成分比如声调、语气等，来满足他们认为的顾客的独特性需要；服务提供适应指的是一线雇员以顾客的独特需要为基础，从而为顾客提供定制的或者是建立一组独特的服务特征。一线雇员与顾客的“服务遇见”能够影响顾客对企业的整体评价。与经历标准化服务的消费者相比，经历服务接触定制化的消费者对互动更为满意。一线雇员能够采取各种人际修正行为来适应服务接触中的顾客期待问题，所以一线雇员行为至关重要。他们的研究以服务定制作为研究情境，重点讨论企业员工行为对顾客的定制感知影响，拓展和深化了大规模定制中的情境研究问题。

此外，在大多数顾客都缺乏定制经验的情况下，外部信息能够发挥重要作用。Nikolaus 等人（2008）认为，在顾客自我定制情境下，大多数顾客缺乏开发定制产品的经验。在许多情况下，顾客可能对自己的偏好都只是有限视角，有时会发现开发初始创意时非常困难（Huffman & Kahn，1998；Simonson，2005）。因此，许多大规模定制工具的新使用者将会从外部信息资源中受益。在 Newell & Simon（1972）的人类问题解决理论中，外部信息可能会在大规模定制的自我设计的三个阶段发挥作用：（1）开发初始创意；（2）产生一种设计；（3）设计评价。Jeppesen

（2005）、Jeppesen & Frederiksen（2006）、Jeppesen & Molin（2003）的研究都为其结论提供了强烈的实证支持，即从使用者沟通中获得的外部信息对于个体的自我设计过程非常有益。因此 Nikolaus 等人认为，大规模定制工具的新使用者可能会从其他顾客身上获取信息。通过邀请 191 名被试者设计滑雪工具的实验，他们发现在开发初始创意的时候，接近其他使用者的设计是一个潜在的起始点，促进了既有问题的解决，同伴顾客对于原始设计解决方案的评价输入可以转化为积极的效果，企业为顾客提供其他人的意见能够更好地促进新使用者解决问题，即整合外部反馈。这两种解决问题的方式反过来导致了定制过程效率的提高，使得自我设计产品能够更好地满足顾客偏好。

第四节　文献述评及对本研究的启示

2.4.1　文献述评

大规模定制从其概念提出至今将近 30 年，我们从国内国际多个数据库中搜集下载大规模定制研究文献 200 多篇，经过细致研读和仔细梳理，发现研究人员对大规模定制的关注呈现先抑后扬，并逐年上升趋势。通过系统整理已有文章的研究主线，发现大规模定制研究呈现以下特点：

首先，学者们对大规模定制模式存在的合理性已经达成共识，但对其市场地位却存在分歧。20 世纪企业主导生产模式是大规模生产，该模式以其低成本和高效益一度为企业带来规模效益，企业通过有效的成本控制为市场提供了丰富的标准化产品。然而随着竞争态势的转变、企业生存环境的不确定、顾客需求特征的变化以及现代技术条件的发展等，大规模市场已经被打破。研究人员从竞争、市场、技术等多个方面对大规模定制模式出现的合理性展开讨论，一致认识到大规模定制作为一种弹性生产模式，能够为企业带来综合竞争优势，是企业提升核心竞争力的有力武器，大规模定制开启了制造业的新范式（Pine，1993）。

然而对于大规模定制与大规模生产的关系，学者们却并没有达成共识。大规模定制到底是大规模生产的补充战略还是替代战略，学者们的观点截然不同。狂热派的代表 Pine 教授主张大规模定制终将代替大规模生产。而冷静派学者如 Buffington 和 Kotha 等人则认为，从目前的市场实践来看，大规模定制并没有代替大规模生产，特别是他们观察到目前一些大型公司仍然坚持标准化产品的生产战略。由此他们认为，大规模定制只是大规模生产的有力补充，并不能代替大规模生产。两派意见各有道理，狂热派学者基于大规模定制的未来发展趋势，认为大规模生产已死，21 世纪是大规模定制的天下。不过狂热派学者也承认，大规模定制是个复杂系统，存在多种阶段，大规模定制取代大规模生产应该是其发展的高级阶段（Pine Ⅱ，1993）。而冷静派学者的观点则基于对当前市场现实的观察，认为从当前对企业实践的观察来看，并没有出现如 Pine 教授所说的企业全部放弃大规模生产，转而拥抱大规模定制，即使一些国际上知名的大公司也仍然采用大规模生产模式。所以他们认为，大规模定制只是作为大规模生产的补充形式存在，用来满足小部分细分市场的需要。两派观点鲜明，但似乎也并不冲突，原因在于：虽然两派学者研究的出发点存在差异，但是如果从未来的发展趋势观察，大规模定制终将取代大规模生产；而如果基于当前企业的生产现实，则大规模定制仍然作为一种补充战略存在。所以，两派学者的观点都有道理。

其次，学者们对大规模定制模式的认识经历了由浅入深、由表及里的过程。

早期学者们对大规模定制的研究集中于大规模定制的概念、实现方式、实施条件和战略优势等方面。比如对大规模定制的概念，学者们认为其核心构件在于大规模生产的成本、个性化产品、弹性的生产和技术准备过程等（例如，Pine，1993；Hart，1995）。但是也有学者对此概念提出了质疑，认为此概念从字面理解就自相矛盾，缺乏内在统一理论的支撑。而概念的不精准，一定程度上也导致了研究上的局限（Duray et al.，2000；Kumar et al.，2007）。除了概念探讨以外，研究人员发现，并不是所有企业都适合大规模定制，企业的大规模定制需要内外部条件的支撑，这些因素包括：环境和经济发展的不确定性，必要的组织准备如领导能力、财务管理、组织架构、人员和知识准备与企业文化支持，以及企业的过程管理能力和市场分析能力。只有这些条件都满足，企业的大规模定制才有实施的可能。

为什么众多企业愿意实施大规模定制战略？也就是大规模定制模式的战略优势体现在哪些方面？研究人员从企业的经济效益（如收入的增加、成本的降低）、推动创新以及对顾客价值增加等方面进行了全方位探讨。大规模定制虽然对企业的实施能力要求很高，但是该模式能够为企业带来收入上的增加和配送、库存等环节成本的减少，能够增加顾客的转换障碍并推动企业创新，最为关键的是能够为顾客带来产品功能价值和参与设计过程的体验价值，最终提高顾客满意度和忠诚度，这对于企业来说至关重要。

最后，学者们对大规模定制实施的研究重心经历了明显转变，从企业供应方转向了市场接受方。这种重心转变标志着对大规模定制的认识更加科学、全面。早期学者们多是从战略管理、生产操作以及信息系统设计等领域对大规模定制实施展开研究，相关研究也大多发表在*Strategic Management Journal*或者*Computer Society*等战略和技术性杂志上面。这种现状有其存在的必然性，因为大规模定制战略是从大规模生产战略衍变而来的，连大规模定制的概念都是相对于大规模生产而言的（后来曾有学者质疑大规模定制概念定义上的缺陷），这就导致学者们的研究思路不可避免地会受到对大规模生产研究思路的影响。研究思路的狭隘一定程度上阻碍了大规模定制研究的深入展开，而研究内容的缺失也在某种程度上阻碍了企业的定制实践，在市场上表现为大规模定制失败的案例呈现增多趋势（如 2003 年 Levi’s 定制的关闭等）。

市场上出现了一种比较怪的现象，即部分顾客虽然对标准化产品并不满意，然而在定制产品面前却很犹豫，不愿意进行产品定制。这种市场现实使得研究人员意识到大规模定制仅围绕企业视角展开远远不够，其成功与否归根结底依赖于顾客的认可和接纳。到底顾客如何评价大规模定制？怎样使他们对定制产品满意？这些都是迫切需要解决的问题。所以从 2000 年以后，学者们对大规模定制的研究纷纷转向了顾客角度。这种研究重心的转换对于深入了解大规模定制起到重要的推动作用。

已有对大规模定制的理论研究虽然取得了较为丰厚的研究成果，但是还存在一些不足之处，需要在未来的研究中予以弥补。综合起来看，大体有以下几点：

第一，关于大规模定制的概念还需要进一步厘清。已有对大规模定制的概念定义基于与大规模生产对应而产生，对其概念的内涵和外延并未界定清楚，从字面理解还存在自相矛盾之处。这种概念上的模糊阻碍了对该模式的科学认识。所以建议未来在已有理论支撑的基础上，对大规模定制概念深入研究。

第二，关于大规模定制的实施条件问题，需从企业动态能力角度予以研究。已有研究多从战略管理角度，基于企业的资源基础观进行探讨。然而随着战略管理领域中动态能力理论的兴起，占主导地位的资源基础观逐渐被动态能力理论所替代。企业动态能力能够提高顾客价值，在大规模定制战略的实行过程中，具备动态能力的企业可以及时发现各种变化，对战略进行适时调整来适应环境的变化。比如，同样是鞋类制造公司的 Adidas 和 Nike 都运用了大规模定制战略，然而在具体的操作上却有不同。Adidas 提供给顾客较多的产品选择如尺寸、功能和外形等，而 Nike 仅提供不同鞋子的尺寸选择，两家公司的产品、过程和信息的复杂性是不同的，Adidas 的成本显然高于 Nike，但是 Adidas 能够及时从个体顾客身上捕捉重要的市场趋势信息，比 Nike 公司有着更高的定制化产品保持率。所以，未来大规模定制的研究重点应该落在企业动态能力如何影响和提升大规模定制实施的效应和机理等问题上。

第三，从顾客视角探讨大规模定制实施的研究还刚刚起步，研究还不够系统深入，特别是基于消费者行为决策视角，对顾客定制化选择行为的内部决策机理研究较少，未来需要深化此方面的研究。当前学者们对于大规模定制的顾客感知研究呈现出相对分散的特点。举例来说，很多学者探讨了大规模定制建构的任务特点，如任务的复杂性和感知实用性，以及顾客自身特点如顾客知识的多寡、基本类产品消费频率，或者定制情境因素如在定制过程中的感知享受性以及一线雇员接触对顾客购买大规模定制产品意愿的影响等。相关研究理论有复杂性理论、顾客偏好理论等。这些研究对于我们深入把握顾客想法和行为有很大帮助，但是已有研究仅探讨了影响效果，对于影响因素作用背后的机制研究不多，并且相关因素研究较为分散，还不够全面。我们知道，在顾客参与产品定制任务中，影响顾客选择和决策的因素很多，比如顾客偏好建构不仅受到自身偏好诱导流畅性的影响，而且周围参照群体的偏好也会影响到他们的偏好建构，尤其是顾客心理变量对其行为意向影响较大。所以未来需要进一步从顾客选择与行为决策视角，系统探究大规模定制任务、顾客特征以及情境影响因素，并对其相关路径和决策机理进行深入研究。

2.4.2 对本研究的启示

既往可以开来，通过对已有大规模定制研究文献的研读和整理，得到许多有益的研究启示，这些启示也为本研究奠定了坚实基础。

首先，大规模定制成功实施的关键在于顾客，所以对大规模定制实施的研究重心应该落在顾客身上。通过前面对大规模定制的研究回顾，我们已经知道，学者们对大规模定制的研究视角经历了很大转变。早期对于大规模定制的探讨主要基于企业视角，探讨企业需要具备的技术和组织管理条件、相关生产管理和操作系统设计等问题。随着研究的深入，研究者慢慢发现仅有企业视角的研究还很不完善，大规模定制的成功最终依赖于顾客方的认可和接受。究竟顾客如何看待大规模定制、哪些因素影响他们对产品定制的感知等问题悬而未决。在这样的研究背景下，很多学者又将研究视线转向顾客，并取得了一定的研究成果（相关研究内容在前面的文献回顾中已做详细介绍）。在已有研究的基础上，我们需要继续围绕顾客方进行大规模定制的实施研究。

其次，基于顾客视角的大规模定制研究，需要进一步立足顾客参与定制过程这个暗含假设，从顾客的行为决策角度深入研究。已有文献多从顾客对大规模定制的价值感知视角进行探讨，包括产品的功能价值和体验价值。研究人员对定制产品功能价值和体验价值维度进行了细致讨论，然而却没有涉及顾客的行为决策过程。顾客对定制产品的购买行为究竟是如何决策的？其背后有何作用动机？哪些因素影响他们的行为决策？决策路径和机理是什么？这些问题在已有研究中尚未有涉及。理论研究的空白也阻碍了定制实践的发展。所以未来的研究应该从消费者行为决策视角出发，以消费者行为决策领域的相关理论作为研究基础，对顾客的定制产品购买行为决策过程进行深入探究。

最后，基于顾客视角的大规模定制研究应该全面而深入，对于影响顾客行为决策的心理因素、社会因素以及企业因素应该整合研究，并且应该重点揭示各因素背后的作用机理。个体的行为决策是个非常复杂的系统，相关影响因素众多。顾客在参与定制产品的过程中，既有顾客自身因素的影响，同时还存在企业因素和情境因素的影响。顾客的行为决策既受到自身态度认知等因素影响，同时周围群体的意见又能够左右其行为意向。对于大规模定制的研究，需要在消费者行为决策的整体理论框架下，整合顾客自身因素、社会因素、企业因素和情境因素等多方面影响变量，系统构筑影响顾客选择定制产品的因素整合模型，并对各因素的作用路径和机理进行深入研究。本研究正是基于此认知而展开的。

第三章　计划行为理论研究回顾与启示

本章内容旨在对研究所依据的理论基础——计划行为理论进行研究回顾。计划行为理论是消费者行为决策领域应用较为广泛的理论之一，被认为能够很好地预测消费者行为意向。该理论由合理行为理论发展而来，其模型建构也在不断发展。本研究正是在拓展版的计划行为理论框架基础上展开的。本章内容主要包括计划行为理论的提出、计划行为理论作用模式分析、拓展版的计划行为理论研究。在文献回顾基础上，我们将梳理出计划行为理论对本研究的启示，深入勾画研究的基本理论脉络，从而为后面的研究奠定坚实的理论基础。

第一节　计划行为理论的提出

3.1.1　动机、态度与消费者行为

人们每天都会做出各种各样的行为与选择，比如早上起床应该穿哪套衣服，早饭吃面包还是稀饭，怎么去单位上班等。若想了解人们这些行为选择的内部原因，必须研究行为背后的动机问题。理解动机就是理解消费者行为的原因。

动机是引导人们做出行为选择的过程。当消费者希望满足的需要被激活时，动机就会产生。这种希望满足的需要既可能是功能上的需要，

比如吃饭能够缓解饥饿感；也可能是享乐性需要，例如食物也可能为消费者带来色、香、味等方面的享受。不论需要是功利性的还是享乐性的，这种被激活的未被满足的需要为人们从事进一步行为带来的驱动力，驱使人们去从事相应的行为，以满足个体被唤起的而没有被满足的欲望和需要。

动机有强度区别。一些行为研究者发现，人们从事某种行为的动机存在程度上的差别，而这种程度上的差别实际上取决于人们的当前状态与期望目标之间的差距。举例来说，在沙漠中行走了半天的人比起在大树下乘凉的人面对饮用水时会表现得更加迫不及待，原因在于沙漠中的人口渴的状态更加强烈。在口渴状态的强烈驱使下，人们的行为意向表现出差异。除了存在这种强度上的差别之外，动机也有方向之分。一般来说，动机是目标导向的，在强烈的动机驱使下，人们会从事某种行为以达到期望状态，这种期望状态就是其希望达成的目标。

动机是人们从事各种行为的内在原因。研究人员认为，若想预测人们的行为意向，可以通过对其态度的观测来完成。在心理学的科学研究初期，态度就在理解人类行为方面发挥了核心作用。很多专家认为，社会态度和个体特征在解释和预测人类行为方面起到重要作用（Ajzen，1988；Campbell，1963；Sherman & Fazio，1983）。对态度的社会心理研究实际上一直是过去几十年研究的核心议题，Allport（1935）甚至认为，态度可能是“最清晰的和不可缺少的当代美国社会心理概念”。他的观点以两项现实观察为基础：第一源于对社会心理学文献的评价，其文献回顾显示，“没有其他的名称看起来更经常出现在实验和理论文献中”。第二个观察也许是最重要的，Allport 认为，态度是不可替代的概念。事实上，在众多功能性研究中，态度研究是增长最快的领域（Maio & Olson，2000）。

到底何为态度？态度指的是人们对目标对象所持的一种概括性评价（Baron & Byrne，1987）。任何态度所指向的事物都叫做态度的对象（目标体）。态度的对象可以包括一个产品、一个品牌或一项服务，也可以包括一个人、一个地方、一个想法或者一种意识形态。根据心理学家 Daniel Katz（1960）的研究，态度之所以存在是因为其对人们具有某些功能，它能够用来预测人们的某种行为。人的动机决定其态度。Katz 认为态度的功能有四个方面：效用功能（Utilitarian Function）、价值表达功能（Value-expressive Function）、自我防御功能（Ego-defensive Function）、知识功能（Knowledge Function）。效用功能与人们的基本奖惩原则有关，比如我们会根据产品给我们带来的基本感受形成对产品的某些态度。花草茶口感酸爽，所以我们就对其持积极的态度评价；夏天天气炎热干燥，使得我们的皮肤缺水并且被晒黑，所以注重美白的人就可能对夏天持消极的态度评价。态度的价值表达功能体现了消费者的核心价值观。人们对产品的态度评价取决于该产品满足其功能需要的程度；同时，这一态度评价还向外界传递使用者的价值观。比如在公司上班的高级白领们喜欢做工精细的 Tod’s（托德斯）皮包、Dior（迪奥）香水，这些质量优良的产品不仅能够满足白领的基本需要，还能够向外界传递使用者喜欢优质生活的价值观这种信号。态度还具有自我防御功能，使用者通过对产品的鲜明态度达到保护自我的目的。比如有的人坚决拒绝乘坐飞机，他们认为飞机是一种最不安全的交通工具，会威胁自身安全，所以他们对乘坐飞机持非常消极的态度。而态度的知识功能则与人们对次序、结构和意义认识的需要有关。当人们面对一种新的产品时，这种需要经常产生（了解新产品的渴望）。态度的功能虽然有多种，但是通常情况下，只有一种功能起主导作用。即使面对同一目标，不同个体所持的态度也会存在差别。

鉴于态度在预测人们行为上所发挥的核心作用，学者们研究出了多个态度模型，比较有代表性的有多属性态度模型、费舍宾模型、合理行为模型。多属性态度模型（Multi-attribute Attitude Models）在市场研究人员中特别流行，该模型假设消费者对态度对象的评价取决于他对该对象的多个属性的评价，通过得到这些特定的信念并将其综合起来，推导出一个测量消费者总体态度的方法，用来预测消费者对一种产品或品牌的态度。基本的多属性态度模型（Fishbein，1983）详细说明了三个要素：属性（Attribute）、信念（Beliefs）、重要性权重（Importance Weights）。属性是态度对象的特性；信念是对特定态度对象的认知，信念测量是评价消费者感知一个品牌拥有某种特定属性的程度；重要性权重则反映了某一属性对消费者的相对重要性。虽然人们认为态度对象具有多重属性，但是其中一些属性比另外一些更加重要，并且这些权重因人而异。

最有影响力的多属性态度模型是费舍宾模型（Fishbein Model）。该模型量化了态度的三个要素：（1）人们对某个态度对象的显著信念（Salient Beliefs），如人们在评价过程中对态度对象所持的信念；（2）目标—属性的关联性（Object-Attribute Linkage），或者一个特定目标具有某种重要属性的可能性；（3）对每一个重要属性的评价（Evaluation）。综合这三个要素，可以计算出消费者对某一对象的总体态度，进而预测其行为。基本公式是：

$$A_{ijk}=\sum\beta_{ijk}I_{ik}$$

式中，i 为属性；j 为品牌；k 为消费者；I 为消费者 k 对属性 i 赋予的权重；β 为消费者 k 关于品牌 j 具有属性 i 程度的信念；A 为消费者 k 对品牌 j 的态度分数。

通过将消费者对所考虑的所有品牌中每个属性的评价与这一属性的权重相乘，就可以得出消费者总体的态度分数（A）。但是该模型假设我们能够充分判断出所有的相关属性，而这在现实中不一定能保证。

研究人员认为人们的态度能够用来很好地预测其行为，然而现实中却往往出现态度与行为相背离的情况即“言行不一”。为了解释这种态度和行为之间不一致的现象，研究人员对费舍宾模型进行了修正，增加了社会压力因素以及意向与行为之间的关系，也就是合理行为模型。美国学者 Ajzen & Fishbein（1975）提出的合理行为理论试图构筑态度和行为之间的一般模型。该理论的核心假设认为，个体的行为可以用行为意向来进行合理推断，行为意向是人们预期进行某种行为的一种具体测量，个体的行为意向可以通过他们的行为态度和主观标准进行预测。

与原来的模型相比，合理行为模型对于行为的预测能力明显提高。在合理行为模型中，除了态度对其行为的预测能力以外，增加了社会压力因素对于个体行为意向的预测能力。社会压力能够对个体行为意向起到积极作用，原因在于人们总是生活在一定的社会环境而不是真空中，人们的行为不可避免地会受到其他人看法的影响，消费者不能完全凭个人态度喜好从事某种行为。所以，对人们行为意向的预测，除了需要考虑主观标准的影响以外，还需要考虑社会压力因素。

3.1.2 合理行为理论的弊端

在合理行为模型中，个体行为意向可以通过态度和主观标准两个方面加以预测。态度反映的是人们对于是否从事某一目标行为所持有的积极或者消极评价；而主观标准反映的则是人们对某些他们认为非常重要的人物是赞成还是反对该行为的态度的判断，这反映的实际上是他人对个体的影响，通过个体主观上的判断投射出来。态度和主观标准最终共同影响了个体的行为意向，并最终决定行为是否发生。合理行为模型是一个通用模型，它的暗含假设在于：个体对于自己的行为能够完全凭个人意志进行控制，即个体在具体情境中的行为意向完全依赖于完成目标行为的态度和主观标准。

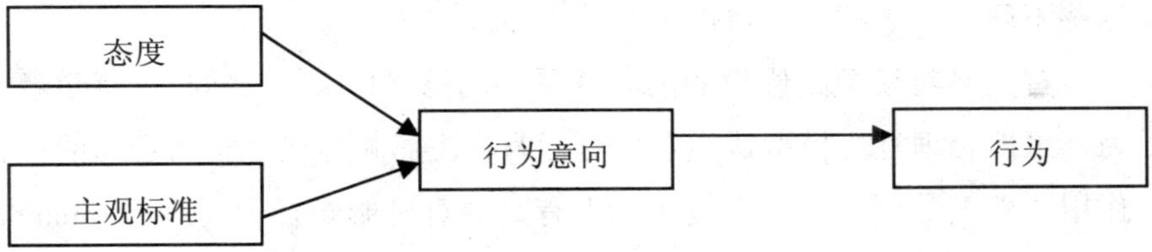

图 3.1 Fishbein 合理行为模型

资料来源：Fishbein M., Middlestadt S. Noncognitive Effects on Attitude Formation and Change: Factor Artifact? [J]. Journal of Consumer Psychology，1995, 4:181-202.

与多属性的态度模型一致，合理行为模型肯定了态度对于行为意向的积极作用。当个体对某项行为持非常积极的评价时，那么他就会具备较为积极的行为意向，这在某种程度上会导致行为的发生，甚至直接决定其发生。当然，态度对行为意向的预测作用一般来说发生在个体的自我影响较为突出时。但是对个体来说，即便态度上不喜欢，如果周围社会群体暗示应该从事该行为，那么他也可能从事某种行为。比如一位吸烟史很长的旅客，在长途飞行了几个小时后，即使他的烟瘾发作，他仍然会忍住不在飞机上吸烟。这里他的不吸烟行为主要是受到主观标准的影响，因为他知道在飞机上吸烟是不被允许的。还比如，某位在校女大学生在逛街时看中一件非常漂亮的裙子，她对该裙子的颜色、款式和质地都非常满意，如果仅依靠其自身态度，她很可能就把这条裙子买下了，但是当她看到衣服昂贵的价格标签，意识到父母决不会赞成她用生活费去买这样高消费的衣服时，她很可能放弃购买行为。主观标准对于行为意向的这种预测作用，得到了来自实证数据的支持。比如有研究者证明，在技术传播的早期阶段，个体具备有限的使用知识，主观标准可能更突出，那么主观标准就可能是行为意向的主要预测因素（Taylor & Todd，1995）。而合理行为理论的有效性，得到了许多实证研究的支持（例如，Sheppard et al., 1998；Bobbitt & Dabholkar, 2001；Davis et al., 1989；Yoh et al., 2003；Venkatesh et al., 2003）。

尽管合理行为理论改进了费舍宾模型，在很多情况下被证明能够有效预测人们的行为，但是该理论还是受到了一些质疑和批评。归纳分析，这些不同声音大体上来自以下三个方面：

首先，对模型中假设的因果联系不同意（Liska，1984）。有学者认为，虽然合理行为模型认为态度对行为产生影响是通过行为意向的中介作用，然而数据显示，态度实际上有时会直接影响行为（Zuckerman & Reis，1978）。比如一些冲动性购买、猎奇或者简单的重复购买等，当消费者对某些产品持积极的态度评价时，他们很可能会直接从事购买行为，并不通过行为意向的中介作用。实际上，合理行为模型适合消费者的计划性行为，而不适合消费者的冲动性购买行为等。

其次，学者们认为，在该模型提出的预测因果关系中可能会存在各种调节变量。比如有研究者发现，当个体对目标客体有着先前经验时，那么态度和行为之间的一致性会更高（Fazio & Zanna，1978；Regan & Fazio，1977），这种先前经验对态度和行为的关系起到调节作用。所以，除了关注该模型的主效应以外，我们应该更多关注调节变量对其效应发挥的影响。

最后，还有部分理论研究者认为合理行为模型需要增加额外的影响因素。比如 Ttriandis（1980）就认为，应该强调个人情感反应对其完成行为的重要性。合理行为模型仅考虑了个体态度和主观标准的影响，这很可能是不全面的，这种预测因素的不全面降低了该模型对个体行为意向的预测能力。所以他建议，应该对该模型继续进行拓展研究。实际上，这种质疑声音得到了实践方面的支持。

合理行为模型的暗含假设是：个体能够凭自己的意志力完全控制其行为，换句话说，个体行为不受到其他因素的制约和影响。这种假设与现实情境下的个体行为存在较大偏差。在社会环境中，个体行为不可避免地会受到各种外来资源和条件的制约，个体行为不可能完全受自己意志力的控制，肯定会存在一些个体控制不了的情况。举个例子，某位10岁小学生非常喜欢汽车，也很想开汽车，可现实情况是他只能等到18岁，交通法律才允许他拿到驾照开上汽车，在成年以前，即使他非常想开汽车，他的家人也不干涉他的行为，可他仍然不可能独自驾驶汽车。在这个例子中，就存在一些个体凭意志力无法控制的因素。所以在这样的具体情境下，合理行为理论明显不能得到充分解释。也正是沿着这样的思路，Ajzen（1991）对合理行为模型进行了有益的扩展，在其模型结构中引入感知行为控制变量，也就是计划行为理论模型。

3.1.3 计划行为理论的提出

与多属性态度模型相比，合理行为模型虽然增加了社会压力因素，能够更有效地预测个体行为，然而该模型由于其应用上的局限性，也招致了很多质疑声音。很多专家学者在合理行为模型基础上，对其展开拓展研究。其中最为知名，并且应用非常广泛的是Ajzen的计划行为理论。

计划行为理论（Theory of Planned Behavior）由Icek Ajzen（1988,1991）提出，是对合理行为理论的继承和发展。与合理行为理论相区别之处在于，该理论增加了感知行为控制因素。Ajzen通过研究发现，人的行为并不是百分之百出于个人自愿，还存在凭个人意志力无法控制的情况。所以他在合理行为理论的态度和主观标准两项预测因素的基础上，将行为感知能力考虑进去，认为态度、主观标准和感知行为控制共同预测个体的行为意向。值得一提的是，在早期的合理行为理论中，态度和主观标准都被实证研究证明可以很好地预测个体的行为意向。作为合理行为理论的有效拓展，态度和主观标准仍然沿用以前理论的定义框架，实证研究表明，在计划行为理论框架下，态度、主观标准和行为意向仍然存在积极联系（Ajzen & Fishbein，1980；Karahanna et al.，1999；Pavlou & Fygenson，2006；Bamberg et al.，2003）。

计划行为理论共包含五项基本元素：态度、主观标准、感知行为控制、行为意向、行为。与合理行为理论相类似，态度是指个人对从事该行为所持有的积极或者消极的全部评价，即指由个人对此特定行为的评价经过概念化之后所形成的态度，所以态度的组成成分经常被视为个人对此行为结果的显著信念的函数。主观标准是指个人对于是否采取某项特定行为所感受到的社会压力，即个体感知到的相对重要的其他人赞同或者反对目标行为的主观上的判断。感知行为控制是指反映个人过去的经验和预期的阻碍，当个人认为自己所掌握的资源与机会愈多时，所预期的阻碍愈少，则对行为的感知控制就愈强，即个体根据自己的能力和所掌握的资源，判断完成目标行为的难易程度。行为意向是指个人对于采取某项特定行为的主观几率的判定，它反映了个人对于某一项特定行为的施行意愿。行为是指个人实际采取的行动。态度和主观标准的前置影响因素则是一系列潜在的态度和标准信念。态度信念指的是对于可能的行为结果的可能性评价；标准信念则是个体所持的对他人看法的一种主观判断，即认识到他人对自己的行为是否赞同的主观评价。而一系列的控制信念和个体的感知能力，通过期待—价值方程式，促进或者阻止了感知行为控制的行为表现决定（Ajzen，1991）。计划行为理论模型见下图：

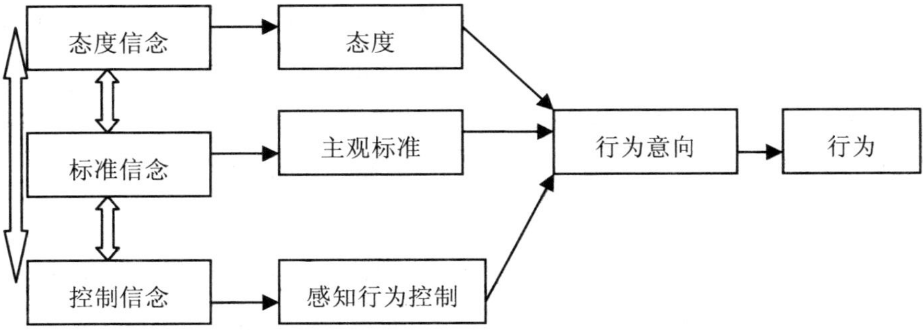

图 3.2　Ajzen 的计划行为理论模型

资料来源：Icek Ajzen. The Theory of Planned Behavior [J]. Organizational Behavior and Human Decision Processes，1991, 50: 179-211.

对于计划行为理论的感知行为控制变量，除了需要在概念上充分把握以外，Ajzen（1991）还特别提醒，在应用时要注意与其他概念的异同。与感知行为控制比较容易混淆的概念主要有两个：一个是 Rotter（1966）的“感知控制点”，另一个就是著名社会心理学家 Bandura 于 1982 年提出的“自我效能”。对于感知行为控制与感知控制点的区别，我们可以举个例子来说明。比如某人可能会认为，我对今天吃不吃饭这个行为能够控制，因为这属于内部控制点，即吃饭的行为完全受其个人能力掌控。但是假如你问他能否成为商务飞行员，那这个可能性就会较低，因为有很多的先天条件要求是他个人无法控制的，这实际上涉及的就是感知行为控制的概念。所以概括来说，感知控制点指的是能够跨越不同具体情境的、相对比较稳定的一种个人行为期待，它主要基于个体的内部感知。与 Ajzen（1991）的感知行为控制概念较为一致的是 Bandura 的自我效能概念，Bandura 认为自我效能是指个体对于是否有能力完成任务的一种主观判断，这与感知行为控制的内涵、外延相一致。Ajzen 提出的感知行为控制指的是个体对于完成任务的难易程度的一种主观把握。在应用上，一般把感知行为控制与自我效能相等同。

Ajzen 认为感知行为控制属于单一维度变量。一般来说，感知行为控制通过三个条目进行评价。但是对于感知行为控制是否是单一维度变量存在不同见解。有学者认为感知行为控制实际上有两个不同维度：自我效能和控制能力（Cheng & Chan，2000；Pavlou & Fygenson，2006）。虽然对于这两个概念的提炼还存在一些争议，但是已经达成的共识是大家一致认为感知行为控制的确由两个潜变量组成。Armitage 等人（2002）认为感知行为控制有两个潜在变量：自我效能和控制力。对于自我效能仍然沿用 Bandura 的定义，而控制力指个体对于从事行为的资源和机会有效性的判断，比如时间、金钱、机会等。这里的控制力将重点放在了外部条件方面，与自我效能强调内部控制进行了清晰的区分。

实证数据似乎也支持自我效能和控制力的区别。比如 Teny & O’leary（1995）发现自我效能预测锻炼意图，但不是行为；而感知控制预测锻炼行为，但不是意图。但是 Ajzen（2002b）则坚持认为，可以将感知行为控制区分为自我效能和控制能力两部分因素，但是并不能证明感知行为控制单一维度的无效。为了弥补这种认识上的不一致性，他提出了一种两水平的感知行为控制多层描述模型，将其作为一种“高拱的、高级的建构”，多层的高拱模型被用来解释低层因素的交互，由此组成了一种整合的潜变量结构，较高水平的模型提供了对更加紧密的复杂现象的多层描述（Law et al.，1998）。实际上，对于感知行为控制的维度之争，我们赞同 Ajzen 的单一维度观点，原因在于感知行为控制的确存在两种成分，一种是自我能力，另外一种是主观感知。但是客观上的自我能力最终也是通过主观感知成分反映出来，所以我们认为没有必要对其进一步进行维度划分，但是在具体的测量条目中，可以将两部分因素考虑进去。一般对于感知行为控制仅通过三个条目进行评价测量，但是较少的测量条目经常出现较差的内部效度（Beale & Manstead，1991）。将自我主观效能与控制力因素考虑进去，增加对感知行为控制的测量条目，不仅能够增加感知行为控制变量的内部效度，而且可以解决学者们的“维度之争”。

从以上对计划行为理论产生的回顾来看，该理论模型脱胎于合理行为理论，核心目的在于预测个体有目的、有计划的行为。在模型的因素构成中，不仅包括个体对于行为的认知因素（态度上的反应），还将社会压力因素（主观标准）和行为实施因素（感知行为控制）考虑进去。计划行为理论被证明是社会心理学领域最具影响力的模型之一，对于解释和预测人们的行为意向和行为结果有着较好的使用效度，不仅能够在较广范围内去预测个体行为，而且可以用来解释大多数的人类行为。

第二节　计划行为理论作用模式分析

理论是针对揭示现象的若干概念，在特定条件下所存在关系的一种陈述。理论的重要功能在于通过这种提纲挈领的表述，让人们了解纷繁复杂的现象或者事件发生的脉络和原因。所以一个好的理论必须能够将最相关的概念以符合逻辑的方式组织在一起，清晰地表达出这些概念之间的关系，帮助人们了解现象是怎样发生的、在什么条件下发生以及为什么会发生（陈晓萍等人，2008）。根据该描述，若想完整把握计划行为理论，一定要从该理论所解释的现象、理论所涉及的关键变量以及变量之间的作用关系几个方面进行分析。

首先，计划行为理论是做什么用的？根据前面的研究回顾，计划行为理论从对合理行为理论的继承和发展而来，用于预测和解释人们的多种有目的、有计划的行为。但是对于冲动性和突发性事件等，该理论则缺乏解释力度。

其次，该理论涉及哪些关键变量？在该理论建构中，包括行为、行为意向、态度、主观标准、感知行为控制五个关键变量。如果再进一步往前拓展，还包括态度信念、主观标准信念和感知行为控制信念。这五个关键变量中，行为是结果变量，行为意向属于中介变量，而态度、主观标准和感知行为控制则是行为的自变量。态度信念、主观标准信念和感知行为控制信念分别是态度、主观标准和感知行为控制的前置影响变量。对于这五个变量的概念内涵在前面我们已经做了详细介绍。

最后，计划行为理论的作用模式如何？这是主要也是最关键的问题，我们将分别从计划行为理论的主效应和交互效应两方面对其进行论述。

3.2.1 计划行为理论中的主效应分析

计划行为理论遵循动机—行为的逻辑分析主线。该模型的结果变量是人们的实际行为，若想成功预测实际行为，需要分析该行为背后的动机因素。鉴于行为意向属于动机因素，它有效地捕捉到了人们究竟在多大程度上愿意从事某种行为（Ajzen，1991），所以可以通过行为意向对人的行为加以预测。一般来说，一个人所持有的行为意向越强，那么他从事这种行为的可能性越大，也就是说，个体的行为意向与行为结果存在积极联系。该观点得到了来自实证方面的支持，比如在一项对 87 名被试者的实证分析中，数据结果显示，意图和行为之间的相关系数是 0.53（Sheppard et al.，1998）。既然行为意向是行为的预测因素，那么对于行为意向的研究就占据重要地位。

哪些因素能够预测个体的行为意向呢？计划行为理论认为可以从态度、主观标准和感知行为控制三个因素着手。这三个独立因素对于个体的行为意向都具有预测作用，意即在态度、主观标准、感知行为控制和行为意向之间都存在主效应（Ajzen，1991；Armitage，2001；Bansal & Taylor，1999；Fortin，2000；Gauff，1992；Liao et al.，1999；Pavlou & Fygenson，2006）；但是三个独立要素的相对重要性由于具体情境不同而有所区别。

态度长期以来被认为可以影响行为意向（Ajzen & Fishbein，1980），一个人对行为结果的评价与态度越接近，那么他越可能采取行为。事实上，学者们对于态度与行为关系的研究一直经久不衰。态度是最早用来预测行为意向的变量。一些关于态度的理论比如认知失调理论、自我知觉理论、平衡理论、多属性态度模型等不仅充分强调了态度的复杂性，更从侧面证明了态度与行为意向之间的复杂关系。人的动机决定了人的态度（Katz，1960），所以通过人的态度毫无疑问能够预测其行为意向。这种关系得到了实证支持，当个体的自我影响比感知主观标准更加强烈时，态度可能是行为意向的主要预测因素（Truong，2009）。态度应该是持久的，能够持续一段时间。态度也是一般性的，因为它不仅仅作用于诸如听到一声吵闹这样瞬间的事，随着时间的推移，人们会对所有大事的吵闹持负面的态度。但是不得不指出，态度也是容易被操控的。比如商家经常会通过广告等传播媒介为消费者输送大量信息，从而影响或者改变其对产品的态度。并且态度与行为之间也并不总是一致的对应关系，态度和行为之间还会存在相背离的情况。比如消费者虽然对某促销产品很满意，称赞不停，但是最后却并没有购买。在计划行为理论中需要明确的是，虽然态度与个体行为意向之间存在主效应，但是具体情境不同，态度与行为意向之间的关系强度也不一样。

涉及主观标准与行为意向之间的关系，实证数据存在不一致结果。有研究证明主观标准能够预测行为意向（Karahanna et al.，1999）。Pavlou & Fygenson（2006）通过调查从网站获得产品信息从而进行产品购买这种行为后发现，从网站获得产品信息是否可行的主观标准与从网上购买产品的行为意向之间存在积极联系。事实上，在技术传播的早期阶段，当使用者仅具备有限的产品知识时，主观标准对于个体行为意向的预测起主导作用（Taylor & Todd，1995）。举例来说，在苹果公司新推出了智能手机 iPhone 4 后，由于此款手机是新上市产品，消费者并不熟悉，并且该手机的相关软件安装及使用操作非常复杂，有的消费者可能并不具备充分的产品使用知识，因而对该手机持消极或者不太明确的态度，但是当他周围的朋友都购买了新款 iPhone 4 以后，那么在朋友也赞同的主观标准的驱使下，他有可能产生积极的产品购买意图，并最终购买这款手机。在这个例子中，态度并未对行为意向起到积极的作用，因为他对手机没有非常鲜明的积极或者消极评价，但是主观标准却起到了重要的推动作用，在社会群体的压力作用下，他最终购买了该产品。

然而除去这些主观标准作用的积极评价以外，有些研究却发现主观标准在三个影响因素中对行为意向的预测能力最差，特别是当与态度的作用力相比较时，这种效果更加明显（Ajzen，1991；Conner & Armitage，1998），主观标准与行为意向之间仅有较弱的主效应存在。至于为何主观标准与行为意向之间的相关程度最弱，学者们从几个方面对其进行了分析：

首先，有学者认为主观标准在概念界定上就不够准确（Rivis & Sheeran，2003），因为该定义并未指出是哪些“重要他人”。这种概念界定上的不准确很可能将与个体关系一般的周围群体也包括进来，而事实上这些人对于个体的行为意向并没有多大影响，使用“重要他人”作为主观标准的操作可能影响了最终的结果预测。该观点与实证研究结论相一致，比如 Trafimow & Fishbein（1994b）发现，当参照群体变得越来越具体时，主观标准和意图之间的联系增加。

其次，主观标准的测量效度不高也有影响。比如 Armitage & Conner（2001）在一项对 185 名被试者的研究中，他们发现主观标准是行为意向的一个较弱的预测因素，原因在于对主观标准进行的单一条目测量导致该变量效度较低。除了测量问题，他们还呼吁要扩展对主观标准概念的研究。

最后，个体差异也是导致主观标准预测能力高低不同的原因。对于有些人来说，可能是态度受控，因此对行为的评价更依赖于态度。相反，有些人更容易受到周围群体意见的影响。这与个体生存的文化环境、自我建构等因素相关。一般来说，容易受他人影响的个体在从事某种行为之前，会更多受到主观标准影响（Sheeran et al.，1999）。

感知行为控制与行为意向之间的关系较为复杂，有学者认为感知行为控制在计划行为理论中扮演双重角色，既可以通过行为意向对行为产生间接影响，也能够直接影响行为。Ajzen（1991）认为，当人们对行为意向变量进行控制之后，那么成功的行为结果的增加可能伴随着感知行为控制的增加。如两个人都想学习滑雪，相信自己能够掌握全部滑雪技术的人可能会超过怀疑自己能力的人。在这里，感知行为控制对滑雪的行为起到积极作用。除此以外，感知行为控制与行为结果之间之所以会产生直接联系，原因在于感知行为控制经常被用来作为实际控制的一种替代。但是在实际应用中，还是认同感知行为控制通过行为意向间接影响实际行为。

除了明确行为意向的三个独立影响因素以外，Ajzen（1991）根据期待—价值方程式，还特别指出信念对这三个影响因素的作用。换句话说，影响行为意向的态度实际上由行为信念决定，标准信念意味着他们对其他重要人物的标准期待会影响主观标准，而控制信念包括确实或者有可能促进或妨碍行为表现的因素如时间、金钱、机会、能力等，这些信念决定着感知行为控制。而由各种信念影响的态度、主观标准、感知行为控制和行为意向以及行为结果的主效应脉络组成了计划行为理论的主体框架，这些效应在很多的实证研究中都得到了证实。

3.2.2 计划行为理论中的交互效应分析

在计划行为理论中，除了态度、主观标准、感知行为控制对行为意向的主效应以外，各变量之间还存在交互效应。很多情况下，主效应不足以解释特殊情境下的行为发生，只有关注到各维度之间的交互影响，才能全面把握事物发生的全貌。

对于交互效应的研究，Ajzen（1991）假设行为意向和感知行为控制之间存在交互作用。严格来讲，意图仅用来预测一个人从事行为的态度，并不是他的实际行为，即使一个人从事某种行为的意图很强，但是在意图和行为之间可能并不会存在很强的联系，因为这种关系与控制相连。举例来说，有位女士想减肥，当面对美味的蛋糕时，即使她非常想吃一块（行为意向很强），她仍然可能面对诱惑扭头而去，因为她有自我控制。Ajzen 还特别指出，他并不是第一个提出这种交互作用的人。Triandis（1977）在意图和促进条件之间提出了一个相似的交互作用。假设在一个服务转换的情境下，这种交互作用体现在，即使一位顾客想要转换服务提供者，也可能超出顾客控制，他并不能那么做。在服务营销文献中，这类问题经常被称为转换成本。

感知行为控制与态度之间也存在交互作用。Ajzen（1985）认为，当个体不能凭意志控制某种行为时，他将不得不考虑失败的可能后果。换句话说，当顾客能够完全控制他们的转换能力时，对于转换的积极态度将会产生积极的转换意图。然而如果顾客不能控制他们的转换能力，即使对于转换存在积极的态度，成功转换的几率也会减少，在感知行为控制和态度之间的交互作用就会产生。比如在航班延误的例子中，即使顾客想要换一架航班，但是事实上他也不能进行转换行为，因为他没有转换行为需要的资源和能力（感知行为控制较低），而且他还意识到成功转换的机会较低（因为转换成本较高）（Bansal & Taylor，2002）。态度和感知行为控制之间存在交互作用，感知行为控制能力越强时，这种主观感觉能够作用于态度，使得个体持有的态度越积极。再比如在攀岩活动中，如果顾客感知自身有能力完成攀岩，即其感知行为控制能力很强，那么他对攀岩的积极态度将会越发积极，感知行为控制强化了对于攀岩所持有的态度（Jones et al.,2000）。

在服务情境中，如果顾客对服务并不满意，相对于转换壁垒较高，当转换壁垒较低时他们更可能会进行转换；然而在较高的顾客满意的情况下，转换成本在转换意图中并没有起作用。相似的结果也在 Eagly & Cbaiken（1993）的研究中出现。他们认为，研究态度和感知行为控制之间的交互作用非常必要，举例来说，如果一个人能够控制他自己的行为，如在公共场合不吐痰或者避免举止粗俗，那么他也可能不会从事这样的控制行为，如继续我行我素地吐痰。除非他自己态度上愿意改变粗俗行为，觉得吐痰这种行为不可取。也就是说，态度和感知行为控制对于行为的结果会产生交互影响。同时作者还建议研究其他变量之间的交互影响。

许多研究者发现，在态度和主观标准之间存在交互作用。还拿上面的例子来说明，如果某人的朋友或者父母（或对其非常重要的一个人）可能对其加以劝说，希望他转换服务提供者时，除非当事人愿意转换（积极的态度），否则他也可能不听朋友或者父母的意见（主观标准），不想转换。在这里，主观标准对于行为意图的主效应可能是弱的，个人态度能够影响主观标准；而同样，个体感知到的积极的主观标准也能对其态度产生积极影响，在态度和主观标准之间存在交互效应。另外还有一些学者建议，当态度在受欢迎的社会环境中时，态度仅提高从事某一项特殊行为的动机（在行为意向中反映出来）。行为意向、情境和交互的过程应该成为当代态度理论研究的优先部分（Grube & Morgan, 1990）。

虽然很多学者通过实证研究都发现了计划行为理论中各维度的交互效应，然而还是有些重要的交互作用在个别研究中没有出现。为此，Grube & Morgan（1990）认为，可能是由于验证交互作用的设计不合理、分析方法不对的原因。Bansal & Taylor（2002）则指出，在以往研究计划行为理论各维度交互作用时出现的不一致结果，原因多是由于样本量太小，采用单一维度测量或者使用回归分析方法。在他们的研究中，为了避免出现上述错误，采用了较大样本，运用结构方程方法进行交互作用验证，结果证明了各交互作用的显著性。

第三节　拓展的计划行为理论研究

3.3.1　计划行为理论的拓展研究

作为社会心理学和消费者行为领域的核心理论，计划行为理论为我们全面了解个体行为意图、行为结果及其驱动因素提供了理论框架，该理论也在不同情境下被学者们证明有着很好的应用效果。但是该理论模型并不是一成不变的，而是随着研究情境不同呈现开放状态。正如该理论的创始人 Ajzen（1991）在提出计划行为理论时就曾经指出的，计划行为理论原则上对其他影响因素是开放的。事实上，计划行为理论本身也是在合理行为理论基础上，通过增加感知行为控制变量发展而来的，是对合理行为理论的继承与发展。虽然该理论被证明有着较好的应用效果，但是由于研究的具体情境不同，传统计划行为理论中的态度、主观标准和感知行为控制对于预测个体的行为意图和行为结果来说可能并不充分，还可能存在其他独立的影响因素。所以，Ajzen 呼吁学者们开展对计划行为理论的拓展研究。

在 Ajzen 教授的观点影响下，很多学者通过借鉴其他领域的研究成果，尝试对计划行为理论中的关键变量加以扩充。这些拓展研究主要从社会学和社会心理学领域的身份理论与社会认同理论出发，概括起来看，大体有以下几条研究路径：

第一条路径是将自我身份包括进计划行为理论和合理行为理论模型中。该路径的理论基础是社会心理学领域的身份理论。根据该理论，当一个人的行为问题与个体的自我身份相关时，其行为意图也要进行相应调整。自我身份可能是其行为意图的一个独立影响要素。

身份理论最初由 Stryker（1968,1980）提出，是一种微观社会心理学理论。该理论用来描述和解释个体与其社会角色相关的行为。身份理论认为，人们对其自身有着清晰的自我认知，即知道自身在社会中占据的每个角色身份（Terry，Hogg & White，1999）。一个人在社会上的角色身份可能有多种，比如某个人的角色身份可能包括她是位母亲、一个姐姐、一名排球手、一位经常使用手机者、一位慈善工作者等，该理论强调人的行为的社会属性方面。事实上，“角色”一词来源于戏剧，原指规定演员行为的脚本。社会心理学家看到这个概念有助于理解人的社会行为和个性，便将其引入社会心理学中。他们认为，人在社会关系中的地位规定了人的社会行为，类似于脚本规定了演员的行为。人的社会角色是人在一定社会背景中所处的地位或所起的作用。在消费者行为研究中，自我身份和社会身份经常被用做解释性概念，同产品的象征性价值联系在一起。身份表达被应用于价值表达型产品的消费研究中（Mittal, 1994），如物体展示和风格、与个人生活方式相关产品如环境友好产品等（Cook et al., 2002）。而在几个清晰的、紧密相关的研究中，比如自我概念一致性（Dolich，1969；Grubb & Hupp，1968；Sirgy，1982）、象征性社会互动（Solomon，1983）、产品在表达信息和沟通中的角色（Belk，1988）、象征性消费（Hirschman & Holbrook，1981）、态度功能（Shavitt，1989；Shavitt，Lowrey & Han，1992）、社会身份在组织身份中的角色（Bhattacharya，Rao & Glynn，1995；Bhattacharya & Sen，2003）的研究中，身份理论都起到突出作用。这些研究虽然各有研究重心和边界条件，但是其核心原则只有两条：第一，消费者偏好那些与自己的个性特点相关的品牌；第二，消费者之所以使用这些品牌，其目的是为了突显他们自己的身份和价值。也就是说，人们的行为意向与其自我身份积极相关。

许多研究集中于角色（自我身份）在解释行为意图和实际行为中的作用（Marcus，1980）。多个实证研究都发现了自我身份对于行为意向的独立的预测作用。比如 Sparks & Guthrie（1998）通过研究证实，在计划行为理论模型中，关注健康的消费者的自我身份对其行为意图有着重要的独立预测效果。因此他们认为，自我身份可以作为有价值的和非常有用的计划行为模型的补充。Deirdre 等人（2000）在运用计划行为理论探讨少数族裔消费者的消费行为时也建议，在某个具体情境下，少数族裔消费者可能会采取少数民族的消费选择，因为民族问题已经变成他们身份的一个重要组成部分。比如他们的消费都会在民族商店进行，即使其他商店也售卖符合其需要的商品。原因在于这些消费者意识到自己的民族身份，所以采取了与其自我身份相一致的消费行为。在绿色消费主义领域也出现了相似的结果，Sparks & Shepherd（1998）发现，自我身份对行为意图的贡献超过计划行为领域的其他变量。

但是在把身份理论运用到计划行为理论模型的拓展研究时，对于自我身份是态度的影响因素还是意图的直接影响因素问题上，学者们的观点存在分歧，自我身份是否是意图的一个独立影响因素还是通过态度评价影响意图没有达成一致意见（Sparks & Guthrie，1998；Sparks & Shepherd，1992）。举例来说，Sparks & Shepherd（1992）认为，在一个人的自我身份和意图之间，不可能存在一种直接的因果联系。原因在于在 Fishbein & Ajzen（1975）的态度理论中，有可能已经将自我身份反映在信念和价值观中。顺着这样的研究思路，自我身份应该是态度的影响因素，而不是行为意向的独立影响因素。将自我身份纳入计划行为理论模型，既不是理论突破也不是实证突破（Sparks & Guthrie，1998）。不过令人啼笑皆非的是，Sparks & Shepherd（1992）和一系列后来的研究显示，自我身份确实对行为意图有着独立的影响效果。

第二条路径是将自我身份和道德责任作为计划行为理论中意图的独立预测因素。除了自我身份会对行为意图的预测做出独立贡献以外，一定形式的自我身份可能还会卷入道德成分（Sparks & Shepherd，1992）。举例来说，一些身份认知如素食主义，一般就与个体的道德价值观相连。而道德责任和自我身份这两种建构在概念上是分明的，对于行为意图具有独立预测效果（Sparks & Guthrie，1998）。而同样，Deirdre 等人（2000）通过对少数族裔消费者的研究发现，道德责任和自我身份在计划行为理论模型中比传统的其他成分预测作用更突出。也就是说，道德责任和自我身份独立作用于行为意向。

第三条路径围绕表达概念展开。有学者发现，表达实际上也是行为意图的一个较强的预测因素（Nysveen et al.，2005）。表达被作为消费者对于一种给定产品或者对于社会和个人身份维度服务能力的感知，被认为是特别强烈的意图预测因素（Johar & Sirgy，1991）。比如对于手机沟通服务来说，根据使用和满意研究（Höflich & Rössler, 2001），非功能性满意如社会能力、地位和时尚对于手机服务来说是非常突出的。Ling（2001）认为，可以通过"时尚理论"来解释手机服务情境下的使用行为。在三个不同的时尚和风格概念中，Ling 认为从"风格展示""风格作为沟通"到"风格作为整合社会网络的方式"，手机使用服务通过这些概念被理解为一种沟通的方式和一种社会互动的方式。作为风格展示的目标，手机服务的社会表达也被识别出来，被概念化为"礼节性礼物给予"（Taylor & Harper，2001a），将手机作为"象征性资本"（Skog，2002），作为一种"不同家庭"手段和个性化象征（Weilenmann & Larsson，2000），或者作为一种"自我身份"（Hume & Peters，2001）。这些概念也与最近社会心理学的贡献相一致。研究人员认为，自我表达可能替代自我身份作为消费者行为意图的预测因素（Mannetti，Pierro & Livi，2002）。

第四条路径是将自我身份表达和社会身份表达包括进计划行为理论。比如 Thorbjornsen 等人（2007）从身份理论和社会认同理论出发，将身份表达概念提炼为两个孪生概念：自我身份表达和社会身份表达。这两个概念的内涵和边界存在根本区别，自我身份表达更多强调了个体的自我认知，而社会身份表达则强调个体在社会生活中的角色身份。两个概念能够很好地诠释身份表达所具有的全部含义。他们认为自我身份表达和社会身份表达是个体行为意向的预测因素，能够独立作用于行为意向。为了验证拓展的计划行为理论模型和原有的计划行为理论模型哪个更具解释效力，他们对消费者的多媒体信息采用行为进行了实证研究。研究结果证明，拓展的计划行为理论解释了使用意图的62%的变异，而传统计划行为理论仅解释了使用意图的39.7%的变异。所以，他们认为拓展的计划行为理论比传统的计划行为理论对其行为意图的解释力更强。

通过对计划行为理论拓展研究的回顾，我们可以归纳出几点：首先，计划行为理论的整体理论框架是具有较高效度的，也就是说，在动机—行为的逻辑解释链条上，并未存在原则性分歧。学者们一致赞同个体的实际行为可以通过该行为背后的动机因素加以预测和解释，该动机因素就是行为意向。在通过行为意向预测现实行为问题上，大家能够达成一致意见。其次，态度、主观标准和感知行为控制对于行为意向的预测作用也未出现变动，分歧之处在于研究人员认为这三个因素在预测行为意向方面并不全面，还应该考虑其他方面的因素。最后，在对传统计划行为理论模型进行拓展研究工作中，主要基于身份理论和社会认同理论，更多考虑了个体的社会属性以及内部心理需要。虽然就哪些变量应该包括进传统计划行为理论模型，学者们并未达成一致意见，但是一致之处在于大家都认识到了传统计划行为理论在预测人的行为意向方面的不全面性。纵观所有的拓展研究工作，我们赞同将自我身份表达和社会身份表达作为行为意向的独立预测因素。原因在于自我身份表达充分考虑了个体的内部心理需要，而社会身份表达又强调了个体的社会属性。这两个变量充分捕捉到了传统计划行为理论中所缺失的成分。该理论模型应该能够更好地解释和预测个体行为。

3.3.2 拓展的计划行为理论作用模式分析

很多学者对传统的计划行为理论模型进行了拓展性研究工作。而在众多的拓展计划行为理论研究中，最突出的当数 Thorbjornsen 等人（2007）的研究。该拓展的计划行为理论模型如下图所示：

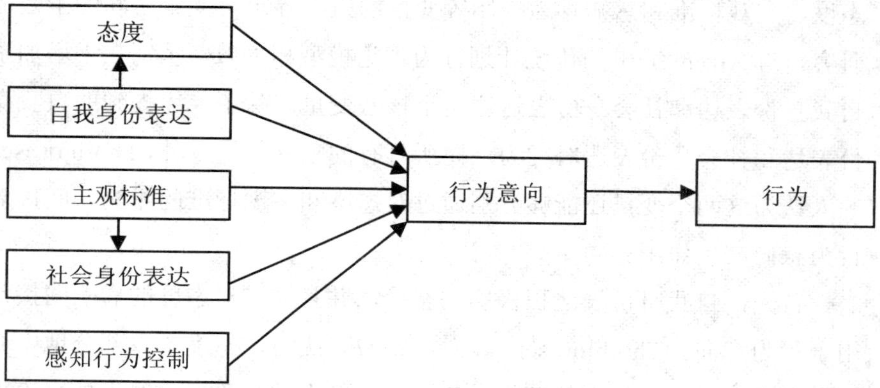

图 3.3 拓展的计划行为理论模型

资料来源：Thorbjornsen Helge Per E. Pedersen, Herbjorn Nysveen. "This Is Who I Am": Identity Expressiveness and the Theory of Planned Behavior [J]. Psychology & Marketing, 2007, 24（9）: 763-785.

在该理论模型中，除了保留传统的行为、行为意向、态度、主观标准、感知行为控制以外，还将自我身份表达和社会身份表达整合进来。Thorbjornsen 等人从身份理论和社会认同理论出发，认为在对人的行为意向预测过程中，除了关注消费者内部动机因素以外，还应该关注行为所传递出的象征性意义。而这种象征性意义，除了通过行为向外界传递自我身份认知以外，还能够借行为表达个体所具有的社会身份。举例来说，在华尔街工作的银行家们，其自我身份定位是一名成功人士，是优质生活倡导者，而其对自己的社会身份定位为享有尊贵社会地位的上层社会人士。出于这样的自我身份表达和社会身份表达需要，银行家们的消费行为可能表现出与工薪阶层不一样的地方，比如他们可能更偏爱选择高级定制西服，购买与其身份地位相匹配的昂贵汽车，出入高级餐厅进行消费活动等。鉴于此认知，Thorbjornsen 等人认为，在对个体的行为意向进行预测时，仅仅考虑个体所持态度、感知社会压力大小以及主观感知是否具有行为能力远远不够，自我身份表达和社会身份表达也是行为意向的独立预测因素，而这两个因素的作用在某些特殊情境下如在象征性产品的消费方面，可能比其他传统因素的预测效应更强。

在 Thorbjornsen 等人的拓展计划行为理论模型中，行为、行为意向、态度、主观标准和感知行为控制等变量的概念界定与变量之间的主效应研究，与 Ajzen 提出的传统计划行为理论模型相一致。区别在于增加了自我身份表达和社会身份表达这两个核心变量。除了上述提到的自我身份表达和社会身份表达对行为意向所具有的独立作用以外，Thorbjornsen 等人认为这两个变量还能够分别通过对态度和主观标准的影响，间接对行为意向产生作用。

首先，自我身份表达积极影响态度，并且通过对态度的影响间接作用于行为意向。Thorbjornsen 等人（2007）认为，态度至少部分地中介自我身份和意图。他们的理由包括，当一个人的自我身份对于他来说很重要时，建立、确认和随后的自我身份表达将会赋予一种潜在表达自我身份的行为结果。根据合理行为理论，这样一种对行为结果的评价将会影响态度（Sparks & Shepherd，1992）。由此可以推断，自我身份表达在概念上与态度评价之间有一种因果联系，自我身份表达对于行为意图的影响通过态度中介。换句话说，自我身份表达积极地影响态度。自我身份表达与态度之间的这种关系在具体情境中经常遇到。举例来说，当面对奢侈的皮草大衣时，如果某位女性消费者将自我身份定义为追逐时尚生活的先锋人物，她的这种自我身份表达需要更可能积极地影响其对皮草大衣的评价，使其对皮草大衣呈现积极的态度。在预测该消费者是否购买皮草大衣的行为意向时，除了直接效应以外，自我身份表达还可能因为对态度的积极影响从而间接影响其购买行为意向。

其次，社会身份表达和主观标准具有积极联系。这两个变量都反映了行为意向的社会属性，但是这两个变量之间的关系最初并未引起研究人员注意。学者们更多关注主观标准对于行为意向的独立预测作用，以及社会身份表达和主观标准对于行为意向作用的效应高低问题。主观标准对于行为意向的作用早就受到研究人员的密切注意。举例来说，在对较广范围内的技术采用行为解释方面，比如工作领域的电脑系统

（Venkatesh & Davis，2000）、电脑资源中心（Taylor & Todd，1995）、手机 Wap（无线应用协议）服务（Hung，Ku & Chang，2003）等，主观标准被认为是行为意向的重要决定因素。这种效果对于年轻的手机使用者更加明显。Townsend（2000）认为原因在于，年轻使用者可能更容易受到外部和人际层面的观点影响，年轻人的主观标准在发展过程中容易改变，而且他们更经常接触外部资源如一般大众媒体并受到它们的影响，所以年轻的消费者主观上更愿意受到社会影响。至于社会身份表达和主观标准对于行为意向作用的效应高低问题，Nysveen 等人（2005）认为，身份表达可能比主观标准更重要。他们认为消费者使用手机服务的行为意图，可能被社交能力和表达的需要所影响，而不是被手机使用的主观标准所影响。他们发现，身份表达比主观标准对意图的解释力更强。但是在他们的研究中，社会标准和身份表达的关系并没有被涉及。

在后来的研究中，研究人员发现，社会身份表达与主观标准之间存在积极联系，主观标准能够影响社会身份表达，并间接影响行为意向。比如 Terry 等人（1999）发现，自我身份效果的独立性、主观标准与意图正相关，但是这种关系仅针对那些身份与群体紧密相连的人们，所以他们认为主观标准对行为意向的作用还受到社会身份的调节。在该研究观点的基础上，Thorbjornsen 等人（2007）明确指出，社会身份表达和主观标准紧密相连，主观标准能够积极影响社会身份表达，并且能够通过社会身份表达间接影响行为意向。为什么主观标准与社会身份表达之间存在积极联系？他们认为主观标准受到标准信念的影响，即由关于其他人的期待和个体遵从这些期待的动机（Fishbein & Ajzen，1975）所驱动。那么当个体持有关于群体内成员的价值和身份的有关信念时，这些信念组成了更加突出的从众的动机，这种与群体相一致的从众的动机程度越高，消费者越具有较高的动机去表达这些信念。也就是说，主观标准信念将通过社会身份表达予以呈现。

举例来说，某位消费者看到周围朋友都纷纷购买了苹果公司的最新款 iPhone 6 手机，其对购买 iPhone 6 新款手机行为的主观标准感知较高，在这种较高的主观标准作用下，其社会身份表达欲望更加强烈，这位消费者会有强烈的动机通过社会身份表达需要表达主观标准信念。主观标准和社会身份表达的这种积极联系也得到了实证数据的支持。Thorbjornsen等人通过对多媒体信息的实证研究发现，当群体内成员一致高度评价多媒体信息服务时，个体的主观标准较高，而个体将有较大程度的动机去使用多媒体信息进行社会身份表达以便与群体内成员一致。正如 Reed II（2004）所讨论的，消费者判断更可能受到社会身份的影响，当一种社会身份较为突出时，主观标准越强，社会身份将会变得越突出，社会身份越可能影响社会行为。所以说，主观标准除了对行为意向独立作用以外，还会借由社会身份表达间接影响行为意向。

仔细分析 Thorbjornsen 等人的拓展计划行为理论发现，经过拓展后的理论框架继承了传统计划行为理论的基本理论架构。他们的理论贡献在于将传统的计划行为理论与身份理论和社会认同理论相结合，在保留行为意向的三个预测因素（态度、主观标准、感知行为控制）基础上，又增加了自我身份表达和社会身份表达概念。拓展后的理论框架不仅与其他学者对计划行为理论的拓展研究工作一脉相承，而且更加全面地把握了行为意向的动机元素，比如个体认知与情感、社会因素、实际行为能力因素。其研究模型与消费者行为研究中的象征性消费和炫耀性消费行为等研究结果相一致，并且与符号互动学、态度的功能理论、自我概念一致性等研究的观点相契合。经过实证研究数据检验，经过拓展的计划行为理论在行为意向的解释效度上高于传统的计划行为理论（Thorbjornsen et al.，2007）。在对传统的计划行为理论模型和拓展的计划行为理论模型进行认真辨析的基础上，本研究拟采用拓展的计划行为理论作为研究的整体理论框架。

第四节　计划行为理论对本研究的启示

3.4.1　计划行为理论实证研究回顾

计划行为理论产生于对合理行为理论架构的继承与扬弃中，在保留合理行为理论内核的基础上，通过增加感知行为控制变量，进一步丰富了对于个人行为意向的预测效度。在该理论模型的实证检验过程中，其自身也在经历进一步发展。比如很多专家学者从道德感知、自我身份和身份表达等角度对模型的理论建构展开拓展研究。计划行为理论对于个体行为具有较强的预测和解释力度，研究人员也针对人类的多种行为范畴对其有效性进行实证检验。归纳整理已有的实证研究，可以根据所研究的行为性质不同，分为社会性质的个人行为意图和消费性质的个人行为意图两类。

计划行为理论能够用来解释人类的许多社会行为。首先，在志愿行为领域，Warburton & Terry（2000）通过对澳大利亚的 315 名年长者（65～74 岁）进行调查发现，计划行为理论模型能够用来预测被试者的志愿行为。通过对被试者的态度、主观标准以及感知行为控制进行测量，发现这些变量对于被试者的志愿行为意向具有明显的预测作用。该研究结果支持计划行为理论的有效性。其次，除了志愿行为以外，Sebastian 等人（2003）在对大学生的乘车行为研究中发现，对于公交车票的使用态度、主观标准和感知行为控制与大学生乘坐公交车的行为之间存在积极联系。也就是说，大学生对于公交车票的态度、主观标准和感知行为控制能够积极影响其乘坐公交车的行为意向。另外，还有学者从驾车行为角度进行研究。比如 Conner 等人（2003）在研究中设置了一个超速驾驶的情景，通过对 162 名被试者（83 名女性，79 名男性）进行计划行为理论框架测试，结果证明，被试者对超速驾驶的态度（自身持有的对超速驾驶行为的积极或消极评价）、主观标准（周围人是否赞同超速驾驶行为）和感知行为控制（主观感觉自身是否有能力超速驾驶）对被试者的超速驾驶行为意图具有很好的预测作用。也就是说，计划行为理论能够被用来预测超速驾驶行为。与上述行为相类似的研究还包括对高中生和大学生使用毒品和酒精的意图（Moore et al.,1994）以及锻炼身体（Rhodes & Courneya，2003）、喝酒狂欢行为（Johnston & White，2003）、旅游度假（Lam & Hsu，2004）等社会行为的预测，在这些领域的行为意向研究中，计划行为理论都被证实有着较好的使用效度。

除了用来对社会行为进行实证检验以外，在预测和解释个体的消费行为方面，计划行为理论也得到了很好的验证。比如 Pavlou & Fygenson

（2006）通过研究消费者从网站获取产品信息和购买产品的行为发现，对于从网站获取产品信息所持有的态度、对该行为的感知行为控制以及主观标准与是否从网站购买产品的行为意图之间存在积极联系，计划行为理论在该类消费行为上具有较强的应用性。同样，用计划行为理论预测在线购买行为的研究还包括 Goby（2006）使用计划行为理论研究了消费者的在线购买行为，Hansen（2008）运用计划行为理论研究了消费者在线购买杂货行为。这些研究都证明计划行为理论具有较强的应用效度。

除了在线购买行为以外，Lwin & Williams（2003）以计划行为理论为基础，调查了在线消费者为了避免个人私密信息泄露而有意识地用假信息来掩饰真实身份的事件。他们对数据采用了结构方程分析方法，研究结果证明，对私密信息泄露问题的态度、主观标准和感知行为控制与其应用假信息行为意向之间存在积极联系。所以他们认为，在上述问题研究上，计划行为模型是有效的。在服务研究领域，Truong（2009）调查了在线消费者对于在线视频服务的接受行为，他同样采用了结构方程分析方法。研究结果证明，对在线视频服务的态度、主观标准和感知行为控制都能够用来预测消费者是否采纳在线视频服务。另外，他还发现，在三个预测因素中，感知行为控制对于在线视频服务使用意图的预测能力最强效。其他类似的实证研究还包括 Liaw（2004）应用计划行为理论研究消费者使用搜索引擎的行为意图预测问题。Thorbjornsen 等人（2007）通过对消费者使用多媒体信息的行为进行研究后发现，拓展的计划行为理论比传统的计划行为理论模型对行为意图具有更高的解释效度。而之所以会出现这样的情况，我们认为与研究情境有关。在 Thorbjornsen 等人的研究情境中，多媒体信息具有较强的象征意义，所以自我身份表达需要和社会身份表达需要对消费者使用多媒体信息的行为意图具有独立的预测作用。但是上述的其他研究情境中，行为则具有较少的象征意义。

3.4.2 计划行为理论研究评述

通过对计划行为理论和拓展的计划行为理论模型的实证研究加以分析，我们可以归纳出以下几个特点：

首先，计划行为理论对于解释和预测个体行为特别是消费行为具有较强的解释力度。该理论基于动机—行为的逻辑解释链条，变量与变量之间的关系路径经过较为严密的理论推导，并且该理论模型的有效性经过多个实践领域的检验，被证明是比较成熟的理论建构，在预测人类的行为意图方面具有普适性。但是，在应用该理论时有两点需要特别加以注意：一是该理论只适合用来解释那些经过个体认真计划和思考的行为与行为意向，而对于冲动性行为或者各种意外和突发事件则不具有解释效度；另一点需要注意的是，在该模型中，态度、主观标准、感知行为控制对行为意向的预测能力因研究情境不同而有所不同。具体来说，在有些情况下，态度可能对行为意向的预测能力更强，比如在某女性关于购买何种内衣这种行为上；有时主观标准对行为意向的预测能力更强，如在公开场合，人们是否吃大蒜；还有的时候，感知行为控制对行为意向起主导作用，例如在攀岩的行为上。

其次，计划行为理论具有开放式和动态发展的特点，这可以从该理论的起源和发展历程中看出来。计划行为理论脱胎于合理行为理论，在不改变合理行为理论框架基础上，增加了个人意志力无法控制的情况。这种从更广阔的范围内对动机因素加以考虑的做法，使得它对行为意向的预测能力更强。计划行为理论的建构又是开放的，该理论的创始人 Ajzen 在提出计划行为理论之时就有预见性地指出，仅从态度、主观标准和感知行为控制角度对行为意向加以预测很可能并不全面，具体研究情境不同，很可能存在其他影响行为意向的因素。所以从前面的研究回顾中，我们看到很多学者对计划行为理论模型进行拓展研究。这种开放式结构使得计划行为理论具有动态发展的特点，同时也正因为这种开放性和包容性，才使得计划行为理论成为社会心理学和消费者行为研究领域的经典理论。

最后，计划行为理论和拓展的计划行为理论都被实践证明有效，具体应用哪个理论模型，需要根据研究情境而定。计划行为理论和拓展的计划行为理论到底哪个更加有效？似乎公说公有理、婆说婆有理。这两个模型的有效性分别获得了实证研究的支持。在对该理论加以应用时，人们需要结合所研究的具体情境加以鉴别。如果研究对象是一般性行为，传统的计划行为理论框架就能够解释；假设研究对象是象征性消费行为，则拓展的计划行为理论更有解释效度。

总之，计划行为理论是社会心理学和消费者行为研究领域的核心理论之一，该理论不仅有着很好的应用效度，并且该理论建构处于动态发展过程。其开放性和动态发展的特点，也在某种程度上提醒研究人员，需要继续对该理论进行持续不断的深化研究工作，才能使该理论更加成熟完善。

除以上这些特点以外，我们认为计划行为理论还应该从以下几个方面进一步展开研究：

第一，继续对计划行为理论模型建构进行拓展研究。计划行为理论具有开放性和动态发展的特点，其特点决定了研究人员需要继续对该理论建构进行拓展研究。已有研究人员多基于身份表达对行为意向的预测因素加以扩充，那么是否还存在其他因素？在体验经济时代，顾客更加注重从产品使用和参与过程中获得心理满足和情感需要，那么这种心理和情感方面的变量是否能够被用来预测其行为意向？这些问题需要研究人员进一步深入探究。

第二，继续通过实证研究从不同方面对计划行为理论和拓展的计划行为理论的有效性进行检验。虽然有很多学者从社会行为和消费者行为等方面对传统的计划行为理论和拓展的计划行为理论的有效性进行过检验，结论是多数研究证实模型的有效性；但是研究还是存在不一致之处，比如有的研究发现主观标准并未起作用，或者仅受感知行为控制影响等。出现这些不一致情况的原因如何？需要对这些问题进一步分析。

第三，进一步归纳提炼传统计划行为理论和拓展的计划行为理论各自的适用情境。传统的计划行为理论和拓展的计划行为理论分别得到了实证方面的检验。到底哪些情境适合传统的计划行为理论？哪些情境适合拓展的计划行为理论？未来的研究需要对两种模型建构的适用情境加以提炼概括，找到影响上述模型适用情境的核心特征。这些特征能够帮助使用者迅速判断使用哪种模型进行研究。

总之，计划行为理论是被实践证实应用性较广的核心理论，该理论对于本研究具有比较重要的启示意义。

3.4.3 计划行为理论对本研究的启示

作为一种新兴弹性生产模式，大规模定制自提出起就受到学者和实践人员的密切关注，尤其是最近十几年，更是呈现加速发展态势。世界上很多大公司，如 P&G（宝洁）、Dell（戴尔）、LV（路易威登）、Nike（耐克）等公司都推出了产品定制服务，研究人员也对此课题倾注了较多热情，相关研究成果陆续出现在 JM（*Journal of Marketing*）、JCR（*Journal of Consumer Research*）等顶级期刊上。大规模定制被认为能够以大规模生产的较低成本为顾客提供更符合其偏好的产品。该模式不仅能够为企业带来收入增加、成本降低、创新发展的好处，并且能够通过增加顾客价值从而收获更多顾客满意和忠诚。正是基于这样的认知，理论和实践人员都对该模式寄予厚望。很多企业将大规模定制作为获得综合竞争实力的有力武器，纷纷将实施大规模定制提上重要议程；研究人员更是从多个角度对大规模定制展开研究。

不过值得一提的是，虽然大规模定制能够为企业带来各种益处，但是并非所有企业都能够实施此模式。企业在决定实施此模式之前需要做好各种生产、技术、管理和目标市场准备。一个非常重要而根本的问题更需要企业了解清楚，那就是大规模定制的最终接受方是顾客，定制过程中需要顾客的参与和配合。究竟顾客如何看待大规模定制？哪些因素影响顾客的定制产品购买意向？这些问题亟须破解，也成为大规模定制理论研究的重点和难点内容。为了破解企业大规模定制中的“阿喀琉斯之踵”，学者们从顾客偏好、顾客行为等多个方面对大规模定制实施展开研究，也取得了较为丰厚的研究成果。然而遗憾的是，上述问题仍然没有满意的答案。理论研究的空白在某种程度上也阻碍了定制实践的发展。可喜的是，已有研究的断层和空白也为本研究提供了研究机会，本研究正是致力于解决此类问题。

综合前面的文献综述可以看出，在大规模定制研究领域，一个尚未解决的问题是：如何预测或者解释顾客对定制产品的购买意向？该问题尚未得到圆满解决，而商家们迫切希望知道其答案。在这样的研究情境下，通过前面对计划行为理论的起源和发展、模型构建以及该理论的作用效应分析等问题的研究回顾，能够推导出如下有益启示：

首先，计划行为理论能够用来解释本研究中顾客对定制产品的购买意向问题。计划行为理论属于社会心理学和消费者行为研究领域的核心理论，该理论被证实能够用来预测和解释个体的各种行为，包括社会行为和消费行为等。特别是对个体经过事前计划的、有目的的各种计划性行为，该理论的解释效度更强。从该理论的适用情境和理论观点来看，我们认为该理论完全能够用来解释大规模定制情境下顾客对定制产品的购买意向问题。原因在于：第一，顾客对产品定制的购买行为属于一种事先计划性行为，顾客在决定是否参与和购买定制产品之前，不会突然做出决定，而是会经历事前选择与决策的过程。该行为并不具有冲动性和突发性特征，其行为的产生一定会受到内部动机因素驱动，也就是说，顾客对定制产品的购买意向属于定制行为的动机因素，在其购买意向与其实际购买行为之间应该存在积极联系。所以，从其行为特征来看，通过顾客对定制产品的购买意向，能够预测顾客的实际购买行为。第二，与多属性态度模型或者合理行为理论相比，计划行为理论除了态度和主观标准因素以外，还包括感知行为控制变量，该变量反映了顾客是否具有实际行为能力的感知。而合理行为模型认为个体的行为意向能够完全受个人意志力所控制，这种假设与我们的研究情境并不相符，所以我们认为，计划行为理论架构能够更好地预测和解释顾客对定制产品的购买意向问题。

其次，拓展的计划行为理论比传统的计划行为理论更适合本研究情境。计划行为理论本身是开放式和动态发展的，这种特点可以从其产生和发展历程中体现出来。传统计划行为理论模型包括态度、主观标准、感知行为控制、行为意向和行为五个变量。其核心假设认为个体的行为可以通过其行为意向加以预测，而态度、主观标准和感知行为控制能够用来预测行为意向。拓展的计划行为理论在保留传统理论内核基础上，对行为意向的预测因素进行了有益扩充。最突出的拓展研究工作当数 Thorbjornsen 等人（2007）的拓展计划行为理论模型。该模型将身份理论和社会认同理论同传统计划行为理论整合在一起，将身份表达分成自我身份表达和社会身份表达两个独立变量。该模型认为除了态度、主观标准和感知行为控制对行为意向的独立预测作用以外，自我身份表达和社会身份表达也是行为意向的两个独立预测因素；并且除了这种独立作用以外，自我身份表达和社会身份表达还对行为意向起间接影响作用。在拓展的计划行为理论模型中，行为意向的预测因素涵盖个体的态度、主观标准、感知行为控制、自我身份表达和社会身份表达五个方面。通过对被试者采用多媒体信息的行为实证分析，证明该模型的解释效度要高于传统的计划行为理论。

结合本研究的研究情境，我们认为拓展的计划行为理论比传统的计划行为理论更适合本研究。原因在于以下几点：第一，本研究的研究对象是顾客对定制产品的购买意向预测问题。定制产品除了要具有更符合顾客偏好的功能价值以外，还应该具有象征价值，顾客通过定制产品，可能向外界传递自我身份和社会身份信息。而在传统的计划行为理论模型中，并未从身份表达视角对行为意向加以预测。所以我们认为，拓展的计划行为理论比传统的计划行为理论也许能够更全面地预测顾客对定制产品的购买行为意向。第二，已有实证研究也支持我们的假设。通过对已有计划行为理论实证研究的归纳整理，我们发现传统的计划行为理论和拓展的计划行为理论都被证明有效；而传统的计划行为理论创始人Ajzen 在提出该模型时就指出，在某些具体情境下，态度、主观标准和感知行为控制对行为意向的预测也许并不全面，需要结合具体情境加以研究。结合以上这些分析，我们大胆启用拓展的计划行为理论模型作为本研究的理论基础，用来预测和解释顾客对定制产品的购买意向问题。在对已有研究文献进行整理回顾后我们发现，尚未有学者运用拓展的计划行为理论，基于顾客视角，对顾客的定制产品购买意向进行过研究。本研究试图在这方面做出理论创新与突破。

最后，可以借鉴拓展的计划行为理论框架，构筑顾客定制驱动因素整合模型。计划行为理论遵循信念—动机—行为的逻辑解释链条。在该模型中，行为指的是实际行为，是结果变量；而动机层面变量用行为意向加以体现。该模型假设人的行为背后都有行为动机，正是这些内在的行为动机驱动了实际行为，因此通过对行为动机的预测可以了解实际行为的发生概率。动机层面的预测因素有态度、主观标准和感知行为控制等。而这些变量则受到各种信念因素的影响。举例来说，态度受到态度信念的影响，态度信念指的是对于可能的行为结果的可能性评价；主观标准受到标准信念的影响，标准信念是个体所持的对他人看法的一种主观判断，即对他人对于自己的行为是否赞同的主观评价；而感知行为控制受到控制信念的影响，控制信念则通过期待—价值方程式，由促进或者阻止感知行为控制的行为表现因素决定。

拓展的计划行为理论保留了传统计划行为理论的核心内涵，只是在此基础上增加了自我身份表达和社会身份表达概念。受此种逻辑分析框架启发，我们将基于信念—动机—行为这样的逻辑分析链条，系统构筑影响顾客选择定制产品的因素整合模型。具体说，本研究将在文献研究和逻辑推导基础上，研究顾客对定制产品的购买意向是否能够通过其对定制产品的态度、主观标准、感知行为控制、自我身份表达需要和社会身份表达需要加以预测。除了深入对各变量之间的作用机理和路径加以探讨以外，还将对上述因素的作用权重加以研究，以进一步厘清究竟哪种因素对定制产品购买意向的预测效度最强，哪种因素最弱。最后，我们还将从企业品牌因素、顾客自身因素以及社会因素等几个方面对各变量的前置影响因素加以探究。研究最终期望能够揭开顾客对定制产品购买意向的影响因素的神秘面纱，研究成果将具有较强的理论研究和实践应用价值。

第四章　理论假设与模型构建

科学研究的重要目的在于建立理论、对理论进行检验或者发展已有的理论。理论可以看成一个由概念或者变量组成的系统，通过命题将概念之间的关系表达出来，通过假设将变量之间的关系表达出来。而一个好的理论必须能够将最相关的概念以符合逻辑的方式组织在一起，清晰地表达出这些概念之间的关系，帮助人们了解现象怎样发生、在什么条件下发生以及为什么会发生。遵循这样的研究思路，本章将在文献分析和归纳整理的基础上，首先对本研究所涉及的关键概念进行界定；在此基础上，通过严谨的逻辑推导，进一步提出本研究的相关理论假设，以此构建出本研究的理论模型。

第一节　关键概念界定

概念和变量都涉及理论要解释的对象和内容是什么。组织管理中的理论基本上都是将现实中的某个现象作为问题的起点而逐渐建立起来的。概念和变量作为对现象的初始表达，是理论的最基本成分。而概念是对单个现象或实体的一种表达和指明，它是抽象的、普遍的和不能够被直接或者间接地观察到的。概念反映事物或者现象成为自身并同其他事物区别开来的本质属性。概念具有内涵（内容）和外延（范围）两方面的特性。内涵是对事物本质属性的反映，是对事物“质”的规定性的反映，说明概念所反映的那种事物究竟“是什么”。揭示概念内涵的逻辑方法是定义，精确而全面的定义能够保证概念准确地表达所要描述的事物或者现象。概念的外延是指反映在概念中的具有某种本质属性的对象范围，是指包括在概念中的所有事物。本节内容主要对研究所涉及的关键概念进行界定。

4.1.1 顾客对定制产品的态度

态度是社会心理学研究领域的重点内容之一，对态度的研究持续了将近半个多世纪，并且到目前为止仍然没有衰减的趋势。关于态度的地位，态度研究的先驱 Alport（1935）非常具有前瞻性地指出，“态度是美国心理学研究中最具有特色和最不可缺少的概念”。在时隔将近 20 年后的 1954 年的研究中，他进一步将态度定位为“社会心理学大厦的主要建筑基石”，又一次将态度研究推向顶峰。回顾过去社会心理学中的研究文献，众多关于态度研究的文献的确有力地证实了 Alport 教授的观点。

学者们对态度的研究大体上经历了以下几个阶段：第一个高峰发生在上世纪 20 年代到 30 年代，研究内容主要反映出社会心理学对态度的基本性质以及测量问题的关注；第二个高峰是在上世纪 50 年代至 60 年代，学者们主要集中探讨影响态度改变的因素；第三个高峰是从上世纪 80 年代到 90 年代，这时的态度研究集中于对态度系统的研究，处于一种构造主要的态度模型大潮中。各研究者热衷于探讨涉及态度联合体的内容、结构和功能等方面（McGuire，1985）。而在最近，William & Radmila（2008）又提出了态度研究的第四个高峰即现代时期的态度研究，这时候的研究能够反映出该领域的研究趋势。而第四个高峰的来临主要受到三项重要运动的激发：双重过程模型的开发；Moscovici（1980，1985）关于少数人劝说力量的先驱工作的复兴；重新集中于态度的不清楚的测量工作。通过这些测量牵扯进来的态度可能与传统上通过自我报告得来的态度有着本质上的不同。

学者们对态度既然有如此高的研究热情，那么到底何为态度？学者们从不同角度对态度下了定义。比如 Alport（1935）认为，态度是个体的一种评价性判断，整合了对目标客体的认知与情感。不难看出，Alport

教授的定义突出了态度内涵中所包含的个体认知与情感两个因素。他认为，态度之所以形成，是在个体认知与情感体验的双重作用下，对目标客体所形成的一种评价。Insko（1967）将态度定义为“对于特殊客体的欢迎或者不欢迎感觉的反复评价”。他们的定义既肯定了态度是一种评价的核心特征，又从态度外显性方面强调了态度的两种类型：积极的态度和消极的态度。Robert & Donn（1987）认为，态度指的是人们对于人（包括自己）、目标客体、广告或者出版物等的一系列较为持久并且具有概括性的评价。与前面两种定义不同，他们的态度定义强化了态度的稳定性和综合性特征，认为态度是人们所持有的一系列较为持久并且具有概括性的评价。

整合上述对态度的定义，能够得到以下启示：首先，态度是一种主观性评价，在态度中，包括评价主体、评价目标和评价意见三个核心构件。态度实际上是评价主体对于客体目标所持有的一种主观上的评价性判断，这种判断建立在各种信息基础上。比如说，对汉堡包的态度，有的人在查阅了相关营养知识信息后可能会认为，汉堡包缺乏人体需要的必要营养成分，是一种垃圾食品，因此对于吃汉堡包持不欢迎的态度；而有的人则从过去体验的口感来说，觉得汉堡包美味可口，对汉堡包持积极态度。其次，态度具有稳定性和概括性特征，态度应该是个体所持有的能够在一段时间内维持不变的综合性评价。最后，态度从内容上反映了个体的认知和情感信息，实际上是个体在认知和情感体验信息基础上所进行的判断与评价。根据评价意见可以将态度大体划分为积极态度和消极态度两种。结合上述研究和分析，我们将顾客对定制产品的态度定义为顾客对于定制产品所持有的一种基于对定制产品的认知和情感信息基础上的较为稳定的积极或消极评价。

为什么学者们对态度的研究倾注了如此多的热情？这与研究人员认为态度与行为之间存在积极联系有关。Cohen（1964）在《态度改变和社会影响》一书的总结章节中指出，大多数研究者都做出了较为广泛的心理假设即认为态度是一种评价，态度代表了人们如何与他人互动、互动方式怎样被呈现出来以及互动方式的结果如何，因此态度总是被视为行为的前驱，是个人如何在日常事务中表现的决定性因素。而态度的功能理论认为，一个人态度背后的潜在动机能够用来预测态度的改变。态度突出的功能有两种：效用功能和社会身份功能。具备效用功能的客体引出人们对内部奖励或者惩罚的关注，而社会身份功能的目标客体引出人们对与其他人关系和自我概念表达的关注。在现实生活中，产品可能会存在多种功能诉求。举例来说，药品阿司匹林可以被归类为功能性产品，因为人们之所以购买，主要是为了缓解疼痛而不是出于对身份的关注。但是每逢节假日人们收到的贺卡则更可能会被归类为社会身份产品，因为它主要起到的是一种在收、寄人之间的沟通功能。还有一些产品如手机，更可能同时具备效用功能和社会身份功能（它可能暗示着社会地位）（Shavitt，1990）。虽然产品的功能可能不止一种，但是在许多情况下，只会有一种特定的主导功能起作用，这种信息的突出性能够决定和改变人们的态度。对某一目标客体所产生的态度的重要程度因人而异，理解个体或者与其具备相似特点人群的态度焦点，对于企业的营销实践有很大帮助。

很多模型如多属性态度模型和费舍宾模型等都证明态度与行为之间存在积极联系，不过有些研究似乎也呈现了态度与行为之间的不一致关系。比如 Lapiere（1934）开展了一项美国餐馆和旅店如何对待中国夫妇的研究。结果表明，在 40%的接待餐馆和酒店中，中国夫妇所受到的待遇在平均值以上。然而在接下来的调查中，他给 250 家接待过中国夫妇的酒店和餐厅写信，询问他们是否愿意接待中国人，在 128 位回复者中却有超过 90%的人指出，他们不接待中国人，而事实却是，有的刚刚接待过中国人。对于态度与行为之间关系的研究，Ajzen & Fishbein（1977）仔细回顾了众多研究态度与行为关系的实证文章，有的认为，态度与行为之间仅存在较低的联系或者没有关系。分析出现这种情况的原因，他们认为是因为作者是在态度和行为实体之间缺乏对应关系的情况下进行的研究，所以会出现这种不一致的结论；他们认为态度与行为之间还是存在积极联系的。

除去上述不一致的研究声音，大部分研究模型如合理行为理论和计划行为理论都证实态度与行为意向之间存在积极联系，个体的态度是其行为意向的预测因素之一。基于此认知，在本研究中，我们将通过逻辑推导和理论分析，假设顾客对定制产品的态度能够用来预测其对定制产品的购买意向，并通过实证数据检验该假设是否成立。

4.1.2 品牌信任

信任在心理学、社会学、经济学、营销学和管理学等很多领域得到了学者们的密切关注，相关研究颇为丰富。综合回顾过去对信任的研究发现，不同学者从不同角度提出信任概念，不可避免地表达了其性质认识上的不同（Bhattacharya et al.，1998）。首先，信心被认为是信任定义的重要构成要件之一。比如 Deutsch（1973）将信任定义为“一个人对于能从他人身上获得期待的信心，而不是害怕”；Davis & Schoorman（1995）认为，信任指的是一方愿意成就另一方行动的意愿的脆弱性；Barney & Hansen（1994）认为，信任是多方面的信心，没有一方剥削另一方。其次，在信任的情境中，通常有风险因素存在，而风险通常与脆弱性或者对结果的不确定性相连。比如 Blomqvist（1997）将风险感知与信心不足相连，Rousseau 等人（1998）认为不确定是否其他人具备能恰当行为的意向是风险的来源。就感知的可能性来说，信任是一种心理状态（Bhattacharya et al.，1998），自信或者期待导致一些积极的结果的发生，信任某人暗示着这个人将会从事产生积极至少是非消极的结果的行为。

对于信任的研究，突出成果集中于心理学领域和管理及营销领域，这两大领域的研究侧重点不同。心理学领域的信任研究主要集中于探究信任概念的动机维度。研究人员认为这种维度与交换伙伴的行为属性相连（口头的 vs 非口头的），能够有积极的意向去指引和关注合作伙伴的福祉和利益（Andaleeb，1992）。信任反映了人们所持有的，相信伙伴不会故意撒谎、打破承诺或者利用某人的脆弱性的信念。为了反映信任概念中的这种动机维度，Larzelere & Huston（1980）提出了信任的两个品质：仁慈和诚实；而 Rempel 等人（1985）则使用名词“可信任”和“公正”去表达。受到人际之间关系研究的影响，大多数研究文章就一系列动机属性描绘信任。信任被作为一种机制，用来减少关系中的潜在的机会主义。

与心理学领域关注信任的动机维度不同，管理和营销领域的研究人员更强调信任中的技术或者能力属性。其潜在推理是认为商业领域更依赖于对递送结果和表现活动的期待。如果确保某人是可信的，就有必要知道其能力是否能够完成这些活动（Andaleeb，1992）。为了区分这种概念维度，在名称的使用上也与其他不同，如 Ganesan（1994）和 Doney & Cannon（1997）提到“可信性”，Andaleeb（1992）和 Mayer 等人（1995）用“能力”概括这种维度。

综上所述，我们能够看出信任存在两个维度：动机维度和能力维度。信任的动机维度是指一个人相信其合作伙伴对其福祉和利益的感兴趣程度；而信任的能力维度集中于对伙伴能力的信念，即相信合作伙伴具备需要的专业知识完成相关活动以履行责任或者说承诺。

在品牌信任概念的定义研究上，Elena（2003）从技术能力和意向两个方面出发，认为品牌信任指的是消费者对于与品牌互动感到的安全性，这种安全性依赖于品牌对于消费者利益和福祉的感知，以及是否有能力承担该品牌责任。Chaudhuri & Holbrook（2001）将品牌信任定义为一般消费者愿意依赖品牌完成陈述功能的意愿。而 Dawar & Pillutla（2000）则将品牌信任定义为可靠性和可依赖性。与 Elena 的定义相比，这些定义的不足之处在于都只强调了信任中的技术能力维度，而忽略了动机方面的因素，没有充分捕捉到信任的全部属性。所以在本研究中，我们借鉴 Elena（2003）对品牌信任的定义，认为品牌信任指的是顾客所持有的与定制企业品牌互动而产生的安全性感知。这种感知来源于该企业品牌对于顾客的定制利益和福祉的关注以及履行其责任的能力两个方面。我们认为，品牌信任是顾客所持有的一种主观信念，而这种主观信念能够影响顾客对定制产品的态度评价。在后面我们将对品牌信任和顾客对定制产品的态度之间的关系展开研究。

4.1.3 顾客定制敏感性

顾客定制敏感性最早由美国学者 Hart 教授提出。在 1995 年的研究中，Hart 认为，大规模定制很可能是下一个千禧年的商业机会，但是企业要想抓住这个激动人心却也非常复杂的机会却并不容易，需要认真对自身情况进行评估，只有具备顾客定制敏感性、过程协调能力、竞争环境和组织准备这四个支柱的企业才能成功实施大规模定制战略。在四个支柱中，首要条件就是顾客定制敏感性。

Hart（1995）指出，顾客定制敏感性有两个因素：一种是顾客需要的独特性。拿食盐和投资顾问举例来说，有两种食盐，一种用来上餐桌，一种用来路上使用，顾客可能并不太需要区分它们（最近，对不同食用盐的需求开始充斥市场），大多数顾客的食盐要求能够被市场满足。而对于培训顾问来说，显而易见的是顾客的培训需要不同，没有顾客愿意接受不符合他们需要的培训安排。所以，顾客是否有独特性需要是决定顾客定制敏感性的因素之一。顾客定制敏感性的另外一个因素就是顾客愿意付出的程度。这取决于现有标准化产品距离顾客需要的差距。由于产品定制需要顾客的参与和配合，不可避免地需要顾客在时间、精力和金钱等问题上投入较多，而标准化产品与独特性需要之间的差距大小是顾客考虑是否愿意付出的决定因素。

在这个问题上，Dellaert & Stremersch（2005）的研究证实，顾客对于大规模定制价值的感知，一方面受到消费者可能从大规模定制中得到的产品效用的影响，另一方面则受消费者复杂性感知的影响。只有当顾客感知产品效用大于消费者将要付出的成本时，才会产生顾客感知价值。

我们将顾客的定制敏感性作为一种区分大规模定制目标顾客的特征，指的是顾客身上所反映出来的对定制产品需求程度高低的一种个体特征。该特征表现为一种比较持久并且相对稳定的个人特质。通过偏好满足程度和顾客愿意为定制产品付出的水平两个方面能够对顾客的定制敏感性高低进行测量，根据测量结果可以将顾客划分成高定制敏感性顾客和低定制敏感性顾客。我们假设顾客的定制敏感性特征能够影响顾客对定制产品的态度，并进而对顾客的定制产品购买意向产生间接影响。在后面的研究中我们将对此假设进行具体论证和实证数据检验。

4.1.4 自我身份表达

在消费者行为中，自我身份和社会身份被作为几个相关研究流派的解释概念，包括在自我概念一致性研究（Dolich，1969）、象征互动主义观点（Solomon，1983）、产品在表达信息和沟通中的角色（Belk，1988）、象征性消费（Hirschman & Holbrook，1981）、态度功能（Shavitt，1989）等研究中。这些研究流派的核心假设在于以下认知：（1）消费者偏好一系列与自己的个性特点相关的品牌；（2）消费者使用这些品牌多少是为了突出显示自己的身份和价值。

自我身份概念来源于身份理论。身份理论最初由 Stryker（1968，1980）提出，是一种微观社会学理论，用来描述和解释个体与角色相关的行为。

身份理论认为，人们有着清晰的自我认知，叫做角色身份，而人们在社会中具有多个角色身份（Terry，Hogg & White，1999）。但是一般来说，只有其中一种身份起作用。从自我身份研究来看，自我身份首先是一种个体认知，反映个体如何对自身进行角色定义。研究证实，个体的自我身份在解释行为意向和实际行为时具有积极作用（Sparks & Guthrie，1998）。

表达被认为是一种特别强烈的意向，是影响人们对公共产品服务使用行为的决定因素（Richins, 1994），比如手机沟通服务等。根据使用和满意研究（（Höflich & Rössler, 2001），非功能性满意如社会能力、地位和时尚对于手机服务是非常突出的。人们渴望通过使用产品或者服务获得象征意义和社会资本，这就需要产品或者服务能够促进个体的身份表达。实践中，许多手机服务主要是沟通服务，使用这些服务的外在动机与沟通相关。身份表达概念集中于可能被社会身份建构中的其他人解释的行为重要性，在重复的自我身份建构中，身份表达属于操作性概念，主要应用于技术领域。在产品或者服务中，对于社会身份和角色导向的自我身份表达具有重要意义。

通过上述对表达、身份表达和自我身份等概念的研究回顾，我们认为顾客的自我身份表达指的是顾客通过定制产品，借以向外界传递个人身份信息的一种主观诉求。自我身份表达应该能够影响顾客对定制产品的购买意向，原因在于定制产品除了功能价值以外，还具有使用上的象征意义。除了这种直接作用以外，Thorbjornsen 等人（2007）的研究还证实，自我身份表达能够通过对态度的影响从而间接影响行为意向。我们将在本研究情境中对此进行检验。

4.1.5 顾客对定制产品的主观标准

主观标准反映了社会压力的存在。Fishbein（1969）在提出合理行为理论时认为，除了态度能够对其行为意向进行预测以外，主观标准也应该是其行为意向的影响因素。主观标准是个体所持有的对周围重要他人对于其行为持赞同或者反对意见的一种主观判断。主观标准之所以能够发挥这样的作用，根源在于个体并不是生活在真空之中，而是处于一定的社会活动场景。既然生活在社会环境中，那么个体的行为意向不可能只受个人态度的影响，周围群体的意见应该能够对其行为意向产生作用。举例来说，一位女士在乘坐飞机时非常想把高跟鞋脱掉放松一下双脚，但是她父母从小就教育她，女孩子在公众场合应该举止文明，而在飞机上脱鞋是不文明的表现，她的主观标准认为不应该这样行事，那么结果她很可能宁愿辛苦，也不会脱掉鞋子。所以 Fishbein 认为，对个人行为意向的预测有两个因素：态度和主观标准。Ajzen（1991）在保留合理行为理论核心构件基础上，提出态度、主观标准和感知行为控制是行为意向的三个独立预测因素。

通过已有研究我们能够看出，在研究个体的行为意向时，主观标准占据着不可或缺的位置，无论是 Fishbein 的合理行为模型还是 Ajzen 的计划行为理论，都认为主观标准对于行为意向具有预测作用。鉴于此认知，我们认为顾客的主观标准能够用来预测顾客对定制产品的购买意向。在这里，顾客对定制产品的主观标准指的是顾客所持有的对周围重要的其他人是否赞同其参与和购买定制产品的一种主观评价。这种主观评价能够积极影响顾客对定制产品的购买意向。

4.1.6 社会身份表达

社会身份表达与自我身份表达是孪生概念，都从身份理论衍生而来。自我身份表达强调个体对于角色身份的认知，而社会身份表达更强调团体成员身份（Thoits & Virshup，1997）。社会身份指个体作为群体成员所拥有的身份，比如某位高校教师，其社会身份是高校教师，拥有较大社会影响力和社会地位，是高校教师群体中的一员；而其自我身份可能是一位孩子母亲，是环保生活爱好者，是业余画家等。

社会群体中的成员身份和类别是社会身份研究的核心。在社会身份理论中，两个过程被认为在解释人们行为上非常重要：一个是类别化，另一个是自我提高（Terry et al.，1999）。类别化涉及个体基本的认知过程，即通过群体的内部边界，产生群体清晰的风格和标准、态度、行为。类别化和符号化同样暗示了人们所处的相应的社会类别。比如环保爱好者群体都喜欢穿棉、麻等天然织物衣服，出行乘坐公共交通工具，使用环保餐具，经常参加各种环保活动等。通过这一系列的标准、行为等，可以将环保群体与其他社会群体区别开来，这就是社会身份的类别化过程。而自我提高指的则是个体行为上的倾向，希望受到群体内成员的欢迎和接纳。社会身份正是通过类别化和自我提高的过程，通过群体标准影响和引导个体行为。一个人愿意从事某种行为，阐述了消费者通过使用服务展示，重新确认了他们相对于其他人的自我身份。社会身份表达则通过清晰的社会方式给别人留下印象，进而影响其他人，表明自我的团体身份等。对于消费者研究来说，社会身份被认为是一种特别有用的概念（Reed，2002），尤其是对于特别强调人与人之间联系的集体主义文化国家更是如此。

Thorbjornsen 等人（2007）认为社会身份表达需要也是个体行为意向的一个预测因素。该变量既能够独立地对行为意向施加影响；同时又能够充当主观标准和行为意向的中介，主观标准能够通过社会身份表达需要间接地影响行为意向。在本研究中，我们认为顾客的社会身份表达是顾客希望通过定制产品所传递出来的社会身份信息。正是基于这样的表达需要，顾客才有可能愿意参与和购买定制产品。

4.1.7 感知行为控制

作为对 Fishbein 的合理行为理论的扩展，计划行为理论最突出的贡献就是，在行为意向的预测中引入了感知行为控制概念。Ajzen（1991）明确指出，感知行为控制对于行为意向的作用不可忽视，一个人即使有了对行为的积极态度和主观标准，但是如果他不具备客观实施行为的资源，那么行为也不会发生。举个极端的例子，一名正在监狱服刑的罪犯，虽然他很想从监狱里出去获得自由，但是如果他的刑期不满，他也很难走出去。具体说到感知行为控制的定义，Ajzen 认为这个变量的概念与 Bandura（1977，1982）提出的感知自我效能概念非常接近，可以等同于自我效能，指的是个体对于自己是否有能力和资源完成任务的主观判断。关于感知行为控制的相关研究都从对自我效能的研究中拓展而来。

Ajzen 认为感知行为控制属于单一维度，但是很多研究怀疑 Ajzen（1991）声称的感知行为控制是单一维度建构的观点是否正确。比如 Armitage 等人（2002）认为，感知行为控制存在两个潜在维度：自我效能和控制力。他们认为自我效能仍然延续 Bandura（1986）的定义，但控制力的概念反映出个体对于从事行为的资源和机会的有效性的判断。这里他们强调自我效能是一种主观判断，而控制力是不受个体能力控制的客观存在。除了提出这种概念上的区别，有学者证明，自我效能和控制力可以被区分。比如 Teny & O'leary（1995）发现，自我效能能够预测被试者的意向，但不是实际行为；而控制力能够预测被试者的行为，但不是意向。也就是说，自我效能和控制力各自发挥作用。但是 Ajzen（2002b）坚持认为，可以区分自我效能和控制力并不能够证明感知行为控制是单一维度的无效。

我们认为，Armitage 等人提出的感知行为控制中的控制力维度，虽然旨在区别行为实施上的资源和条件等客观性，但实际上这种行为实施的客观性也是基于个体的主观判断，在本质上与自我效能并不矛盾，应该被视为自我效能测量的一个方面。在本研究中，与 Ajzen 的论述相一致，我们将感知行为控制作为单一维度变量，指的是顾客对于自己是否有能力完成产品定制的一种主观感知。

感知行为控制与个体的行为意向是紧密相关的，感知行为控制是行为意向的一个预测因素，在某种程度上，感知行为控制决定了个体的行为意向。计划行为理论和拓展的计划行为理论模型都肯定了感知行为控制对于行为意向的预测作用。那么在本研究情境中，顾客对定制产品的感知行为控制是否能够用来预测其对定制产品的购买意向？影响权重是高还是低？我们将进一步加以检验。

4.1.8 顾客的定制产品知识

消费者的产品知识指的是消费者拥有的为解决特定消费问题，在选择产品时可以依据的与所购买产品相关的各种知识（Mitchen & Dacin，1996）。该定义强调了产品知识的参考作用，即可以帮助顾客选择产品或者解决特定的消费问题。延续这样的定义，本研究涉及的顾客的定制产品知识指的是顾客对于产品定制所持有的各种相关经验和产品信息。

在产品知识的维度研究上，学者 Jacoby 等人（1986）认为，消费者知识包括两个维度：客观熟知和个人专长。客观熟知维度指的是消费者本身所累积的与产品相关的经验；而个人专长则指的是消费者是否具有完成产品相关活动的能力，包括所需的个体的认知结构过程，比如消费者购买新款手机后，是否拥有使用该款手机的技能等。除此以外，Schreier & Prugl（2008）从个体经验角度将消费者知识分为使用经验和产品技术知识两个维度。使用经验是指消费者产品使用的频次，使用频次较高，表明使用者的使用经验较为丰富；相反，使用频次较低，则表示使用者经验较少。产品技术知识包括消费者对产品结构、产品使用材料及市场现有产品技术的了解。随着顾客知识的丰富，消费者能够更好地理解产品结构和技术关联（Meeds，2004）。

研究人员发现，消费者知识同顾客在产品购买过程中信息处理感知的难易程度密切关联，也同人们的偏好稳定性有所关联（Simonson，2005）。当消费者具备较多的产品知识时，他们会感知到较低的任务完成复杂性，从而影响他们的感知行为控制以及后续的任务完成。相对于产品知识较少的消费者，产品知识丰富的消费者更愿意设置难度较高的任务，在困难面前坚持的时间更长，也更愿意付出努力。所以本研究认为，产品知识丰富的顾客在定制产品的参与中感知自我控制会更强，即顾客的定制产品知识影响他们的自我效能感知。消费者产品知识的多寡，能够影响后续产品信息搜集和评价处理活动，并进而影响消费者的产品价值感知和决策制定。

在本研究中，我们假设顾客对定制产品的知识是顾客对定制产品感知行为控制变量的前置影响因素。在具体研究中，我们将根据相关研究结果提出研究假设，并对其是否成立进行数据检验。

4.1.9 参照群体

在社会心理学和消费者行为学等领域，关于参照群体的研究已经有几十年时间，学者们关于参照群体的定义基本已达成共识。比如 Paynton（1966）认为，参照群体是指个体制定决策和进行判断的社会群体。Turner（1991）也认为，参照群体就是指对个体的态度和行为等具有重要心理作用的群体或者群体成员。也就是说，参照群体指的是那些对个体判断、评价、选择、行为等具有重要作用的其他人。从消费者行为的视角，个体选择的产品或者品牌会受到参照群体的影响（Bearden & Etzel，1982）。一般来说，存在两种类型的参照群体：成员参照群体和比较参照群体。父母、老师和同伴等属于成员参照群体，他们通过直接的互动去影响个体的主观标准、态度和价值观等；还有一种是比较参照群体，如体育明星、娱乐明星等，他们提供了个体的期望标准，个体能够观察、模仿他们的行为，但是一般来说不能产生直接的互动。

参照已有研究，在本研究情境中，我们认为参照群体指的是能够对个体判断、评价、选择、决策等产生影响的社会群体。这种社会群体的影响既可以是真实存在的，比如同时出现在定制情境中；也可能是虚拟存在的，即顾客想象中的参照群体的意见。而不论是真实存在的参照群体，还是虚拟存在的参照群体，都能够对顾客的主观标准形成产生影响。参照群体意见形成了顾客主观标准信念。参照群体对顾客主观标准的作用关系将在后文中加以详细阐述。

4.1.10 企业定制指导

企业定制指导概念反映了企业在产品定制过程中为顾客所提供的一种定制服务，指的是企业在产品定制过程中为顾客所提供的如何进行产品定制的技术性指导。大规模定制需要顾客的参与和配合，虽然很多顾客具有独特性偏好，也希望能够拥有属于自己的独一无二的产品，但是对于如何进行产品定制可能并没有把握，尤其对于第一次进行产品定制的消费者更是如此。因此在大规模定制实践中，企业在为顾客提供多样化产品选择的同时，也会提供参照设计以供顾客参考。比如笔记本电脑公司为顾客提供的定制推荐等。

企业的定制指导能够发挥不可替代的作用。具体来说，企业的定制指导属于顾客对定制产品感知行为控制的前置影响变量，能够对顾客主观感知是否有能力完成产品定制施加影响。在下一节，我们将会详细论述企业的定制指导如何影响顾客对定制产品的感知行为控制，并通过实证数据对该假设进行有效性检验。

4.1.11 顾客对定制产品的购买意向

顾客对定制产品的购买意向是本研究的结果变量。在社会心理学研究中，"意向"这一概念一直受到学者们的广泛关注。行为意向从定义上来说，实际上指的就是人们是否具有从事某种行为的打算。人们只有具备行为意向，才会有后续的行为结果；也就是说，行为意向反映了实际行为背后的动机因素，该变量能够作为行为结果的重要预测因素。人们只有在进行大量信息搜索、甄选、分析与评价的基础上，产生是否从事某种行为的意向，然后才会从事某种实际行为。在行为结果和行为意向之间存在着很强的联系。一般认为，强烈的行为意向能够预测行为是否发生。

到底行为意向是静态发生还是一个动态过程，学者们进行了深入研究。比如 Dholakia & Bagozzi（2003）通过研究发现，个体的行为意向实际上是一个连续的过程，不会处于静止不变的状态。人们在大量的信息评价与选择以后，会初步形成一种行为意向。从意向产生到实际行为产生至少要经历四个过程：意向的形成（Formation）、维持（Maintenance）、保护（Protection）以及最后执行（Execution）。也就是说，当意向初步形成后，会有一段意向的持续期，在此期间要避免任何可能会干扰意向实现的方案或者信息，最后才会真正将意向付诸实现，也就是意向的执行。在意向的维持和保护期间，如果出现了干扰选项，那么个体很可能会重新评估意向：当评估结果为积极时，则继续维持意向；如果出现了负面评价，那么个体可能会中断意向的执行。

与上述研究相似，Gollwitzer 的行动地图模型（Model of Action Map，MAP）（Gollwitzer，1990；Gollwitzer & Bayer，1999）详细地描述了从意向形成到行动的四个阶段，每个阶段中包含了个体需要执行的不同的任务。第一个阶段指的是个体决策前阶段。在这个阶段中，人们首先会设置几个备选方案，然后根据一定的标准对各个备选方案的可能性和优劣性进行评估，标注优先方案。第二个阶段是决策后及行动前阶段。在这个阶段中，行为意向被分为两个部分：目标意向（Goal Intention）和实施意向（Implementation Intention）。目标意向指的是个体预期达到的目标，如个体在购买护肤品时，她的目标意向可能设置为“使晒黑的皮肤变白一些”。目标意向设置后，还有一个非常重要的实施意向，也就是如何将目标意向落到实处。实施意向会变得更加具体，包括各种可行的计划方案。在上述例子中，目标意向是使晒黑的皮肤变白，那么她的实施意向包括了解哪些品牌的护肤品推出美白产品、这些产品的功效如何、有哪些具体成分、需要花多少钱、在哪里可以买到这些产品等。第三个阶段是行动阶段。这涉及意向的真正实施。第四个阶段是评价或行动后阶段。在这个阶段中，人们会评价行动的结果是否达到了当初设置的行为目标。

在本研究中，我们假设顾客对定制产品的购买意向是其实际购买行为的预测因素，该变量反映了顾客购买定制产品背后的动机因素。本研究将依托计划行为理论、身份理论等理论基础，系统构筑影响顾客对定制产品购买意向的因素整合模型。

第二节　研究假设的提出

4.2.1　顾客感知行为控制对定制产品购买意向的预测作用

研究人员认为，感知行为控制对个体的行为意向有积极的预测作用（Ajzen，1991）。从感知行为控制的定义来看，由于感知行为控制与自我效能定义在概念的内涵和外延界定上类似，因此关于感知行为控制的研究多从对自我效能的研究中而来。

自我效能概念最早出现在社会认知领域。它关注的不是个人应该具备什么技能，而是判断个人对于自己拥有的技能该做什么（Bandura，

1986）。也就是说，与客观上的能力相区别，自我效能更强调个体的主观感知因素。举例来说，某个人在进行拓展训练时，认为从 8 米高的空中跨过 1 米多宽的断桥非常困难，也就是说，她的自我效能较低，认为自己不可能完成这项任务。但实际上她完全具备跨越断桥的能力，后来在教练的鼓励下，她成功完成了此项任务。在客观能力与主观能力感知上有时存在偏差。Gist & Mitchell（1992）指出，自我效能事实上有三个方面：第一是它反映了个体对于他们是否有能力完成一项具体任务的全面判断；第二指的是当个体获得信息和经验时关于自我效能改变的判断；第三包括自我效能的判断，涉及直接动员个体行为的动机因素。正如 Bandura（1997）指出的，自我效能是一项更为全面的感知过程，涉及调动个体表现去适应给定的情境。即使是拥有同样技能的顾客，他们的行为也可能会不同。一个人的自我效能越强，他们越可能获得期待的结果（Oliver & Shapiro，1993）。

自我效能和目标设置之间存在积极联系。一个人的自我效能越高，他们越可能设置许多有挑战性的目标，这个结论已经得到来自实证方面的支持。研究人员发现，当销售人员相信自己有能力成功销售一款新产品时，他们更可能形成对于未来成功的积极认知，因此会设置较高的个人目标（Brown，Jones & Leigh，2005）。对目标设置和自我效能之间有积极联系的推导，主要源于两个理论：一个是皮格马利翁效应；另一个是劝说效果。皮格马利翁效应指的是个体因为期待自我有较好表现，所以就会设置较高目标（Eden，1990）；而劝说效果则指的是设置目标能够影响自我效能，因为设置挑战性目标实际上是一种自信的表达，劝说个体相信自己的能力（Locke，2001）。自我效能最初是通过社会学习过程而形成的，因此有较高自我效能的个体会倾向于选择设置更多有挑战性的目标。

除了目标设置，自我效能还与完成目标过程中的努力程度和结果评价积极相关。研究发现，对自己能力更为自信的个体倾向于做出更多努力去完成特殊行为，在困难面前坚持的时间更长。Krugger & Dickson（1994）通过实验研究发现，相比起自我效能低的个体，对决策制定能力更为自信的个体，倾向于看到更多的机会，愿意承担更多的风险，因为他们的注意力不集中于那些失败的方面或者是超出他们自己能力控制范围的因素。Zimmerman（1995）通过用学生做被试者的实验也发现，高自我效能的学生学习会更加努力，在任务中花费的时间也更长。同样的研究结论在销售人员身上也得到了应验。Frank 等人（2010）发现，销售人员销售新产品的行为受到自我效能的影响，那些拥有积极自我效能的个体将他们的注意力和动机集中于实现目标所必要的任务上面，在困难面前更能坚持，表现也较好。自我效能还与积极的结果感知相联系。根据社会认知理论，强烈的自我效能与感知更多的积极结果和较少的消极结果相联系（Luszczynska，Scholz & Shwarzer，2005），有较高自我效能水平的个体更可能积极评价机会和结果。自我效能在解释个体行为动机以及在线顾客的选择行为方面是重要的因素。Dash & Saji（2007）通过研究顾客自我效能以及网络社会的存在对顾客采用在线购物行为的影响，发现这两个变量能够积极影响顾客的在线购买意向。

综上所述，我们预测，顾客自我效能也会影响他们对大规模定制产品的购买意向。我们知道，产品定制离不开顾客的参与，大规模定制的核心优势就在于能够比标准化生产提供更符合顾客偏好的产品。Kaplan & Haeulein（2006）指出，大规模定制是在制造和组装阶段，通过某种形式的企业和消费者的互动来创造价值的策略；企业通过这种策略可以生产出低成本的定制化产品。在实施大规模定制的同时，消费者在价值创造中所扮演的角色也在发生变化，他们从被动的旁观者向主动的参与者转变，顾客参与定制是大规模定制的突出特点。

大规模定制能够提供更符合顾客偏好的产品，但是关于顾客偏好的研究表明，顾客对自己的偏好往往不能够清楚定义（Franke et al.，2009），这也是为什么许多顾客明知标准化产品不能满足他们的需要，可是却不愿意选择定制产品的原因之一。顾客偏好存在个人洞察力和表达力方面的差异，并且容易受到情境因素影响，其中顾客是否相信他们有能力完成偏好的定义至关重要（Simonson，2003）。在定制任务中，对偏好能力的主观判断实际上反映的是顾客自我效能的高低，换句话说，就是顾客对自己是否有能力完成定制任务的一种主观判断。

本研究假设顾客自我效能能够积极影响其对定制产品的购买意向。

原因在于在顾客参与完成定制产品的任务过程中，高自我效能的顾客相信自己有能力从众多的选项中挑选符合个人偏好的选项，对于定制任务中的困难更能坚持，会积极想办法解决困难，同时对自己在定制任务中的表现和结果能够进行积极评价；而低自我效能的个体由于对自己是否有能力完成定制任务不自信，他们对自己的个人偏好不够清楚，怀疑自己不能够完成定制任务，与标准化产品相比，他们认为自己参与完成的定制产品并不符合自己的偏好，这种较低的自我效能导致顾客对定制产品的购买意向也维持较低水平。

本研究的这个推论得到了来自实证方面的支持，比如 Franke & Schreier（2010）在分析哪种因素促使顾客愿意接受定制产品时提出，设计过程以及伴随该过程的心理反应与对自主设计产品的主观评价积极相关，而这种积极评价导致了顾客对定制产品的购买意愿。除此以外，自我效能也在移民适应新文化的能力和意愿中扮演重要角色（Harrison，Chadwick & Scales，1996），高自我效能者更可能拥护新行为。与自我效能理论一致，许多计划行为理论研究者也证明了自我效能对于行为意向形成的有效性（Quine & Rubin，1997）。基于以上认知，我们提出以下假设：

假设 1　顾客感知行为控制积极影响其对定制产品的购买意向

4.2.2　顾客对定制产品的态度对其购买意向的影响

态度与行为意向之间存在积极联系，被认为可以用来预测个体的行为意向，原因在于态度捕捉到了个体对于行为的全部评价。态度与行为意向之间的关系在很多研究中得到证实。比如，Shimp & Kavas（1984）在对人们使用优惠券购买杂货行为的研究中发现，顾客态度的潜在认知结构能够解释他们的购买意向，但是态度与行为之间却不发生直接联系，而是通过行为意向对行为产生影响。Hansen（2008）在调查个体的在线购买行为时也发现，个体在线购买杂货行为的态度与在线购买杂货意向积极相关。除此以外，在其他如政策制定（Venkatesh，Morris & Venkatesh，2000）、环境保护（Cordano & Frieze，2000）、使用新技术（Morris & Venkatesh，2000）等研究中都证明了态度与行为意向之间的积极联系。

但是也有学者质疑态度与行为意向之间的这种关系。比如 Wicker（1969）就认为，一般态度并不能够用来预测具体行为，因为在具体情境下，一般个体特征和行为之间存在较弱的实证联系，所以他呼吁放弃态度概念。

本研究认为，出现上述相反结论可能和态度本身的复杂性有关。回顾态度研究我们知道，态度强度有高低，强烈的态度不容易改变，持续时间更长，在记忆中更容易提取，能够影响人们的信息处理方式和行为（Fazio，1995）；而较弱的态度在记忆中不太可及，对于行为有着较差的引导作用。同时根据双重态度模型，人们可能同时对目标客体拥有两种不同态度，一种是不清晰的或者是习惯性的，而另一种是清晰的。动机和能力需要从记忆中提取清晰的态度。与双重态度模型相一致的是，当有较高的个人相关性或者卷入度时，个体的信息处理能力会增加，在较高卷入度情况下形成的态度被认为更加可达（Ajzen，2001）。如果一个人对于从事某种行为的评价较为积极，持有欢迎态度，那么他从事这种行为的意向肯定要高。举例来说，如果一个人对减肥持欢迎态度，那么他可能更愿意吃素食。

合理行为理论和计划行为理论都肯定了态度对行为意向的预测作用，根据理论回顾，我们假设在大规模定制情境中，顾客对定制产品的态度也能够预测其对定制产品的购买意向。态度不积极但对定制产品持欢迎和肯定态度的顾客对定制产品的购买意向会更强烈，更愿意参与到定制产品过程中。顾客对定制产品的态度是其购买行为意向的一个独立预测因素，所以提出以下假设：

假设 2　顾客对定制产品的态度将积极影响其对定制产品的购买意向

4.2.3　顾客主观标准对其购买意向的预测作用

在 Ajzen 的计划行为理论中，与态度和感知行为控制一样，主观标准也是个体行为意向的预测因素。Ajzen 认为，主观标准涉及个体的社会压力感知，指个体感知到的对于他来说非常重要的其他人对于完成或者不完成某种行为的一种评价和社会压力。主观标准对于个体的行为意向同样会产生影响，因为从社会存在角度来说，个体不能脱离其他人而独立存在，周围存在的一些人尤其是关系比较密切的重要人物，不可避免地会对人们的行为产生影响，尤其在习惯于群体生活、更重视人际关系的集体主义文化国家更是如此。群体成员的看法和评价对于个体行为至关重要。举例来说，假如某个人对于航空服务非常不满意，急切地希望更换服务提供者，但是当他意识到与他同行的父母或者好朋友并不赞同他的这种做法时，那么在主观标准的感知压力下，他很可能并不会更换服务提供者。

当个体渴望按照周围其他人所期待的行为进行，并且这种暗示占据主导地位时，主观标准可能就成为行为意向的主要预测因素了。比如在技术传播的早期阶段，主观标准对行为意向的作用更突出。当 2011 年苹果公司推出 iPhone 4 时，某消费者很可能对手机知识非常有限，但是他的好朋友或者同事等都用上了这部手机，如果他的主观标准认为，他购买 iPhone 4 的行为会被周围朋友赞同时，在这种主观标准的驱使下，他可能也会选择购买苹果手机。也就是说，在主观标准和手机购买行为意向之间存在着直接联系。实证研究也支持这种假设，比如 Karahanna 等人（1999）证明，在个体的主观标准和多媒体信息系统使用的行为意向间存在联系。与此研究相类似，Pavlou & Fygenson（2006）也证实，在主观标准和从网上购买产品的意向之间存在积极联系。

在本研究的大规模定制研究情境中，一般认为，顾客选择定制产品是为了满足其独特性需要，所以对于产品定制的积极或者消极态度被认为是选择定制产品的主要因素。然而我们推测，周围群体对于顾客是否应该购买定制产品这种行为的评价，亦即顾客的主观标准感知也同样会对其定制产品购买意向产生影响。原因在于以下几点：

首先，中国属于典型的集体主义文化背景国家，与西方个体主义文化强调个人的能动性不同，集体主义文化更强调其他人怎么看自己，个体非常看重是否被群体内其他成员所接纳。因此在产品定制的问题上，顾客非常看重周围某位重要人物对于自己进行产品定制行为的看法如何。当顾客意识到周围群体也在使用定制产品或者周围朋友对于定制产品持肯定态度时，该顾客就会更坚定地认为，这种行为是可行的，原因在于其他人赞同这种行为；如果感知周围朋友并不赞同其定制行为，该顾客的主观标准就会认为，产品定制并不是个好选择，在这种标准信念下，他们对定制产品的购买意向就会较差。

其次，从自我建构的角度看，顾客主观标准和他们对定制产品的购买意向之间也存在积极关系。许多消费者行为研究者认为，人们往往通过消费行为来建构自我概念（Ball &Tasaki，1992），而个体的自我概念分为独立自我和关联自我（Markus & Kitayama，1991）。一般来说，西方个体主义文化下的个体更集中于个体自我方面，他们的自我建构属于独立自我建构类型；而东方集体主义文化下的个体更倾向于关联自我建构，也就是说，他们的自我建构建立在与他人的分享和保持关系上（Aaker & Schmitt，2001）。因此，在这种关联自我建构的动机驱使下，顾客的主观标准能够影响其对定制产品的购买意向。综合以上分析，我们提出以下假设：

假设 3　顾客主观标准积极影响其对定制产品的购买意向

4.2.4　顾客定制产品知识对感知行为控制的影响

研究表明，个体的认知能力和经验与自我效能相关，有着较高认知能力的个体更可能获得积极的与任务相关的体验，对自身能力判断更为积极（Bandura，1997）。因为根据社会认知理论，在个体自身效能的信念形成中，个体对自身知识和技能的主观判断会渗透其中（Zimmerman，1995）。实际上，Bandura 在 1997 年分析自我效能概念时就提出自我效能由三个维度组成：（1）量度（Magnitude），即在增加的任务复杂性方面所表现出来的信念；（2）力度（Strength），即在困难面前保持行为的努力；（3）广度（Generality），即信念应用的普遍程度。在 Bandura 研究的基础上，Gist & Mitchell（1992）提出了一个与工作相关的自我效能开发模型。他们认为，人们在完成任务的过程中，会评价个体和情境的资源以及相关限制条件，依赖于这些资源和条件，随后会产生解释性数据，以形成他们的个人自我效能判断。任务知识是比较稳定的个人因素，能够影响个体的自我效能判断。当人们认为自身所掌握的任务知识较为丰富时，他们会对自己完成任务的能力更为自信，倾向于采用多种方式解决问题。

除了社会认知理论以外，顾客知识和自我效能之间的关系还可以用复杂性理论来解释。有研究发现，当感知任务较为复杂时，会明显降低个体的自我效能（Cervone & Peeke，1986），因为面对千头万绪的复杂任务，人们可能会感觉束手无策。相较于自己能够“驾驭”的任务，当面对复杂任务时，人们有可能对自己完成任务的能力更为不自信，这直接导致其感知的自我效能较低。该观点在产品定制的任务中能够得到验证。有的消费者虽然对市场上千篇一律的标准化产品并不满意，但是又感觉参与定制任务较为复杂和麻烦，而且由于担心自己没有能力完成定制产品，或者定制后产品并没有达到自己的预期，因而宁愿放弃产品定制。在顾客决定是否参与定制产品时，学者们发现，产品定制的有用性和复杂性会影响到顾客决策。比如 Dellaert & Stremersch（2003）在个人电脑定制的研究中发现，消费者定制实际上是消费者在感知产品效用和过程复杂性之间的权衡。如果消费者感知到定制复杂程度较高，其从定制中所获得的收益则会降低。而对于不同的消费者来说，他们感知到的大规模定制的难易程度是不同的。Alba & Hutchinson（1987）认为，产品知识较高的消费者导致了更大的信息分析能力，能够选择与任务最为相关的重要信息；而 Benedict & Stefan（2005）则发现，产品知识水平高的专家消费者在定制中比产品知识少的消费者感知到较少的定制复杂性。

根据已有研究成果，我们认为顾客的定制产品知识能够影响其对完成定制任务的感知行为控制。通过分析感知行为控制的定义能够发现，感知行为控制指的是顾客对于自己是否有能力完成任务的一种主观判断。这种对完成任务能力的判断中自然就包含了掌握产品知识的多寡。客观上掌握的产品知识越多，其主观上越觉得有能力完成任务。对感知行为控制的主观判断实际上是建立在客观掌握定制产品知识的基础上的。再举一个例子，比如有几位女性都希望假期去马尔代夫旅游，其中一个人的旅游知识比较丰富，而另一个则很少出门旅游。现在旅行社推出了马尔代夫定制旅行服务，游客可以根据需要自己设计游玩线路、选择所住酒店等。那么当面对旅行社给出的旅游选择方案时，旅游知识比较丰富的那位游客可能会对完成旅游线路设计更为自信，愿意参与到旅行线路设计任务中来；而没怎么出过门、旅游知识较少的那位游客则对自己是否有能力完成任务较为怀疑，甚至不愿意参与到这样的定制任务中，而宁愿选择标准化的团队游。综合以上分析，我们提出以下假设：

假设 4　顾客的定制产品知识积极影响其对定制任务的感知行为控制

4.2.5　企业定制指导对感知行为控制的影响

在产品定制过程中，除了顾客所掌握的定制产品知识能够影响其对完成定制任务能力的主观判断以外，情境因素也会对其感知行为控制产生影响。原因在于计划行为理论的感知行为控制变量可以等同于社会心理学中的自我效能，而自我效能变量也是情境化的建构（Gist & Mitchell，1992）。Bandura 及其同事认为，对自我效能的定义可以分为特征和情境两种，情境下的自我效能指的是个体相信自己有能力激发动机、认知资源和需要的行为过程来满足给定的情境性要求；特征层面的自我效能则指的是个体相信自己有能力在很多领域有效地完成任务（Bandura，1986）。这两种定义存在以下不同：首先，在建构的范围和水平上，情境中的自我效能是情境和任务具体化的，属于动机情境；而基于特征层面的自我效能则捕捉到了自我效能的一般性，属于动机特点。其次，两种定义在动机过程中扮演的角色不同，情境中的个体自我效能比作为一般特点层面的自我效能，在理论上更接近实际行为，是实际行为的一个较好的预测器。计划行为理论中的感知行为控制变量研究实际上也是比照情境中的自我效能定义进行的。

个体自我效能的建立受到具体情境的影响，该观点也得到了实证研究的佐证。比如 Pamela & Steven（2002）在对员工的创新性自我效能研究中发现，工作场所中的管理人员通过口头劝说和“塑造”等方法，能够对员工创新自我效能起到积极作用。原因在于雇员经常缺乏充分的信息来评价他们的任务是否成功，而有效的绩效考评则为雇员提供了评价自身表现所需要的有效性信息（Gist & Mitchell，1992）。Deci & Ryan（1985）也发现，管理人员通过口头表达信任、自信和表扬，能够帮助员工自我效能的形成。这种劝说和表达能够激发雇员的积极情感，帮助他们完善强烈的自我效能信念（Bandura，1997）。这些都充分证明了个体自我效能的形成会受到来自情境因素的影响。

在企业产品定制实践中，有的企业可能为顾客提供产品定制指导的服务。比如在个人电脑定制中关于电脑配置性能的具体说明、参数配置，在培训产品的定制设计中关于核心培训课程的介绍和推荐等。在产品定制情境中，企业的定制指导属于典型的情境因素。我们认为，企业的定制指导能够积极影响顾客对定制产品的感知行为控制。该观点来源于以下判断：在大规模定制实践中的顾客可能并没有充分的产品知识或者定制经验，消费者选择悖论告诉我们，消费者在面对琳琅满目的商品时，会发生不满意的购物体验，即使是在丰富的产品选择情况下，过多的选择也可能给消费者带来困惑。Huffman & Kahn（1998）发现，适当数量的产品选择往往比令人头晕目眩的产品种类更加有效。Zipkin（2001）指出，消费者偏好的诱导是很困难的，消费者有时很难决定他们想要什么，很难做出清晰的偏好表达，以及对这些选择采取行动。在这种情况下，企业的定制指导能够降低顾客感知的定制复杂性，尤其是对于那些产品知识少的顾客，对任务复杂性感知的降低，能够提高个体完成任务的信心，增加他们的感知自我效能。所以，我们提出以下假设：

假设 5　企业定制指导能够积极影响顾客对定制产品的感知行为控制

4.2.6　顾客定制敏感性对其所持的定制产品态度的影响

研究人员指出，态度研究恐怕是无数研究中增长最快的领域（Maio & Olson，2000）。早期对态度的定义等同于情感，比如 Thurstone（1931）认为态度指的是个体对于心理目标的情感；早期的理论家甚至使用“情感”这个名词来解释全部的受欢迎程度，在意义上等同于我们的态度。而当前的趋势是保留名词“情感”作为一般心情（如高兴、悲伤）和具体感情（如害怕、生气、羡慕等）；而对于态度的定义，普遍认为态度代表了个体对心理目标在属性维度上的总结性评价。如好—坏，有害的—有益的，高兴的—不高兴的，喜欢的—不喜欢的（Eagly & Chaiken，1993）。

在合理行为理论和计划行为理论中，态度指的是人们对行为的欢迎或者不欢迎的总体评价（Ajzen，1991）。在提出合理行为模型时，Fishbein & Ajzen（1975）就在态度研究中指出，“人类通常是非常理性的，能够系统使用有用信息。我们不赞同人类的社会行为受到无意识动机的控制，也不赞同反复无常或者是欠考虑的做法”。

在合理行为模型以及后来的计划行为理论中，对态度的研究都基于期待—价值模型而展开。根据期待—价值模型，当我们形成对目标的信念时，评价机会是不可避免的（Ajzen & Fishbein，2000）。每种信念用一定的属性与目标相连，一个人对目标的全部态度受到目标属性的主观判断价值影响。虽然人们能够形成对目标的不同信念，但是仅是那些在记忆中可接近的信念，在给定时刻能够影响态度。当期待被激活，这种信念的可接近性就会增加，不同信念的重要性会影响到它们的可接近性。仅是那些重要的信念能够被激活（Higgins，1996）。值得一提的是，也许因为期待—价值模型太流行的缘故，它也受到了一些反对人士的批评和质疑。为此，Fishbein & Middlestadt（1995）指出，全部评价或者说态度确实是以信念及它们的相关评价为基础的，当非认知因素有时被发现对态度有直接效果时，是因为方法上有问题。众多学者重新确认，信念是态度的唯一可能影响因素（Miniard & Barone，1997；Schwarz，1997）。对于期待—价值模型来说，一件重新要做的事情就是确认决定态度的不同信念的相对重要性，仅是那些重要的信念被认为可能被激活（Ajzen，2001）。

回顾态度形成的期待—价值模型后我们不难发现，态度实际上是一种基于信念的评价。在当前我们所研究的大规模定制情境中，顾客对于定制产品是否接受，也同样受到评价权衡后态度的影响。Bharadwaj 等人（2009）通过调查发现，只有那些拥有强烈偏好视角的前景性（Prospect）消费者对大规模定制持欢迎态度。而早在 2005 年，Simonson 就认为，大规模定制看起来适合那些偏好稳定和定义清晰的顾客，那些顾客也更可能欣赏大规模定制。这些研究结论同 Hart（1995）的研究结果一致。

本研究认为，顾客的定制敏感性能够影响顾客对定制产品态度的形成。仔细梳理 Hart（1995）的研究我们知道，顾客定制敏感性指的是顾客对于产品定制的一种主观认知评价。这种评价来源于两个方面：其中之一源自顾客需要是否具备独特性，也就是有别于其他人的特殊需要。当这种需要不能够被市场上出售的标准化产品满足时，顾客就会具有更强烈的动机选择符合他们个性化需要的定制产品。但是具有独特性需要的顾客，他们的定制敏感性也不一定很高。顾客定制敏感性的另一个方面是判断顾客是否愿意为定制化产品付出，比如时间、精力等。定制化产品不同于标准产品，为了提供更符合顾客需要的产品，在定制过程中需要顾客的参与和配合，这不可避免地要占用顾客一定的精力和时间等。衡量顾客是否愿意对定制产品付出，这取决于现有标准化产品与顾客独特性需要的差距。如果标准化产品和顾客独特性需要之间的差距较大，顾客可能更愿意做出一定牺牲；相反，顾客则可能宁愿选择标准化产品。由此可见，较高水平的顾客独特性需要和顾客付出将会产生较高的顾客定制敏感性，而这种较高的顾客定制敏感性会直接影响他们对定制产品的态度。顾客定制敏感性实际上是顾客对定制产品的态度评价所依赖的信念，顾客的定制敏感性越高，他对定制产品所持的态度评价越积极；顾客的定制敏感性越低，他对定制产品所持的态度评价越消极。

该假设也能够从大规模定制的实证研究中得到证实。大规模定制并不适合于所有产品或消费者，只有那些有着独特性需要并且愿意为定制付出的消费者才可能对产品定制持欢迎态度，并且愿意卷入产品的定制过程中。比如 Dellaert & Stremersch（2005）的研究证实，顾客对大规模定制价值的感知，一方面受到消费者可能从大规模定制中获取的产品效用的影响，另一方面则受消费者复杂性感知的影响。只有当顾客感知产品效用大于消费者将要付出的成本时，才会产生顾客感知价值。现在的企业环境中充满了要求定制化的顾客，企业要做的是对顾客进行有效的甄别，判断你的目标顾客是否欢迎企业提供定制化的产品给他们。Endo（2008）调查了顾客为什么愿意在线购买大规模定制产品，以及什么原因使得他们再次购买的问题。他通过采用深入访谈技术，共识别出三种类型顾客：第一种是缺乏兴趣的顾客，他们对于再次购买大规模定制产品没有兴趣；第二种是热情的顾客，他们对于大规模定制和大规模生产的产品很有热情；第三种是整体性的顾客，他们有着基本需要，可以被大规模定制产品满足。缺乏热情的顾客对于与公司保持联系并不热衷，因为他们认为存在各种各样不可预测的因素，如最终产品、回报政策等。另外，他们对于向公司提供个人信息非常敏感，他们也很容易发现满足他们需要的现代产品，在购物过程中，他们避免与销售人员有更多的互动。热情的顾客对于寻找独特的和有风格的产品非常热衷，他们享受作为共同设计者的购物过程，如果双向沟通有效，公司可以与他们建立长期关系。但是公司需要注意的是，这些顾客可以随时中止与公司的关系，因为对于他们来说，市场上的选择机会很多，公司要想保证这些顾客的忠诚，就需要连续提供有吸引力的产品和服务给他们。整体性顾客将购物过程作为解决问题的过程，他们的消费需要可以被非常及时的方式满足。研究发现，有着较高定制化需要的整体性顾客，他们愿意卷入大规模定制过程中以解决他们的问题。因此，对于大规模定制来说，有着独特性需要同时愿意付出的整体性顾客才是企业真正的目标顾客，可以与之建立长期的顾客关系。Franke & Steger（2009）通过调查发现，只有当消费者有清晰定义的个人偏好时，大规模定制努力才是有效的。他们提出，当人们看到许多公司都成功实施了大规模定制战略后，很容易造成认为定制的成功来自企业技术和组织方面的假象。实际上，对于公司来说，在决定采用大规模定制战略之前的重要问题仍然是顾客是否欣赏这种新的概念，以及哪种顾客才是大规模定制的目标群体。

Bardakci & Whitelock（2003）在研究大规模定制战略时曾提到，大规模定制的驱动力应该来自市场，而不是来自公司内部的产品生产能力。因此，他们提出三个假设：首先，今天市场上的消费者有着不同的需要和偏好，不愿意以低价格来压制他们的偏好，因此顾客愿意对定制化产品支付较高价格；其次，顾客定制的产品很少能在零售店货架上找到，为此他们愿意等上一个合理的期限以得到他们的定制产品；最后，顾客为了自己的独特性偏好，愿意投入合理的资源。实际上，这三个假设契合了 Hart（1995）提出的顾客定制敏感性偏好。顾客的这些偏好的独特性和愿意付出决定了其对定制产品的态度，在这种积极态度的作用下，顾客才愿意参与和购买定制产品。所以，我们认为顾客定制敏感性是其定制态度的前置影响变量，故提出以下假设：

假设 6　顾客定制敏感性能够积极影响其对定制产品的态度

4.2.7 顾客的品牌信任对定制产品态度的影响

除了顾客自身所具有的定制产品敏感性能够影响其定制产品态度以外，顾客的品牌信任也能够对定制产品态度产生积极影响。

态度的形成来源于各种态度信念。当消费者对企业品牌比较信任时，在消费者心中会产生积极的心理暗示，愿意相信企业有积极的动机并且有能力为顾客提供符合其功能描述的产品，企业不会利用消费者信息不对称情况下的脆弱性，侵害消费者利益。在这样的信念支持下，顾客会对企业给予积极或者至少不消极的评价，对企业提供的产品持欢迎态度。

在本研究的产品定制情境中，如果顾客对企业品牌比较信任，那么他们会相信企业有能力提供更符合个人偏好的定制产品。除了定制能力以外，顾客相信企业具有积极的意愿去关心顾客福祉和利益，真心愿意为顾客提供满意的定制产品。这样的信念毫无疑问能够积极影响顾客对定制产品的态度形成。对企业品牌比较信任的消费者，他们会对产品定制持积极的和欢迎的态度，相信企业有实力和良好的意愿去满足顾客的独特性需要，去增加顾客价值；而对企业品牌不信任的消费者，会怀疑企业是否真正有能力并有积极动机为顾客递送符合其需要的定制产品，所以会对产品定制持消极态度。对企业品牌信任的这种信念积极影响了顾客对定制产品的态度，顾客的品牌信任与对定制产品的态度之间存在积极联系。事实上，对信任的研究支持我们这样的假设。研究发现，信任能够通过建立积极的态度对意向产生影响（Pavlou，2003）。所以，我们提出以下假设：

假设 7　顾客的品牌信任会积极影响其对定制产品的态度

4.2.8 自我身份表达对顾客态度和购买意向的影响

研究人员发现，人们购买产品不仅在于产品能够做什么，还在于产品表达什么（Levy，1959）。产品除了具有满足人们需要的功能价值以外，还具有象征意义（Ligas，2000）。消费者经常会为了显示自己与众不同而购买商品，这些人选择物质产品的目的更多是为了表达自身个性

（Tian et al.，2001）。正是在这种表达个性需要的驱使下，顾客愿意购买新颖或数量稀少的原创商品、手工制作商品、古董商品，并把这些商品进行陈列或者展示。通常人们对独特性商品的评价更高。Shreier（2004）做过一项实验，要求 248 名学生陈述对 125 种标准塑料手表的购买意愿。数据结果表明，被试者对手表的平均出价为 45 欧元。当告知被试手表是独一无二的产品，再次要求其给出购买意愿时，被试者的出价则在 45 欧元到 79 欧元之间，较之前报价增加了 64%。由此可见，人们总是对稀少的商品更加珍视。

一些学者坚持认为，当人们的消费问题同其自我身份核心相关时，他们的行为意向也要相应进行调整。比如少数族裔的消费者可能就会因为民族身份问题进行少数民族的消费选择，这点可以从他们大多数都在民族商店购买商品的行为中观察出来。在绿色消费领域，Sparks & Guthrie（1998）发现，自我身份对于人们行为意向的贡献超过了计划行为理论中的其他变量，据此他们认为，自我身份会对行为意向预测做出独立贡献。与之观点相类似，Deirdre 等人（2000）发现，道德责任和自我身份在计划行为模型中比传统的其他成分更突出，对行为意向的预测作用更加明显。

Thorbjornsen 等人（2007）受到身份理论和社会认同理论启发，将自我身份表达和社会身份表达扩展进传统的计划行为理论。他们认为，与态度、主观标准和感知行为控制一样，自我身份表达和社会身份表达也应该作为行为意向的独立影响因素。但是关于自我身份对行为意向的作用方式，即是通过对态度的影响间接影响行为意向还是直接对行为意向起作用的问题，学者们的意见并不统一。有学者认为自我身份表达应该是态度的一部分，不可能直接用于预测行为意向。比如 Sparks & Shepherd（1992）就认为，在个体的自我身份和意向之间不可能存在一种直接的因果联系，他们认为 Fishbein & Ajzen（1975）的态度理论可能已将自我身份反映在信念和价值观中。顺着这条思路，自我身份应该是态度的影响因素，所以将自我身份包括进传统的计划行为理论，既不是理论突破也不是实证突破（Sparks & Guthrie，1998）。不过令人不解的是，Sparks & Shepherd（1992）和一系列后来的研究表明，自我身份确实对行为意向有着独立影响。

Thorbjornsen 等人（2007）通过对消费者多媒体信息采用行为的实证研究，认为自我身份表达解释了消费者怎样以及在何种程度上使用多媒体信息服务来展示身份和价值。所以他们认为，消费者的自我身份表达积极影响其对多媒体短信的使用意向；同时，他们认为自我身份表达能够通过对态度的影响间接地影响行为意向，态度至少部分中介自我身份表达和行为意向。当一个人认为自我身份对于他来说非常重要时，则建立、确认和随后的自我身份表达将会被赋予一种潜在表达自我身份的行为结果，根据合理行为理论，这样一种行为结果的评价将会影响态度（Sparks & Shepherd，1992），因此自我身份表达与评价态度在概念上存在一种因果联系，自我身份表达与行为意向的关系受到态度的中介。

基于以上研究，我们认为，在顾客参与产品定制的情境中，自我身份表达会影响其对定制产品的购买意向。事实上，关于大规模定制研究的文献也证明了所提假设的合理性。比如 Monroe（1990）认为，顾客价值来源于顾客获得与所付出的交换价值之间所做的平衡；Parasuraman & Grewal（2000）发现，顾客购买产品，除了产品本身所带来的功能上的满足以外，产品所代表的象征意义也非常关键。Sigala（2006）通过在希腊的三个大型购物中心对顾客的调查发现，对于顾客来说，购买产品所带来的价值中最重要的是社会价值，也就是产品提高个体的社会自我概念功能；其次是功能价值、控制价值、情感价值、认知价值和条件价值。也就是说，产品带给顾客的价值感知是多方面的，除了产品带来的认知价值，还包括情感上的体验价值。Piller 等人（2004）通过实证研究证明了产品的形式定制通过提高功能性的顾客利益，从而为顾客带来美学价值、产品的合适性、功能和样式特征，如节约时间、提高产品便利性等。Martin（2006）在研究大规模定制为顾客带来哪些价值时发现，大规模定制带给顾客的价值主要有四点：首先是功能价值，即与标准化产品相比所产生的功能性利益，比如更符合个人偏好等（Du & Tseng，1999）；其次是顾客感知独特性，也就是定制产品与标准化产品相比的特殊性质；第三是自我设计的过程利益，这指的是顾客参与到产品定制过程中，自我设计可以作为自我奖赏，满足个体的好奇心；最后是产品定制可以使参与者产生“作者身份骄傲”的效果。在这四类价值中，“作者身份骄傲”以及自我设计满足好奇心等实际上都体现了顾客的自我身份表达需要。最直接的证据来自 Aurelie 等人（2008）的研究。作者通过要求 20 名被试者进行真实的 Nike 产品定制，发现大规模定制除了为被试者带来功能价值和人际差异化价值以外，还有第三种价值来源，也就是自我表达价值。顾客通过产品定制寻求建立能够代表他自己身份的独特产品。与 Aurelie 等人的研究观点相一致，Ruth 在 2010 年的研究中也发现，顾客在进行大规模美学定制时，美学产品定制能够为顾客提供产品符号价值，从而满足顾客的自我表达需要。美学定制通过提供积极的自我表达价值和消极的因素如感知复杂性对定制产品的购买意向产生影响。Fiore 等人（2004）早就指出，期待获得独特性产品是人们使用大规模定制的一个动机，而这种获得独特性产品的动机反映了人们的身份表达需要。

综上所述，本研究认为，顾客的自我身份表达能够积极影响其对定制产品的购买意向，具有强烈自我身份表达需要的顾客会更愿意通过定制独特性产品去实现自己的身份表达诉求。与千篇一律的标准化产品不一样的定制产品，能够更好地体现顾客的自我身份；而自我身份表达较弱的顾客，他们没有强烈的动机渴望通过定制产品表达个人身份，因此会倾向于选择标准化产品，而对定制产品的购买意向会较弱。顾客自我身份表达同他们的定制产品购买意向之间存在着积极联系。

除了自我身份表达直接影响顾客对定制产品的购买意向以外，自我身份表达也会通过对态度的影响而间接影响购买意向。在强烈的自我身份表达信念驱使下，顾客对于产品定制会持积极的评价，这种积极评价能够驱使顾客对产品定制持有积极态度，因为从根本上来说，态度的形成背后的驱动力就来自各种态度信念，这些态度信念包括个体对于产品定制所持的认知和情感因素。顾客的自我身份表达需要越强烈，他们对定制产品的态度越正向和积极。在这种积极的态度驱使下，顾客对定制产品的购买意向也越强烈。所以，我们提出以下两个假设：

假设 8　顾客的自我身份表达会积极影响其对定制产品的购买意向

假设 9　顾客的自我身份表达积极影响其对定制产品的态度，进而

间接影响对定制产品的购买意向

4.2.9 社会身份表达对购买意向的影响

人类除了拥有自然人属性以外，更重要的是具有社会属性。人们总是在各种社会群体中，作为组织人身份而存在。人们所具有的这种社会属性，决定了其在购买产品或者接受服务时，除了考虑满足自我身份表达需要以外，还会通过产品和服务的使用，以表达自己的社会身份。举个例子来说，某位画家经常去北京798社区参加艺术活动，参加活动之前，为了表明自己是艺术家或者是“艺术圈”内人的社会身份目的，此人很可能更愿意穿着独一无二的原创设计衣服，因为“艺术圈”里的人都这么穿。如果买了大众衣服而与别人撞衫，这种事是艺术家群体最忌讳的。所以除了自我身份表达以外，社会身份表达也能够独立影响个体的行为意向。Terry等人（1999）发现，自我身份、群体身份和群体标准都可以作为行为意向的预测变量。Thorbjornsen 等人（2007）从身份理论出发，认为自我身份表达和社会身份表达实际上是两种不同的、相互独立的建构，自我身份表达通过社会身份表达加以补充，两个变量对于人们多媒体信息的使用意向均有着独立的预测作用。

在本研究情境中，我们认为，除了顾客的自我身份表达以外，社会身份表达对于定制产品的购买意向也具有积极的预测作用。顾客之所以愿意选择与众不同的定制化产品，其行为背后也受到顾客社会身份表达需要的驱动。举例来说，著名品牌LV为顾客提供定制皮包服务，顾客不但可以根据个人喜好选择皮包的颜色、尺寸、材质，而且可以在加工好的包袋内侧刻上顾客姓名。选择此种服务的顾客除了希望通过自我设计的产品表达与众不同或者注重优质生活、比较有品位的自我身份以外，还希望通过使用这样的产品彰显自己属于有较强经济实力和较高社会地位的成功人士群体。通过定制产品表达使用者的社会身份也是顾客选择定制产品背后的动机。所以，我们提出以下假设：

假设10　社会身份表达积极影响顾客对定制产品的购买意向

4.2.10 主观标准对社会身份表达的影响

研究表明，社会身份和主观标准能够以各种方式产生联系。比如Terry 等人（1999）发现，自我身份对行为意向的作用具有独立性，而主观标准虽然与行为意向正相关，但是这种相关性仅仅适合那些身份与群体紧密相连的人。因此他们认为，主观标准对于行为意向的作用受到社会身份的调节。而 Thorbjornsen 等人（2007）则认为，主观标准积极影响社会身份表达，并且通过社会身份表达间接影响行为意向。主观标准由各种标准信念所决定，也就是受其他人的期待和个体遵从这些信念的动机影响（Fishbein & Ajzen，1975）。当个体持有某种关于群体内成员的价值和身份信念时，这些信念就组成了更加突出的遵从动机，消费者将会有较强的动机去表达这些信念。在对消费者多媒体信息使用行为的实证研究中，他们发现，当组内成员高度评价多媒体信息服务时，个体主观使用这些服务的标准就高，他们就有较强的动机去使用多媒体方式的信息表达，从而与群体内成员一致。主观标准能够通过社会身份表达影响对多媒体信息的使用意向。

Reed（2004）认为，人们会拥有不同的社会身份，但是这些社会身份不会同时起作用。消费者的决策判断更可能受到较突出的社会身份的影响。个体的主观标准越强，他们的社会身份将会变得越突出，社会身份越可能影响社会行为。也就是说，主观标准积极影响个体的社会身份表达。还拿前面提到的少数民族消费者例子来说，当这些少数民族消费者对于自己的民族身份感知更加强烈时，他们内心持有的、坚持与少数民族群体成员一致的主观标准也越强烈。在这种强烈的主观标准驱使下，他们会具有强烈的社会身份表达需要，希望通过自己的消费行为显示自己的少数民族社会身份，因此在消费产品的选择上更倾向于选择民族产品。

在本研究的研究情境中，我们也认为顾客的主观标准对于其社会身份表达产生积极影响。主观标准除了对顾客定制产品购买意向具有直接作用以外，还会通过社会身份表达间接对产品购买意向产生影响。比如一名艺术工作者，如果他周围的朋友都以购买从小店淘来的限量原创产品为荣，当他主观上认同周围群体的价值观和标准，也就是认为自己属于有品位的、走在大众潮流前端的时尚艺术工作者群体时，在这种主观标准的认知驱使下，他就具有强烈的通过使用产品表明自己社会身份的意愿，并且更希望通过定制个性化产品来表达自己的社会身份。因此，我们提出以下假设：

假设 11 顾客主观标准影响其社会身份表达，并间接影响对定制产品的购买意向

4.2.11 参照群体对顾客主观标准的影响作用

在个体主观标准的形成上，参照群体起到重要作用。参照群体能够从三个途径对个体产生影响（Escalas & Bettman，2003）：信息影响、功利影响和价值表达影响。参照群体的信息影响同 Deutsch & Gerard（1955）的信息性或比较性影响较为相似，这种影响被认为能够提高个体对于环境的认知或者应对环境的能力，如购买产品的信息等。个体出于对群体内成员身份的信任，可能会积极地从意见领袖身上寻找各种有用信息，这种信息对于个体决策起到至关重要的作用。功利影响指的是个体按照与群体内标准保持一致的原则调整自己的行为，也就是按照群体内其他成员的标准、信念去调整自己的行为标准，从而使自己的行为能够符合其他人的肯定性评价。在群体一致的作用下，个体能够提前预见某种行为是否能得到群体内其他人的认可，他的一致行为或者偏好有可能受到相应的奖赏或者惩罚。这种影响对于个体的主观标准形成起到重要作用。而价值表达影响则与个体提高或者支持他的自我概念动机相连，个体可能会期待将自我与积极的群体相连，通过选取与群体身份相一致的产品，表明自己是其中一员就属于价值表达。举个例子来说，如果消费者认为自己是知识分子，而在他心目中，知识分子倾向于开 Volvo（沃尔沃）汽车，那么他出于这样的认知，很可能也会选择一款 Volvo 汽车作为知识分子的象征。所以说，在参照群体的价值表达影响下，个体通过使用与群体身份一致的产品从而建立与参照群体的这种关联。

关于成员群体和期待群体究竟如何影响个体的主观标准和行为，社会心理学家认为有两种不同途径（Escalas & Bettman，2003）：自我证明和自我提高。如果人们被自我证明目标所引导，那么他们会试图寻找受

群内成员欢迎的、一致而准确的反馈，并且努力建立或者设计一种关于自己的现实形象，这种精心设计的形象能够反映出他们所归属的群体成员身份。比如艺术家群体会通过购买仅此一件的原创衣服，彰显自己属于潮流前端的艺术家身份。另一方面，人们也会受到自我提高目标的引导。在这种情况下，他们的行为和标准更容易受到期待群体的影响，通过自我提高建立一个与期待群体保持一致的目标。而究竟哪个目标在消费者的标准和行为中起重要作用，则取决于消费者的先导目标，也就是他们是希望自我证明还是自我提高。

研究显示，消费者经常使用思考性的和比较性的评价来选择产品（Morchis，1976）。另一项研究也表明，消费者不仅通过直接和口头互动获得参照群体评价，同时也观察参照群体成员的行为进行决策。因此学者们认为，个体选择产品品牌会受到参照群体的影响（Bearden & Etzel，1982）。事实上，早在六七十年前，参照群体对个体的影响就已经受到了研究者的注意。比如，Sherif（1936）证明，人们在观察房间里面的灯的外观运动时，会依赖于其他人怎么看。Hyman（1942）强调，一个人的地位依赖于在参照群体情境下的特殊维度。Park & Lessig（1977）将美国学生与家庭主妇进行比较后发现，美国学生更容易受到周围群体的影响。在个体心理学上，Bearden 等人（1989）认为，消费者容易受到人际影响实际上属于一般个性特点，特别是在集体主义文化的国家如中国、日本、韩国等地，人们特别强调个体保持与群体标准的一致性以及社会的接受性。基于以上分析，我们认为，在产品定制情境中，参照群体的意见也能够影响顾客的主观标准形成。从本质上说，顾客对定制产品的主观标准是顾客对周围其他人如何看待其定制行为的主观判断，参照群体意见能够对这种主观判断起决定作用。即使参照群体不在现场，该作用也同样存在。所以，我们提出以下假设：

假设 12　参照群体积极影响顾客对定制产品的主观标准

第三节 模型构建

4.3.1 模型构建

一项高水平的研究成果，研究模型的提出一定要论证严谨、论据充分。这些都离不开对现有研究成果的认真梳理和剖析、证据链条的充分和严密以及逻辑推理过程的严谨、科学。而在相关概论、假设基础上建构出来的理论模型也正是其理论贡献所在。

基于这样的研究认知，以相关理论作为研究基础并经由严谨的逻辑推理，本研究构建了一个影响顾客选择定制产品的因素整合模型。该模型的提出首先基于这样的假设：企业的大规模定制模式之所以成功，关键在于顾客愿意接受定制产品。社会心理学和消费者行为学领域中的合理行为理论和计划行为理论都揭示了，顾客的实际行为可以通过行为意向加以预测，行为意向是实际行为背后的动机因素。在这样的研究思维导向下，预测顾客对定制产品的购买行为意向就至关重要。本研究重点研究以下问题：（1）顾客对定制产品的购买意向可以通过哪些因素加以预测？（2）行为意向的预测因素有哪些前置影响变量？

这两个问题的逻辑链条是这样的：第一个问题验证了顾客的实际行为由行为背后的动机因素所决定的暗含假设，也就是说，顾客对定制产品的购买意向反映了顾客实际购买定制产品行为背后的动机因素。我们的重点在于考察哪些因素可以对上述动机因素加以预测和解释，研究中主要从顾客对定制产品的态度、主观标准、感知行为控制、自我身份表达和社会身份表达 5 个方面加以检验。在此基础上，我们进一步追溯行为动机预测因素的前置影响变量：既包含顾客自身因素，同时也包括企业因素和情境因素。正是在这些前置变量的影响下，顾客才产生了较为强烈的购买定制产品的动机。这两个问题在逻辑上紧密相关，层层推进。上述问题的解决不仅填补了现有大规模定制理论研究的空白，而且相关研究结论对于企业的大规模定制实践也具有较突出的现实指导价值。

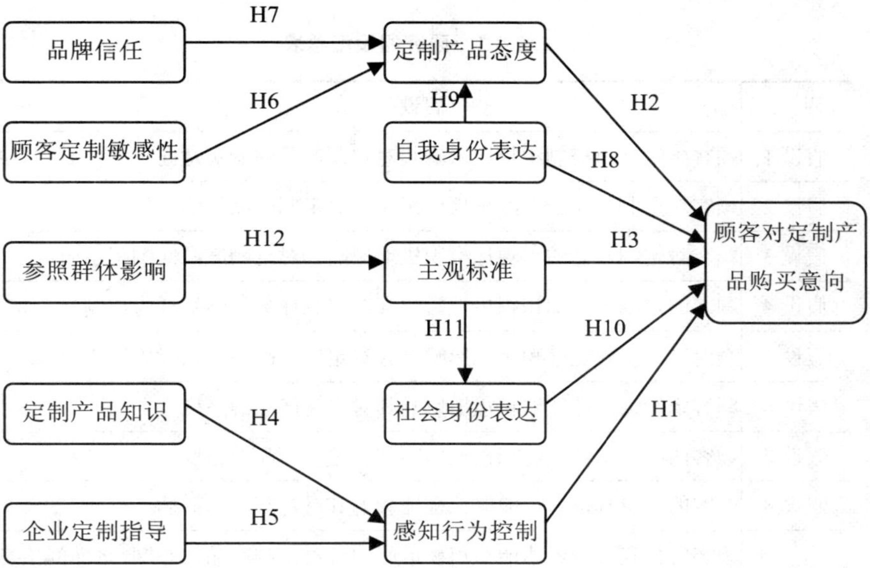

图 4.1　理论模型示意图

资料来源：作者整理。

4.3.2　模型构建与研究问题的呼应

围绕研究问题以及要素之间的逻辑关系，本研究共提出了 12 个理论假设，如表 4.1 所示。其中假设 1、2、3、8、10 考察顾客对定制产品购买意向的预测因素，包括顾客对定制产品的感知行为控制、态度、主观标准、自我身份表达和社会身份表达五个方面，这五个假设也回答了第一个研究问题。但是仅对行为意向的预测因素加以检验是远远不够的，还要追溯上述因素的前置影响变量，所以假设 6 和假设 7 从顾客对定制产品的敏感性和顾客的品牌信任两方面对态度的前置态度信念因素进行研究。假设 4、5 从顾客的定制产品知识和企业定制指导对顾客关于定制任务的感知行为控制的影响进行检验。假设 12 认为参照群体能够影响顾客对定制产品的主观标准。除此以外，假设 9 对自我身份表达通过态度间接影响顾客对定制产品购买意向的作用进行探讨，假设 11 认为主观标准通过社会身份表达间接影响定制产品购买意向。在后面章节，我们将通过实证数据对上述假设是否成立进行检验。

表 4.1　研究假设汇总表

假 设	假设内容
假设 1	顾客感知行为控制积极地影响其对定制产品的购买意向
假设 2	顾客对定制产品的态度积极地影响其对定制产品的购买意向
假设 3	顾客对定制产品的主观标准积极地影响其对定制产品的购买意向
假设 4	顾客的定制产品知识积极地影响其对定制任务的感知行为控制
假设 5	企业定制指导能够积极地影响顾客对定制产品的感知行为控制
假设 6	顾客定制敏感性能够积极地影响其对定制产品的态度
假设 7	顾客的品牌信任能够积极地影响其对定制产品的态度
假设 8	顾客的自我身份表达能够积极地影响其对定制产品的购买意向
假设 9	顾客的自我身份表达能够积极地影响其对定制产品的态度，进而间接影响顾客对定制产品的购买意向
假设 10	顾客的社会身份表达积极地影响其对定制产品的购买意向
假设 11	顾客对定制产品的主观标准积极地影响其社会身份表达，并间接影响顾客对定制产品的购买意向
假设 12	参照群体能够积极地影响顾客对定制产品的主观标准

资料来源：作者整理。

第五章 实证研究

自20世纪50年代以来，实证主义的思想一直在社会科学中占有举足轻重的地位。实证主义认为现实世界是客观的。由于客观规律和事实的存在，使我们对研究对象可以进行科学的测量，以此来解释、预测变量间的因果关系。根据实证主义的研究范式，科学研究大多从实验或问卷调查中得到数据，然后在统计分析的基础上得出研究结论。实证主义倡导的研究方法大多用于检验预先建立的研究假设或命题，如果得到的数据与研究假设的预期一致，就认为假设是可以接受的；一旦发现了与假设判断相反的结果，就有理由拒绝研究假设。所以，实证主义思想更多地强调理论检验，而不是发展新理论。实证研究中的定性方法大多是为定量分析增加补充信息。

基于这样的分析逻辑，本章首先介绍研究设计的主体思路、问卷的设计原则、变量的测量与样本的来源和筛选，这是为了确保收集上来的实证数据能够真实地反映被试者情况。然后通过SPSS16.0软件对实证数据进行信、效度检验和探索性因子分析，再用Lisrel 8.7进行验证性因子分析，并通过结构方程路径分析检验变量之间的相关性，以此验证本研究提出的假设是否成立。

第一节 研究设计

5.1.1 研究设计的基本依据

一项好的研究，除了选定的研究问题有趣、有意义之外，更需要科学地进行研究设计，这样得出来的研究结论才更具备实践和理论价值。那么到底什么叫做研究设计？好的研究设计标准又有哪些？Robson 在1993 年出版的《真实世界研究：社会科学家和实践研究人员的资源》一书中指出，研究设计实际上指的就是研究的整体框架，本质上是研究所使用的理论是否能够说明研究问题的检验。研究设计进一步提供了数据如何搜集和统计分析的基本指导。一般来说，研究设计可分为定量研究、定性研究和混合研究三种，具体采用哪种研究范式，要依研究问题来定。

Creswell 在 2003 年出版的书中进一步对各种研究范式的适应对象进行了梳理。他指出，定量研究指的是调查人员使用已经发表的实证主张来开发知识，通过实验和调查方法收集数据，运用既有的测量方法产生统计结果。如果研究的是影响结果的各种因素分析，或者是一种干预措施的效果以及理解结果的最好预测因素，那么定量方法比较适合。验证一种理论或者解释也可以采用定量方法。而定性研究指的是调查人员运用建构主义视角来构造知识主张，经常使用叙述、现象学、民族志学、扎根理论或者案例研究方法。研究人员通过收集开放式数据，从数据中开发主题。如果概念或者现象比较新，很少有人进行过研究，那么就应该采用定性研究。这种研究路径是探索性的，在研究人员并不知道哪些重要变量需要被检验时，该路径特别有用；当研究的问题较新，还没有被一定的样本或者群体检验过，或者现有理论不能解释特殊样本或者群体时，该路径最适用。混合研究指的是研究人员在务实基础上进行的知识创新，收集来的数据既有定量信息也有定性信息，在这样的研究路径中，研究人员首先调查较大数量的个体，然后追踪其中的几个以获得他们对研究问题的看法，再开发问卷，在较大范围内获取数据。在这种研究中，封闭式量化数据和开放式定性数据对于研究问题都必不可少。

陈晓萍等人在《组织与管理研究的实证方法》一书中指出，研究设计是整个研究过程的执行计划。一般而言，研究设计的基本目的有三个：（1）有效地回答研究问题：在实证研究中，研究问题通常是以研究假设的形式出现的。研究设计的目的就是要通过数量化的分析，为假设中涉及的概念间的关系提供有效的检验。（2）满足实证研究四种效度指标的要求：研究设计使研究者可以按照建构效度、统计结论效度、内部效度和外部效度四种效度指标合理地安排研究过程，提高研究质量。研究结论的可靠性依赖于它得出的方式和方法。严格的研究设计可以确保被测量的变量很好地涵盖建构的内涵，提供建构效度；可以帮助我们选择正确的统计方法，保证统计结论效度；通过事先的设计和准备，可以最大限度地剔除各种替代解释对因果结论的影响，提高研究的内部效度；可以通过随机抽样的手段或者选择代表性较高的研究情境来提高研究的外部效度。（3）控制研究中的变异量：研究设计需要有效地控制造成因变量发生变化的各种变异量，如系统变异、外生变异和误差变异。

研究设计是一个研究项目的整体蓝图，包括确定研究主题，通过文献回顾和探索性访谈发展研究假设，确定抽样方法、测量和操作化手段，以及研究这些因素对统计分析的影响等。研究者在搜集资料前必须认真考虑这些问题，才能有效地回答研究问题，保证研究的质量。图 5.1 表述了研究设计的一般过程。

5.1.2 本研究的研究设计

通过以上陈述我们可以清晰地看出，研究设计最终要服务于研究问题。研究问题决定了使用哪种研究范式，而不同的研究范式并不存在高低、优劣之分。研究设计好不好的标准，归根结底要看是否符合研究问题的需要。

从当前主流的研究设计来看，定量研究方法被应用得越来越广泛。实际上，在定量研究中，研究人员也区分出两种研究思路:技术导向的定量研究和理论导向的定量研究。技术导向的定量研究指研究人员侧重于系统、科学地对研究对象的特征、属性进行描述，借助于这些外在特征，进一步去挖掘现象背后研究对象的本质属性，对这种现象的探究与描述在归纳逻辑指引下加以完成；而理论导向的定量研究则指借助于既有理论，探究变量与变量之间的关系，通过严密的逻辑推理来提出新的假设，并通过实证数据来检验假设的成立与否，进而发展出新的知识。这种方法更倾向于演绎逻辑。

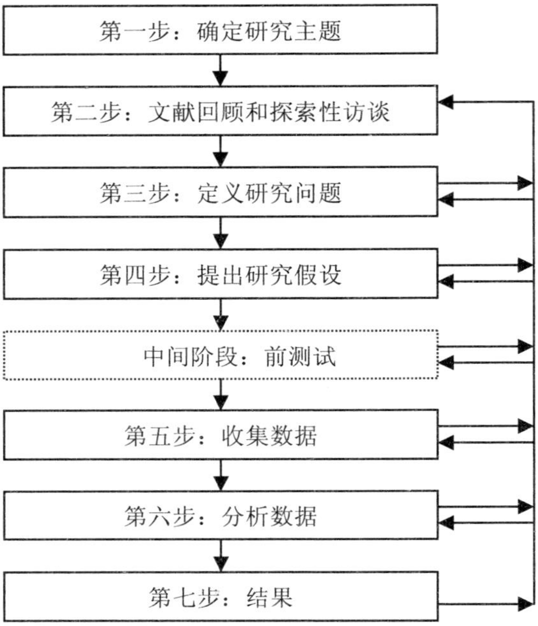

图 5.1　研究设计的过程

资料来源：陈晓萍，徐淑英，樊景立. 组织与管理研究的实证方法[M]. 北京大学出版社，2008：113～114.

本研究的设计过程大体如下：首先从研究情境来看，随着经济社会的迅猛发展，企业面临的竞争环境、顾客需要和技术条件都发生根本转变，传统刚性的大规模生产模式很难满足市场需要，在这种新的市场态势下，弹性的大规模定制成为很多企业的必然选择。研究人员和企业都对该模式寄予厚望，希望能够通过实施大规模定制获得综合竞争优势，探究大规模定制有着重要的理论和现实意义。因此，我们选取大规模定制作为研究主题。

在对已有大规模定制研究文献进行系统收集、整理、分析、归纳基础上，我们提炼出本书的研究问题，即哪些因素影响顾客对大规模定制的购买意向？因为大规模定制研究的核心领域在于大规模定制的实施问题，而关于企业究竟该如何成功实施大规模定制，学者们虽然从企业供应链管理、技术实施和定制建构设计以及顾客偏好等角度进行了探讨，也取得了较为丰厚的研究成果，但是对该问题仍然没有令人满意的答案。实际上，大规模定制成功的关键因素在于顾客是否有意愿购买定制产品。而纵观已有研究文献，尚未有研究从消费者选择与行为决策角度对此问题加以深入探究，所以本研究选择以此缺口作为研究的突破点。

研究问题确定以后，我们在拓展的计划行为理论基础上，对相关研究变量进行了概念界定，在相关理论研究和逻辑推理基础上，共提出12个研究假设。在此基础上，系统构筑了顾客定制驱动因素整合模型。通过问卷调查方法，借鉴成熟量表对关键变量的测量方法，设计调查问卷。通过随机抽样方法，在大学生群体中收集实证数据，然后通过 SPSS 软件对数据的信、效度加以检验，并进一步通过结构方程方法检验假设是否成立。最后根据实证研究结果，对研究结论进一步总结讨论。

第二节　问卷设计

5.2.1　问卷设计标准

陈晓萍等人在《组织与管理研究的实证方法》一书第八章“实地研究中的问卷调查法”对问卷调查方法做过详细介绍。问卷调查法是管理学定量研究中最为普及的方法，其实用性主要体现在如下四个方面：(1)如果实施得当，问卷法是最快速有效的收集数据的方法；(2)如果量表的信度和效度高，样本数量大，研究者可用问卷法收集到高质量的研究数据；(3)问卷调查对被调查者的干扰较小，因而比较容易得到被调查企业及员工的支持，可行性高；(4)问卷调查成本低廉，是实地研究中最经济的收集数据的方法。

而好的问卷设计，关键在于量表设计以及问卷的发放和收集。在量表设计环节，大体有两种：沿用现有量表和自行开发量表。沿用现有量表的好处在于：第一，在文献中占有显著地位的量表一般有较高的信度和效度；第二，在文献中被反复使用的量表认可度高。如果能沿用前人留下的宝贵的精神财富和学术手段，就没必要自己重新设计量表。但是沿用已有量表的局限性也很明显，突出表现在：（1）文化上的局限性。比如现有成熟量表大多都是基于西方文化背景而展开，很可能并不适合中国企业或者员工。（2）时间上的局限性。比如量表所测量的概念是否已经过时，所依据的环境是否已经改变，对同一概念是否有同样新的量表等。（3）语言上的局限性。沿用细分的现有量表，翻译的准确性是研究者面临的一个严峻的考验，客观障碍在于词汇的外延和语义学上的差异。回译是比较好的改善方法。正是因为有着这样的研究局限，所以在沿用已有量表时需要注意：第一，研究人员要确认量表的适用性，包括概念、文化和样本上的适用性；第二，研究人员要确认量表的可行性；第三，一旦选定了量表，研究人员应尽量沿用其量表中的所有项目（Item），不要任意删改，因为删减项目很可能会影响该量表的内容和效度，除非有理论上的合理性，否则不应随意删改；第四，研究人员要确保翻译的质量。

自行设计量表一般发生在以下情况：（1）现有的量表不能满足研究的需要；（2）研究的目的在于测试某一源自西方的概念的跨文化应用性；（3）研究的目的在于开发新的概念和量表。在设计问题时需要避免使用双重意思的语句和问题，避免使用诱导性的问题，避免使用答卷者需依赖记忆才能回到的问题，并且避免激发答卷者为满足社会期望值而答题的动机，因为每个人多多少少会有一些取悦他人的动机和行为。作为研究对象，我们不希望问卷的参与者提供不真实的答案。为此，我们要尽量避免提出一些直接与社会期望相关的问题，以降低答题中因此而引起的偏差。

调查问卷的发放和收集可以通过以下途径：研究者亲自到现场发放和收集；邮寄调查问卷；网上答卷。这三种方式中，研究人员亲自到现场将员工或消费者集中起来答卷是比较快捷的方法，但这种方法不太适用于大规模的多地、多处采样。网上的答卷效率很高。总之，问卷的发放和收集方法是因时、因地和因人而定的，数据的可靠性是选择方法的最主要的出发点。

5.2.2　变量测量

研究人员认为，对于变量的测量条目，一般推荐多条目测量（Churchill，1979）。原因主要在于单个条目通常具有独特性，测量条目与变量属性往往具有较低的相关性。另外，单一条目不利于识别水平的高低。举例来说，一个七级刻度能够至少区分出属性的七种水平来，而单一条目则很容易犯测量错误，信度较低。而如何开发变量的测量，更好地完成数据分析，他们认为，至少要经过这样几个步骤：首先，细分建构领域，即变量的内涵与外延。其次，产生初步的测量条目，收集数据并对该测量条目进行优化。在整个测量条目产生过程中可以采用的方法包括文献研究、经验观察、洞察测距示例、关键事件技术和焦点小组方法。目的是为了测量条目的优化，更准确地捕捉变量内涵。最后，使用优化后的测量条目收集数据，然后评价数据的信度和效度，再进行数据分析。

根据我们的研究问题，对于关键变量的测量，我们主要在文献回顾的基础上采用成熟量表进行。同时根据本研究的研究情境，在同行专家指导下进行适当修改，使量表更适合本研究。

关于社会身份表达和自我身份表达的概念，我们主要借鉴 Thorbjornsen 等人（2007）的研究。根据已有研究，对于社会身份表达概念，经常使用与地位相连的表达条目如"其他人对我使用某些产品留有印象"；另外，经常使用的条目还包括"我经常同别人谈起我使用的某某产品"和"我经常向他人炫耀某某产品"。结合本研究的研究情境，我们使用以下 4 个测量条目来衡量社会身份表达："我认为定制电脑表明自己是追求个性的时尚人士"，"我通过定制电脑向周围人炫耀"，"我认为周围人会对我的定制电脑印象很深"，"我会有意通过定制电脑表明自己的社会身份"。对于自我身份表达，突出了表达自己身份和个人价值的主观愿望，用 5 个条目进行测量："我认为使用定制电脑是我个性表达的一部分"，"我用定制电脑表达我的个人价值"，"我认为定制电脑能够向别人传达我的个性”，“我用定制电脑表明我的个人身份”，“我用定制电脑表明我想成为什么样的人”。

对顾客的主观标准的测量则参照 Mathieson（1991）和 Battacherjee（2000）的研究，但根据具体定制情境进行了适当修改，有 5 个条目：“我认为我的朋友或家人会赞同我定制电脑的”，“我的朋友或家人肯定也喜欢定制电脑”，“我的朋友或家人会尊重我定制电脑的决定”，“我的朋友或家人认为我应该选择定制电脑”，“我认为朋友或者家人不会反对我定制电脑”。

有关顾客对定制产品的态度的测量，我们参照 Lim & Dubinsky（2005）的测量，使用 4 个条目：“我认为选择定制电脑是个好主意”，“我认为定制电脑更令我满意”，“我认为参与电脑定制会是愉快的过程”，“我喜欢参与电脑定制过程”。

对于感知行为控制的测量，参照 Battacherjee（2000）和 Taylor & Todd（1995）的研究，使用 5 个条目：“我认为我有能力完成电脑定制”，“我能够独立完成整个电脑定制过程”，“对于完成电脑定制，我有较充足的把握”，“电脑定制对于我来说不是什么难事”，“我认为电脑定制是小事一桩”。

对于顾客定制敏感性的测量，我们参照 Hart（1995）的定义，使用 5 个条目：“我愿意定制一台更符合我个人需要的电脑”，“我觉得目前市场上出售的标配电脑不能完全让我满意”，“我愿意为电脑定制付出一些时间和精力”，“我希望自己的电脑与众不同”，“我希望按照自己的意愿配置电脑”。

对于顾客的定制产品知识变量，我们参照 Cowley & Mitchell（2003）和何昊（2010）的研究，用 4 个条目进行测量：“我比较熟悉笔记本电脑市场”，“我对笔记本电脑的相关知识了解清楚”，“我知道如何选择笔记本电脑的相关配件”，“我比较熟悉笔记本电脑的相关部件和性能”。

对于企业定制指导变量，我们主要从顾客对于定制指导措施的接受性和感知来进行测量，使用 4 个条目：“我愿意企业提供电脑定制方面的指导”，“如果企业提供关于电脑定制的指导，我会很高兴”，“企业的定制指导对我完成电脑定制很有帮助”，“如果企业提供定制指导，我会很欢迎”。

对顾客的品牌信任的测量，我们参照 Elena（2003）的研究，采用 6 个条目：“我对品牌电脑公司更信任”，“我认为品牌电脑公司不会让我失望”，“我认为选择品牌电脑公司进行电脑定制会更令人放心”，“我认为品牌电脑公司更有能力满足我的需要”，“我认为企业品牌对于我选择电脑定制很关键”，“我认为品牌电脑公司更具有实力”。

对于参照群体影响的测量，我们参照 Escalas & Bettman（2003）的研究，使用 6 个条目：“我的朋友或家人对我的影响很大”，“我会从我的偶像那里获得产品信息”，“我的家人或者朋友会对我提供建议”，“我会从朋友、家人那里获得信息”，“我的朋友希望我与他们用一样的产品”，“我的朋友希望我与他们品位一致”。

而对于顾客的定制产品购买意向，我们使用 3 个条目测量：“您选择定制电脑的可能性有多大”，“请问您愿意定制电脑吗”，“如果有足够的钱，您会考虑定制电脑吗”。具体每个变量的详细测量情况见表 5.1。

表 5.1　变量测量详细条目汇总

潜变量	代码	观测变量
顾客的定制敏感性	A1	我愿意定制一台更符合我个人需要的电脑
	A2	我觉得目前市场上出售的标配电脑不能完全让我满意
	A3	我希望自己的电脑与众不同
	A4	我希望按照自己的意愿配置电脑
	A5	我愿意为电脑定制付出一些时间和精力
顾客对定制产品的态度	A6	我认为选择定制电脑是个好主意
	A7	我认为定制电脑更令我满意
	A8	我认为参与电脑定制会是愉快的过程
	A9	我喜欢参与电脑定制过程
参照群体	A10	我的朋友或家人对我的影响很大
	A11	我会从我的偶像那里获得产品信息
	A12	我的家人或者朋友会对我提供建议
	A13	我会从朋友、家人那里获得信息
	A14	我的朋友希望我与他们用一样的产品
	A15	我的朋友希望我与他们品位一致

续表

潜变量	代码	观测变量
顾客的主观标准	A16	我认为我的朋友或家人会赞同我定制电脑的
	A17	我的朋友或家人肯定也喜欢定制电脑
	A18	我的朋友或家人会尊重我定制电脑的决定
	A19	我的朋友或家人认为我应该选择定制电脑
	A20	我认为朋友或者家人不会反对我定制电脑
感知行为控制	A21	我认为电脑定制是小事一桩
	A22	我能够独立完成整个电脑定制过程
	A23	对于完成电脑定制，我有较充足的把握
	A24	我认为我有能力完成电脑定制
	A25	电脑定制对于我来说不是什么难事
社会身份表达	A26	我认为定制电脑表明自己是追求个性的时尚人士
	A27	我认为周围人会对我的定制电脑印象很深
	A28	我通过定制电脑向周围人炫耀
	A29	我会有意通过定制电脑表明自己的社会身份
自我身份表达	A30	我认为使用定制电脑是我个性表达的一部分
	A31	我用定制电脑表达我的个人价值
	A32	我用定制电脑表明我想成为什么样的人
	A33	我用定制电脑表明我的个人身份
	A34	我认为定制电脑能够向别人传达我的个性
顾客的定制产品知识	A35	我比较熟悉笔记本电脑市场
	A36	我对笔记本电脑的相关知识了解清楚
	A37	我知道如何选择笔记本电脑的相关配件
	A38	我比较熟悉笔记本电脑的相关部件和性能
企业定制指导	A39	我愿意企业提供电脑定制方面的指导
	A40	如果企业提供关于电脑定制的指导，我会很高兴
	A41	企业的定制指导对我完成电脑定制很有帮助
	A42	如果企业提供定制指导，我会很欢迎
顾客的品牌信任	A43	我对品牌电脑公司更信任
	A44	我认为品牌电脑公司不会让我失望
	A45	我认为选择品牌电脑公司进行电脑定制会更令人放心
	A46	我认为品牌电脑公司更有能力满足我的需要
	A47	我认为企业品牌对于我选择电脑定制很关键
	A48	我认为品牌电脑公司更具有实力
顾客对定制产品的购买意向	A49	请问您愿意定制电脑吗
	A50	如果有足够的钱，您会考虑定制电脑吗
	A51	您选择定制电脑的可能性有多大

资料来源：作者整理。

5.2.3 本问卷设计

在问卷调查法中，研究或调查工具的编制甚为重要，问卷编制或选用适宜，研究才能更具可靠性和执行性。在探测性问卷的编制上，应根据研究目的、相关文献数据与研究结构等方面加以考虑。如果有类似的研究工具，可根据研究当时的实际情况加以修订、增删；如果是自己重新编制问卷，问卷内容应该根据研究结构的层面加以编制（吴明隆，2003）。此外，问卷设计虽然尽可能遵从科学规范的程序，但是收集来的数据仍然有可能存在污染。Fowler（1988）认为，有这样几种情况会影响到调查数据的准确性：（1）调查被试者实际上并不清楚调研问题的答案；（2）调查被试者虽然知道答案，但是主观上却不想回答；（3）调查被试者回忆不起来答案的部分信息；（4）调查被试者对于研究问题根本没有理解清楚。以上几种情况的部分或者全部存在，将会很大程度上影响收集数据的准确性和适用性，进而影响研究结论。为了最大程度地避免这种人为干扰因素的存在，作者在设计问卷时也费了较大心思。

首先，在问卷开头，明确告知参与者，这份问卷是为了学术研究的目的，是作者研究项目的一部分。调研数据的真实性对于研究的结论非常关键，请参与者仔细看清题目，认真填写，并且该信息不会用于商业目的，不涉及个人隐私问题。为了解决社会期待偏差，主持者告诉被试者，答案没有优劣之分，请根据实际情况真实填写。

其次，在开发测量条目时，对每个条目都逐一进行了细致推敲，虽然关键变量的测量是在西方成熟量表基础上进行的修订，但是我们都是通过回译方式进行的，并根据当前研究情境嵌入相关语境。在测量问题的用语上，我们力争通俗易懂，符合中国人的表达和理解习惯，这是为了排除问题表达过于学术化，避免部分被试者理解起来有困难和偏差情况的出现。除了这些，我们在安排测量条目在问卷中的位置时，将同一变量的若干测量条目顺序打乱，这样做的目的是为了避免被试者的思维惯性影响到数据的真实可靠性。测量量表出来以后，我们与相关研究领域内的同行专家反复讨论、修改，目的是尽量减少测量偏差。

最后，为了检验研究假设是否成立，在说明之后、正式测量之前，我们给定了这样一个情景描述：“某知名电脑公司（这里省去了具体公司名称）新推出个人笔记本电脑定制业务，即您可以根据个人需要，参与选择不同的电脑软硬件，进而组装一台更符合自己需要的笔记本电脑（这与传统市场上出售的标配电脑有所区别）。为了更有针对性地开展该业务，公司拟在学生群体中开展预调研。下面一些说法您是否同意？请您根据个人情况在同意的那一项下面挑‘√’。再次感谢您的真诚参与！”

第三节　数据收集与分析

5.3.1　样本的选择与发放

本研究所用数据主要来源于南开大学和河北大学两所高校的在校大学生。在有关消费者选择与决策的研究中，经常将大学生作为调查对象。原因在于大学生群体是不断增长的消费群体，很多商家和企业看中了大学生身上所蕴藏的巨大购买力。中国的计划生育政策造就了一批“小皇帝”和“小公主”，家中六个钱袋子只养一个孩子，大学生手上可支配的金钱较多，这进一步使得他们的购买欲望能够实现，所以将大学生消费群体作为消费行为研究的主体比较具有代表性。另外，大学生样本也存在着样本数据较易取得、成本较低的特点。由于本研究的研究目标是探究消费者选择与购买定制产品的影响因素以及内部机制，所以我们认为大学生是比较合适的调查对象。大学生作为年轻的消费群体，具有求新、求异的消费心理，对于新出现的事物更愿意尝试，并且比较重视自己个性的表达，对于本研究来说是比较合适和有代表性的样本。所以，本研究的被试者锁定在高校大学生身上。

通过网上调查和在大学生中间走访，我们知道笔记本电脑在目前的高校大学生中间普及率较高，是学生比较热衷购买和谈论的电子学习产品。为了更好地了解被试者的真实想法，本研究提供给被试者一个关于笔记本电脑的模拟定制情境，但是并没有给定笔记本电脑的特定品牌，而是以“某品牌”的模糊语言代替，目的是为了消除特定品牌印象给大学生选择与决策带来的一定程度的心理定势影响。

数据调查分为预调研和正式调研两个阶段。预调研工作于2011年9月15日至25日在南开大学进行。在大学生自习教室随机选取被试者，共发放初始问卷150份，回收有效问卷119份，有效问卷率79.33%。对初始化问卷进行探索性因子分析，根据因子载荷得分及分布情况，征询专家意见对部分问题进行了修正和调整，确定最终调查问卷。值得提出的是，为了防止被试者产生个人隐私信息外泄的担心，或者社会化期待偏差的出现，除了在正式问卷开始之前明确告知被试者“本问卷调查纯属学术研究目的，内容不会涉及您的隐私，我们将会对问卷内容严格保密，所获信息不会用于任何商业目的，请您放心！在回答前请您仔细看清题项，认真作答。答案没有优劣之分，请根据您的实际情况真实填写”以外，我们还在测量问项的设计上打乱顺序，让不同测量问卷的测量条目随机交叉出现，这样就比较能够避免被试者猜出问卷调查目的而对数据结论产生人为影响。问卷详细情况见附录A。

预调研工作结束后，正式的问卷发放开始于2011年10月10日，也就是国庆长假过后，全部数据收集工作于2011年12月29日结束。该问卷收集历时近3个月的时间，同时在南开大学和河北大学两所高校进行。调查问卷通过两种方式送达调查对象手中：一种是作者亲自送达，并督促调查对象当场回答、当场收回，在一定程度上保证了问卷的有效性；另外一种是委托朋友代为发放，由作者通过问卷邮寄方式送到朋友手中，并仔细交代调查的有关注意事项及相关细节。正式调查问卷共发放650份，回收有效问卷498份，有效问卷率76.62%。其中，南开大学发放300份，实际回收有效问卷228份，有效回收率76%；河北大学发放问卷350份，实际回收有效问卷270份，有效回收率77.14%。

关于样本数量问题，一般来说，样本发放的数量越大，那么就越有可能消除随机性误差，从而能真实体现数据所蕴含的规律，使研究结论的真实性和可靠性有所保证。所以理论上来说，样本量越大越好。但是在实际的研究条件下，由于受调查对象的取样、调查成本以及数据可得性的影响，我们并不能随心所欲、无限制地取得调研样本，因此需要一种平衡的艺术。也就是说，既要考虑调查成本的高低以及数据可得性问题，同时又要考虑能够获得理想数据。究竟多少个样本总量比较合适，能够通过统计检验方法识别出数据背后蕴含的规律？这有一个大致的规则，一般在社会心理和社会行为研究中，认为抽样误差被维持在10%以下的比例是可以被接受和允许的，为了达到这个标准，样本的规模应该至少大于模型中所有研究变量总和的5倍以上，并且总量至少要达到100个（Rea & Parker，1992）。用这个标准来衡量，本研究的样本总量上符合科学研究的要求。

除了样本的代表性，为了数据的真实可靠，样本还应具备有效性。由于本研究所用样本来自两个不同地域，为了防止不同来源样本间存在显著区别，本研究通过方差分析对两个样本进行了配对检验。检验结果证实，两个来源的数据没有显著差别。因此，在后续的研究中将收集上来的数据合并处理。详细的同质性检验结果见附录B。

通过对498个样本的描述性统计数据进行分析，我们得知，在全部样本中，男性222人，占总数的44.6%；女性276人，占总数的55.4%。年龄在20岁及以下的人数有16人，占总样本的3.2%；年龄在21～25岁的有282人，占56.6%；年龄在26～30岁的有142人，占28.5%；年龄在31岁及以上的有58人，占11.6%。分析样本的学历构成，本科一年级的学生有20人，占总数的4.0%；本科二年级的有195人，占39.2%；本科三年级的有146人，占29.3%；本科四年级的有82人，占16.5%；研究生及以上学历的有55人，占11%。该样本特征是比较典型的大学生群体特征，对于检验研究模型比较合适。具体样本描述性统计结果见下表5.2。

表5.2　样本描述性统计结果

基本特征	详细分类	样本数量	百分比（%）
性别	男	222	44.6
	女	276	55.4
年龄	20岁及以下	16	3.2
	21～25岁	282	56.6
	26～30岁	142	28.5
	31岁及以上	58	11.6

续表

基本特征	详细分类	样本数量	百分比（%）
学历	本科一年级	20	4.0
	本科二年级	195	39.2
	本科三年级	146	29.3
	本科四年级	82	16.5
	研究生及以上	55	11
样本来源	天津	228	45.8
	河北保定	270	54.2

资料来源：作者整理。

5.3.2 样本信、效度检查

1. 样本的信度检查

一项实证研究在经过充分的文献回顾和逻辑推理后提出研究假设，为了证明这些假设是否成立，需要用实际调研得来的一手或者二手数据，借用统计分析软件，分析各测量变量的得分背后是否存在着与假设相一致的相关关系。判断研究是否科学规范，实证数据也是非常重要的一个环节。只有调研的样本量足够大，选择的样本具有代表性，后续的统计分析才具有意义。所以当问卷数据收集上来以后，剔除掉无效问卷，对问卷进行相关描述性统计分析，最主要的前期检查工作就是进行样本的信、效度分析。

根据吴明隆教授所编写的《问卷统计分析实务——SPSS 操作与应用》一书中所介绍的，量表的信度指的是测验或量表工具所测得结果的稳定性（Stability）及一致性（Consistency）。量表的信度越大，则其测量标准误差越小。常用的检验信度的方法为 L.J.Cronbach 所创的 a 系数值介于 0 至 1 之间，a 出现 0 或 1 极端值的概率甚低（但也有可能）。究竟 a 系数要多大才算有高的信度，不同的方法论学者对此看法也不尽相同：有的学者认为，a 系数值等于 0.7 是一个较低但可以接受的量表边界值。也有的学者认为，a 系数值在 0.6 至 0.65 之间最好不用；a 系数值介于 0.65 至 0.7 间是最小可接受值；a 系数值在 0.7 至 0.8 之间相当好；a 系数值在 0.8 至 0.9 之间非常好。

信度是指根据测验工具所得结果的一致性或稳定性。一般而言，两次或两个测验的结果愈是一致，则误差愈小，所得的信度愈高。它具有以下几个特性：首先，信度是指测验所得结果的一致性或稳定性，而非指测验或量表本身，因而信度指的是测量工具获取的结果而非工具本身。第二，信度值是指在某一特定类型下的一致性，非泛指一般的一致性。信度系数可能因不同时间、不同受试者或不同评分者而出现不同的结果。第三，信度是效度的必要条件而非充分条件。信度低，效度一定低；但信度高，未必表示效度也高。第四，信度检验完全依据统计方法，不管选用信度系数还是测量标准误差作为测验信度的指标，它们完全是一种统计量。因而，信度主要是借由统计方法而取得，如重测信度、折半信度等均是借由相关方法求出其信度值。

通过吴教授书中介绍的方法，我们首先通过 SPSS16.0 统计分析软件对问卷数据进行了信度检验。分析结果显示，测量题项之间的一致性均达到 0.7 标准值以上，表明测量题项之间具有较高的内部一致性。详细信度分析结果见下表 5.3。

表 5.3　量表信度检验结果

潜变量	测量题项	Cronbach Alpha
定制敏感性（DZMG）	A1~A5	0.816
态度（TD）	A6~A9	0.916
参照群体（CZQT）	A10~A15	0.828
主观标准（ZGBZ）	A16~A20	0.816
感知行为控制（XWKZ）	A21~A25	0.906
社会身份表达（SHSF）	A26~A29	0.918
自我身份表达（ZWSF）	A30~A34	0.872
产品知识（CPZS）	A35~A38	0.908
企业定制指导（DZZD）	A39~A42	0.867
品牌信任（PPXR）	A43~A48	0.884
购买意愿（GMYY）	A49~A51	0.888

资料来源：作者整理。

2. 效度检查

测量量表仅具有较高的信度是不够的，信度高的测量量表可能也是无效的，还需要对测量数据进行效度检验。测量的效度用来衡量量表在多大程度上反映概念的真实含义（武瑞娟，李东进，吴波，2010）。量表测量的效度主要包括内容效度和建构效度。

在内容效度的检验上面，因为本研究是在既有研究基础上进行的演绎性研究，所用概念的测量也是在前人已有研究基础上，根据专家学者意见，结合本研究情境进行的适当改编，所以有理由认为本研究的调查问卷具有较好的内容效度。

至于建构效度，吴明隆教授（2009）认为，建构效度可定义为：测验或量表能够测量到理论上所建构的程度或测量出心理特质的程度。由于建构效度有理论的逻辑分析为基础，同时又根据实际所得的数据来检验理论的正确性，因此是一种最严谨的效度检验方法，且可避免内容效度有逻辑分析却无实证依据（王保进，2002）。一般建构效度检验的步骤包括：首先，建立建设性理论建构（包含建构本身及相关的理论假设）；第二，根据前述的理论基础编制适合受试者填答的量表或测验，并对受试者施测；第三，以统计方法对施测所得数据加以分析，以检验该量表或测验是否能对理论架构所要测量的特质进行有效的测量。检验建构效度最常用的方法为因素分析法。

因素分析又有两种：一种是探索性因素分析（Exploratory Factor Analysis，EFA）,一种是验证性因素分析（Confirmatory Factor Analysis，CFA）。因素分析在实施上至少有下列三方面的功能（林邦杰，1979）：（1）具有描述性的功能。因素分析能够将数目众多的变量浓缩成数目较少的几个精简变量，这些精简变量即一般的因素，亦即因素分析能够以较少的因素层面涵盖所有的观察变量。（2）提供假设的功能。通过因素分析可以将杂乱无章的变量重新排列组合，理出头绪。这种探索性的功能有助于建立新的假设、发展新的理论，这种因素分析即称为探索性因素分析。（3）检验假设的功能。假定使用者的理论架构已经非常清晰且十分完善，那么就可以利用因素分析来检验这些理论和假设，这种因素分析即为验证性因素分析。

根据上述专家意见，我们对问卷数据进行了探索性因子分析。采用主成分因子分析方法，以特征根值 1 为标准来截取数据，并进行正交方差最大化旋转。结果显示，测量条目 A3、A10、A20、A21 因子载荷低于 0.5，于是我们将这些条目删除，重新进行探索性因子分析。分析结果显示，KMO=0.925，Bartlett’s 球形检验显著（$p<0.000$），各测量题项的因子得分均大于 0.5，并且如事先预期，共提取出 11 个因子。因子 1 对应品牌信任，因子 2 对应自我身份表达，因子 3 对应参照群体，因子 4 对应定制产品知识，因子 5 对应感知行为控制，因子 6 对应社会身份表达，因子 7 对应顾客对定制产品的态度，因子 8 对应企业定制指导，因子 9 对应顾客定制敏感性，因子 10 对应定制产品购买意向，因子 11 对应顾客的主观标准。这与研究正好吻合。详细的探索性因子分析得分情况见下表 5.4 所示。

表 5.4　探索性因子分析表

条目	因子得分										
	1	2	3	4	5	6	7	8	9	10	11
A1	—	—	—	—	—	—	—	—	0.749	—	—
A2	—	—	—	—	—	—	—	—	0.649	—	—
A4	—	—	—	—	—	—	—	—	0.704	—	—
A5	—	—	—	—	—	—	—	—	0.649	—	—
A6	—	—	—	—	—	—	0.774	—	—	—	—
A7	—	—	—	—	—	—	0.784	—	—	—	—
A8	—	—	—	—	—	—	0.822	—	—	—	—
A9	—	—	—	—	—	—	0.763	—	—	—	—
A11	—	—	0.693	—	—	—	—	—	—	—	—
A12	—	—	0.731	—	—	—	—	—	—	—	—
A13	—	—	0.711	—	—	—	—	—	—	—	—
A14	—	—	0.796	—	—	—	—	—	—	—	—
A15	—	—	0.710	—	—	—	—	—	—	—	—
A16	—	—	—	—	—	—	—	—	—	—	0.685
A17	—	—	—	—	—	—	—	—	—	—	0.791
A18	—	—	—	—	—	—	—	—	—	—	0.568
A19	—	—	—	—	—	—	—	—	—	—	0.652

续表

条目	因子得分										
	1	2	3	4	5	6	7	8	9	10	11
A22	—	—	—	—	0.802	—	—	—	—	—	—
A23	—	—	—	—	0.816	—	—	—	—	—	—
A24	—	—	—	—	0.785	—	—	—	—	—	—
A25	—	—	—	—	0.734	—	—	—	—	—	—
A26	—	—	—	—	—	0.748	—	—	—	—	—
A27	—	—	—	—	—	0.846	—	—	—	—	—
A28	—	—	—	—	—	0.824	—	—	—	—	—
A29	—	—	—	—	—	0.783	—	—	—	—	—
A30	—	0.609	—	—	—	—	—	—	—	—	—
A31	—	0.779	—	—	—	—	—	—	—	—	—
A32	—	0.824	—	—	—	—	—	—	—	—	—
A33	—	0.810	—	—	—	—	—	—	—	—	—
A34	—	0.722	—	—	—	—	—	—	—	—	—
A35	—	—	—	0.787	—	—	—	—	—	—	—
A36	—	—	—	0.796	—	—	—	—	—	—	—
A37	—	—	—	0.827	—	—	—	—	—	—	—
A38	—	—	—	0.811	—	—	—	—	—	—	—
A39	—	—	—	—	—	—	—	0.687	—	—	—
A40	—	—	—	—	—	—	—	0.806	—	—	—
A41	—	—	—	—	—	—	—	0.818	—	—	—
A42	—	—	—	—	—	—	—	0.763	—	—	—
A43	0.694	—	—	—	—	—	—	—	—	—	—
A44	0.628	—	—	—	—	—	—	—	—	—	—
A45	0.798	—	—	—	—	—	—	—	—	—	—
A46	0.785	—	—	—	—	—	—	—	—	—	—
A47	0.807	—	—	—	—	—	—	—	—	—	—
A48	0.751	—	—	—	—	—	—	—	—	—	—
A49	—	—	—	—	—	—	—	—	—	0.801	—
A50	—	—	—	—	—	—	—	—	—	0.812	—
A51	—	—	—	—	—	—	—	—	—	0.810	—

资料来源：作者整理。

我们又运用 Lisrel 8.7 进行了验证性因子分析。我们知道建构效度包括收敛效度（Convergent Validity）和判别效度（Discriminant Validity）。评估收敛效度的标准共有三项：所有标准化的因子载荷要大于 0.5，在 0.7 以上则更加理想；组合信度要大于 0.7；平均提炼方差（AVE）要大于 0.5（武瑞娟，李东进，吴波，2010）。根据此项标准，我们进行的验证性因子分析结果显示，测量模型具有较好的收敛效度，各组合信度都在 0.7 以上，最小 0.799；平均提炼方差也都在 0.5 以上，最小 0.503；并且各题项的标准化因子载荷均在 0.5 以上，最小 0.57。这三项标准全都吻合，说明量表收敛效度较好。验证性因子分析结果详见下表 5.5。

表 5.5 验证性因子分析结果

因子	题项	标准化因子载荷	T 值	组合信度	平均提炼方差
DZMG	A1	0.74	17.85	0.832	0.555
	A2	0.84	19.05		
	A4	0.70	18.99		
	A5	0.69	16.14		
TD	A6	0.88	26.72	0.916	0.732
	A7	0.89	27.77		
	A8	0.84	24.95		
	A9	0.80	22.82		
CZQT	A11	0.71	17.28	0.844	0.519
	A12	0.75	18.54		
	A13	0.73	17.92		
	A14	0.73	18.03		
	A15	0.68	16.33		
ZGBZ	A16	0.57	8.76	0.799	0.503
	A17	0.66	10.98		
	A18	0.74	11.79		
	A19	0.84	12.52		
XWKZ	A22	0.85	23.97	0.932	0.775
	A23	0.91	27.01		
	A24	0.91	26.89		
	A25	0.85	24.25		

续表

因子	题项	标准化因子载荷	T 值	组合信度	平均提炼方差
SHSF	A26	0.85	24.12	0.918	0.735
	A27	0.87	24.93		
	A28	0.85	24.01		
	A29	0.86	24.19		
ZWSF	A30	0.57	13.31	0.893	0.631
	A31	0.82	21.67		
	A32	0.87	23.96		
	A33	0.88	25.59		
	A34	0.79	20.76		
CPZS	A35	0.82	21.73	0.909	0.715
	A36	0.85	23.01		
	A37	0.90	25.17		
	A38	0.81	21.24		
DZZD	A39	0.78	13.58	0.894	0.679
	A40	0.76	22.60		
	A41	0.89	24.68		
	A42	0.86	23.51		
PPXR	A43	0.73	18.33	0.886	0.567
	A44	0.62	14.71		
	A45	0.82	21.38		
	A46	0.79	20.31		
	A47	0.78	20.14		
	A48	0.76	19.12		
GMYY	A49	0.83	22.08	0.884	0.717
	A50	0.87	21.62		
	A51	0.84	20.91		

资料来源：作者整理。

而对判别效度的检验标准，则主要是比较因子本身的 AVE 值的算术平方根是否大于该因子与其他因子的相关系数（Hair et al.，2006）。如果 AVE 值的算术平方根都大于该因子与其他因子的相关系数，那么则认为量表具有较好的判别效度。根据这个标准，我们进行了判别效度检验。检验结果证明，量表具有较好的判别效度。

表 5.6　判别效度检验结果

	ξ1	ξ2	ξ3	ξ4	ξ5	ξ6	ξ7	ξ8	ξ9	ξ10	ξ11
ξ1	0.745										
ξ2	0.416	0.856									
ξ3	0.593	0.578	0.720								
ξ4	0.041	0.081	0.622	0.709							
ξ5	0.292	0.069	0.165	0.534	0.880						
ξ6	0.412	0.369	0.122	0.155	0.208	0.857					
ξ7	0.219	0.150	0.122	0.060	0.027	0.476	0.794				
ξ8	0.104	0.461	0.097	0.422	0.238	0.175	0.581	0.846			
ξ9	0.120	0.181	0.295	0.279	0.404	0.367	0.141	0.430	0.824		
ξ10	0.130	0.263	0.317	0.002	0.073	0.119	0.016	0.080	0.479	0.753	
ξ11	0.115	0.120	0.075	0.344	0.613	0.021	0.347	0.291	0.447	0.259	0.847

资料来源：作者整理。

5.3.3　假设检验

本研究采用 Lisrel 8.7 来验证假设。之所以采用结构方程进行分析，原因在于很多社会、心理研究中涉及的变量都是不能准确、直接测量的潜变量，这些潜变量只能通过一些外显观测变量去间接测量。传统的统计方法不能妥善处理这些潜变量之间复杂的关系，而结构方程可以同时处理潜变量和观测变量（李东进，吴波和武瑞娟，2009）。关于结构方程模型的优点，侯杰泰等人在《结构方程模型及其应用》一书中有非常详细的阐述，他们认为结构方程模型有五个优点：

1. 同时处理多个因变量。在回归分析或路径分析中，即使统计结果的图表中展示多个因变量，其实在计算回归系数或路径系数时，仍是对每个因变量逐一计算。所以，图表貌似多个因变量同时被考虑，但在计算对某一个因变量的影响或关系时，都忽略了其他因变量的存在及其影响。

2. 容许自变量和因变量含测量误差。比如态度、行为等变量，往往含有误差，也不能简单地用单一指标（题项）测量。但是结构方程分析容许自变量和因变量均含有测量误差，变量也可以用多个指标测量。用传统方法计算的潜变量（如用指标的均值作为潜变量的观测值，含误差）间相关系数（或回归系数）与用结构方程分析计算的潜变量（通过测量方程排除了误差部分）间相关系数（或回归系数），可能相差很大，这种差距的大小取决于潜变量与其指标间关系（因子负荷）的强弱。

3. 同时估计因子结构和因子关系。在结构方程分析中，一个变量的结构会兼顾其他同时存在的变量而有所调整和改变。就是说，同一项研究中其他共存的因子及其结构会互相影响，不仅影响因子间关系，也影响因子的内部结构（即因子与指标的关系）。

4. 容许更大弹性的测量模型。传统上，我们只容许每一个题目（指标）从属于单一因子，但结构方程分析容许更加复杂的模型。

5. 估计整个模型的拟合程度。在传统路径分析中，我们只估计每一个路径（变量间关系）的强弱。在结构方程分析中，除了上述参数的估计外，我们还可以计算不同模型对同一个样本数据的整体拟合程度，从而判断哪一个模型更接近数据所呈现的关系。

鉴于结构方程模型的诸多优点，我们运用 Lisrel 8.7 进行了路径分析，主要采用最大似然法和协方差矩阵进行结构模型数据分析。分析模型是否与数据拟合，要分析拟合指数的高低。我们采用绝对拟合指数和相对拟合指数分析法。根据侯杰泰等人书中的观点，绝对拟合指数是将理论模型（Mt）与饱和模型（Ms）比较得到的一个统计量。常用的绝对拟合指数包括 X2、RMSEA（Root Mean Square Error of Approximation，近似误差均方根）、SRMSR（Standardized Root Mean Square Residual，标准化残差均方根）、GFI（Goodness-of-Fit Index，拟合优度指数）、AGFI（Adjusted Goodness-of-Fit Index，调整拟合优度指数）。但此类指数常被批评容易受样本量的影响，且在不同情况下有各种程度的误差出现。相对而言，RMSEA 受样本量的影响较少，是较好的绝对拟合指数。

相对拟合指数（Comparative Fit Index）是通过将理论模型（Mt）和

基准模型（Baseline Model）比较得到的统计量，包括 NFI（Normed Fit Index，范数拟合指数）、NNFI（Non-Normed Fit Index，非范数拟合指数）、CFI（Comparative Fit Index，比较拟合指数）、PNFI（Parsimony Normed Fit Index，简约调整后的标准适配指数）、PGFI（Parsimony Goodness-of-Fit Index，简约适配度指数）、IFI（Incremental Fit Index，增值适配指数）。一般认为，X2/df 会调节模型的复杂程度（因分母为自由度），能够比较恰当地选择一个参数不太过多的模型。当 X2/df 在 2.0 到 5.0 之间时，可以接受模型；当低于 2 时是比较理想的模型。而 RMSEA 低于 0.1 表示好的拟合；低于 0.05 表示非常好的拟合；低于 0.01 表示非常出色的拟合（应用中几乎碰不到这种情形）。SRMSR 小于 0.08 认为模型可以接受。CFI 大于等于 0.95 模型可以接受。PGFI 大于 0.5，剩下其他指标要在 0.9 以上表明模型可以接受。

根据这些标准，数据分析结果显示，我们的研究模型整体拟合情况都符合标准要求。X2/df 为 2.48，虽然不是最为理想的模型，但是可以接受。RMSEA 的值为 0.06，处于合理模型范围。SRMSR 为 0.07，小于 0.08 的标准。CFI 为 0.97，大于 0.95。其他各种指标也都完全符合要求，证明模型整体拟合情况较好。详细拟合指标见下表 5.7。

表 5.7　模型拟合指标分析

拟合指数	参数估计
X2	2499.91
df	1007
X2/df	2.48
RMSEA	0.06
NFI	0.96
CFI	0.97
IFI	0.97
GFI	0.92
AGFI	0.80
PNFI	0.89
PGFI	0.74
SRMSR	0.07
NNFI	0.97

资料来源：作者整理。

在此基础上，继续研究模型的内部关系，也就是各潜变量之间的路径系数，并通过路径系数高低判断假设是否成立。数据分析结果显示，定制敏感与态度之间的标准化路径系数为 0.35，品牌信任与态度的路径系数为 0.14，参照群体与主观标准之间的路径系数为 0.73，顾客产品知识与感知行为控制之间的路径系数为 0.68，企业定制指导与感知行为控制之间的路径系数为 0.14，感知行为控制与购买意愿之间的路径系数为 0.28，主观标准与社会身份之间的路径系数为 0.55，态度与购买意愿之间的路径系数为 0.55，自我身份与购买意愿之间的路径系数为 0.28，自我身份与态度之间的路径系数为 0.37，但是社会身份与购买意愿之间的路径系数为 0.1。根据侯杰泰等人的观点，T 值大于 1.96 被认为在 0.05 的水平上具备显著性，T 值大于 2.58 在 0.001 的水平上显著，社会身份与购买意愿之间不存在相关关系。也就是说，除了假设 10 以外，其他假设全部得到了支持。详细路径显著性分析及假设验证见下面的图 5.2 和表 5.8。

我们再进一步分析路径系数可以看出，在态度的三个影响因素中，自我身份表达与态度之间的系数最高，顾客定制敏感性其次，而企业品牌信任的路径系数最低。也就是说，顾客之所以对定制产品态度积极，很大程度上是出于自我身份表达的需要。因为定制化产品能够更有针对性地符合个体需要，与市场上出售的标准化产品有着很大不同，在产品定制过程中，更能够将顾客的个性化特色体现在产品的设计中。这使得定制产品更能够体现用户的个性，对于追求个性自我表达的消费者非常具有吸引力。顾客的品牌信任也能够积极影响顾客对于定制产品的态度，因为顾客相信有着较好品牌信誉的企业让他们消费起来更放心，这些企业更有实力和愿望去尽力满足顾客需求，不会欺骗顾客。

在购买意愿的几个影响因素中，顾客对定制产品的态度与定制产品购买意向的相关路径系数最高，说明顾客在进行定制产品的选择与决策中，态度起更主要的作用，顾客对于定制产品的积极态度直接决定了他们的购买意愿。而主观标准主要涉及顾客周围群体的影响和观点，在个性化的产品定制情境下，主观标准对于购买意愿的影响最小。也就是说，顾客选择定制产品，考虑更多的是个体需要，而在群体压力和作用下选择定制产品的因素更少。从这个角度来说，我们也就不难理解，为什么社会身份表达与购买意愿之间没有直接的相关关系，顾客的社会身份表达与主观标准存在积极关系，但是不会直接作用于他们的定制产品购买意愿。另外，还有一个可能的因素是由于本研究的定制情境是笔记本电脑定制，笔记本电脑是用于个人消费的功能性产品，更多体现的是产品的实用价值，而不是用于炫耀社会地位的象征性价值。所以，社会身份表达与购买意愿之间没有直接关系。

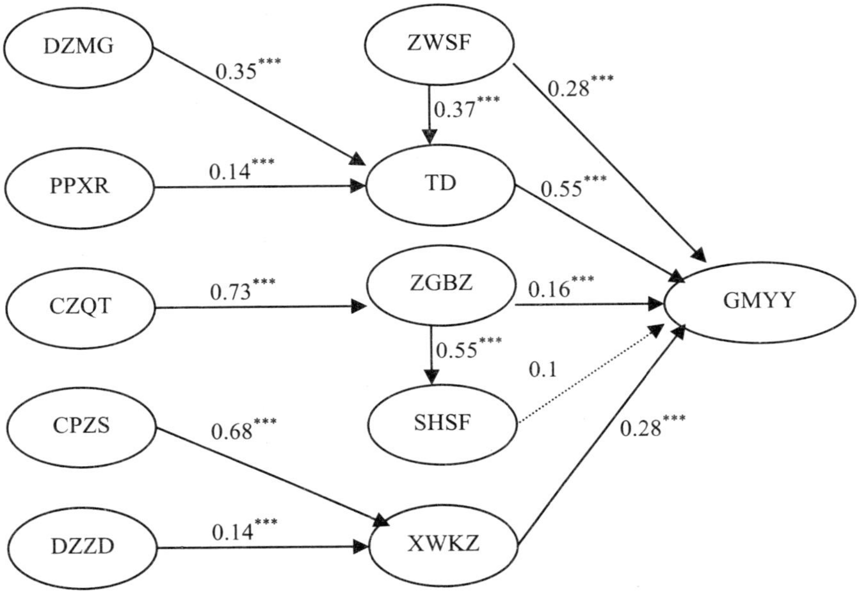

图 5.2 结构模型路径显著性分析图

注：虚线表示该路径未通过检验。*表示在 0.05 水平上显著，**表示在 0.01 水平上显著，***表示在 0.001 水平上显著。

资料来源：作者整理。

表 5.8 结构模型及研究假设检验表

假设	路径关系	标准路径系数	T 值	假设验证
H1	XWKZ→GMYY	0.28	6.06	接受
H2	TD→GMYY	0.55	9.15	接受
H3	ZGBZ→GMYY	0.16	2.68	接受

续表

假设	路径关系	标准路径系数	T 值	假设验证
H4	CPZS→XWKZ	0.68	14.82	接受
H5	DZZD→XWKZ	0.14	3.65	接受
H6	DZMG→TD	0.35	6.24	接受
H7	PPXR→TD	0.14	2.9	接受
H8	ZWSF→GMYY	0.28	4.74	接受
H9	ZWSF→TD	0.37	7.64	接受
H10	SHSF→GMYY	0.1	1.86	拒绝
H11	ZGBZ→SHSF	0.55	9.15	接受
H12	CZQT→ZGBZ	0.73	10.76	接受

资料来源：作者整理。

在决定顾客感知行为控制的两个影响因素中，顾客产品知识比企业定制指导的路径系数要高。也就是说，决定顾客感知是否有能力完成产品定制过程的，主要是顾客定制产品知识的多寡。如果顾客对于自己的产品知识更为自信，对于定制产品的性能选项等更为熟悉，那么他们可能对自己完成产品定制的能力更为自信，感知行为控制能力更强；反之，如果顾客是个新手，不具备较多的定制产品知识和经验，在这种情况下，即使企业提供了定制方面的指导，顾客对定制产品的感知行为控制能力也较差，他们可能会考虑选择标准化产品，放弃定制产品的尝试。

第六章　总讨论

本章是整项研究的总结与提升工作。首先在前面实证研究的基础上详细分析数据检验的结果，总结主要的研究结论；其次在结果讨论的基础上提炼研究的创新点、理论贡献和实践价值；最后指出本研究存在的不足，并对未来进一步研究方向加以展望。

第一节　研究结论与创新点

大规模定制作为弹性生产模式的一种，被认为能够为顾客创造更多价值从而带来企业综合竞争优势。因此，实践人员和学者们都对该模式进行了密切关注。然而遗憾的是，虽然围绕大规模定制的研究成果颇丰，有些甚至发表在顶级期刊，但是关于企业究竟该如何才能成功实施大规模定制问题，至今没有令人满意的答案。

通过仔细梳理已有大规模定制研究文献，出现上述研究缺憾的根源在于，学者们大多基于企业实施方视角探讨大规模定制实施，而忽略了定制产品最终接受方是顾客，顾客是否愿意接受定制产品才是大规模定制成功的关键。大规模定制的驱动力应该来自市场，而不是来自公司内部的产品生产能力（Bardakci & Whitelock，2003）。理解顾客是起点，而不是令人眼花缭乱的技术（Kakati，2002）。虽然也有少部分学者意识到此问题的重要性，并且从顾客偏好及顾客消费行为特征角度对顾客的定制产品意愿进行探讨，但是研究还是较为分散，未能站在消费者行为决策角度，深入探究顾客对定制产品购买意愿背后的动因和作用机理问题。而该问题的解决，无论是对于大规模定制的理论研究还是实践工作，都具有重要意义。

为填补以上研究空缺，本研究立足消费者行为决策视角，对产品定制中影响顾客对定制产品购买行为意向的因素进行了系统研究，并在相关理论研究和逻辑推导基础上，科学地构筑顾客定制驱动因素整合模型。研究结果表明，顾客对定制产品的态度、主观标准、感知行为控制和自我身份表达对其定制产品购买行为意向具有独立预测作用。在此基础上，我们对研究逻辑脉络继续追溯，从顾客自身因素、企业因素和情境因素三个方面对上述预测因素的前置影响变量及相关作用机理进行深入研究。下面将详细讨论研究的主要结论及创新之处。

6.1.1 研究结论

第一，顾客对定制产品的购买意向可以通过顾客对定制产品的态度、主观标准、感知行为控制和自我身份表达进行预测，但是社会身份表达对于定制产品购买意向没有独立预测作用。

合理行为理论和计划行为理论都认为，人们的行为是受到动机因素驱动的。若想了解人们的实际行为，可以通过其行为意向加以预测和解释，行为意向反映了实际行为背后的动机因素。而哪些因素能够对行为意向加以预测？传统的计划行为理论和拓展的计划行为理论存在一定差异。传统的计划行为理论认为，人们的态度、主观标准和感知行为控制能够对其行为意向加以预测；而拓展的计划行为理论认为，除了上述三种因素以外，自我身份表达和社会身份表达也能够对行为意向起到独立预测作用。本研究考虑到产品定制的实际研究情境，认为拓展的计划行为理论比传统的计划行为理论更适合解释本研究的研究情境。所以，本研究选取拓展的计划行为理论作为研究的基本理论框架，探究顾客对定制产品的态度、主观标准、感知行为控制、自我身份表达和社会身份表达是否能够对顾客的定制产品购买意向起到独立预测作用。

实证研究结果表明，顾客对定制产品的态度确实对定制产品购买意向有积极影响。态度反映了顾客对定制产品的积极或者消极评价，并不是所有顾客都对大规模定制持欢迎态度，所以大规模定制并不适合所有顾客。这一点印证了 Endo & Kincade（2008）的研究，他们在探究为什么有的顾客愿意在线购买大规模定制产品、什么原因促使其再次购买时，发现顾客有三种类型：缺乏兴趣顾客、热情顾客和整体顾客。缺乏兴趣顾客对于再次购买定制产品没有兴趣；热情顾客对于寻找独特和有风格的产品非常热衷，他们非常享受作为共同设计者的购物过程。该研究进一步证明顾客对定制产品的看法至关重要。

顾客的主观标准也对定制产品购买意向起到积极作用。顾客的主观标准反映了顾客主观上所感知到的周围人对于其定制行为的看法和意见，反映出产品定制过程中顾客所承受的社会压力大小。人具有社会属性，特别是生活在集体主义文化背景下的人们，其价值观和行为不可避免地受到周围群体影响，所以主观感知其他人对定制产品行为是否赞同积极影响其定制产品购买意向。该研究结论同 Thorbjornson 等人（2007）和 Ajzen（1991）等的研究结论相一致。

在产品定制过程中，顾客的感知行为控制能够对其定制产品购买意向产生积极影响。感知行为控制变量反映了顾客对是否有能力完成产品定制的主观感知。大规模定制的特点之一就在于需要顾客的参与和配合，商家们往往借助互联网平台，为顾客提供产品定制设计平台，用户可以根据自己的需要自行设计符合个人偏好的产品。与感知行为控制能力较弱的顾客相比，主观感知自己有能力完成产品定制的顾客，对定制产品的购买意向更强。感知行为控制能够独立预测顾客对定制产品的购买意向。这一研究结论同以往的研究一致，比如 Dash & Sajj（2007）发现，顾客的自我效能影响顾客的在线购买行为。王艳芝和韩德昌（2011）通过研究发现，在服务定制情境下，顾客自我效能同顾客感知价值和顾客满意之间存在积极联系。也就是说，当顾客对自己完成产品定制能力更自信时，他们更愿意定制产品，也更愿意购买定制产品；相反，他们则宁愿购买标准化产品。

研究还发现，顾客的自我身份表达与定制产品购买意向积极相关。顾客的自我身份表达需要越强，对定制产品的购买意向越高。这一结论同 Thorbjornsen 等人（2007）的研究发现相一致，即自我身份表达是行为意向的独立预测因素。而且，该结论也侧面证实了 Aurelie 等人（2008）和 Ruth 等人（2010）对大规模定制的研究发现。Aurelie 等人发现，大规模定制除了能够为顾客带来功能价值和人际区分价值以外，还有第三种价值来源即自我表达价值。通过定制产品表达自我身份也是消费者选择定制产品很重要的一个理由。Ruth 等人也证实，顾客通过参与大规模定制产品设计过程，从而得到自我表达价值和产品使用功能价值的双重价值。所以说，顾客的自我身份表达能够用来预测其对定制产品的购买意向。

但是与 Thorbjornsen 等人（2007）的研究不一致的地方在于，本研究并未发现社会身份表达对定制产品购买意向具有独立预测作用。Thorbjornsen 等人认为，社会身份表达与自我身份表达是两个独立的孪生概念，都对行为意向具有独立预测作用，并且通过对消费者多媒体信息服务的消费行为调查，证实了上述推测。然而在本研究情境中，社会身份表达同定制产品购买意向的路径系数为 0.1，T 值是 1.86，低于 1.96 的标准。也就是说，社会身份表达对定制产品购买意向的独立预测作用并未得到数据证实。仔细分析产生上述结果的原因，我们推测可能同本研究的定制情境有关。在本研究中，我们给被试者提供的是笔记本电脑的定制情境。笔记本电脑是一种私下场合用得较多的个人物品，用于公开场合的机会较少。正是因此特性，顾客对笔记本电脑的定制可能更多考虑自我身份表达，而通过定制的笔记本电脑向外界展示社会身份的需要较低。假设换一种定制产品如公文包，有可能研究结论又会有不同。所以，未来需要进一步对社会身份表达和定制产品购买意向的关系进行检验。但是本研究至少表明，在 Thorbjornsen 等人（2007）的拓展计划行为理论中，社会身份表达与行为意向的关系并不稳定，这种关系是否受到产品类型这个变量的调节作用影响，需要进一步加以研究。

第二，在所有预测因素中，顾客对定制产品的态度对定制产品购买意向的预测能力最强，主观标准最弱，而顾客的自我身份表达和对定制产品的感知行为控制两个变量对定制产品购买意向的影响程度相同。

实证数据分析结果显示，顾客对定制产品的态度与定制产品购买意向之间的路径系数是 0.55，顾客主观标准与定制产品购买意向的路径系数是 0.16，顾客的自我身份表达和感知行为控制与定制产品购买意向的路径系数都是 0.28，社会身份表达与定制产品购买意向的路径系数是 0.1（不显著）。也就是说，顾客态度对定制产品购买意向的影响效果最强，顾客主观标准对定制产品购买意向的作用效果最弱，而感知行为控制与自我身份表达对定制产品购买意向的作用效果相同。

该研究结果进一步表明，顾客对产品定制的积极或消极评价才是左右顾客是否购买定制产品的关键要素。当顾客对定制产品持积极评价时，他们的定制产品购买意向较强，反之则对定制产品的购买意向较弱。这一研究结论也提醒企业，顾客对大规模定制的想法和意见才是决定大规模定制成功的关键，大规模定制能够为个人提供更满足其偏好的产品，但并不是所有顾客都愿意接受定制产品，只有那些对产品定制持积极评价的顾客才是企业大规模定制的目标顾客，也只有让这些目标顾客满意，大规模定制成功才有保证。

顾客的主观标准对定制产品购买意向的效果并不强烈，也就是说，在产品定制情境中，其他人的看法和意见虽然能够影响顾客对定制产品的购买意向，但是与态度相比，作用并不突出。顾客往往更关注个人对定制产品的评价，其他人的想法对其影响较弱。这一研究结论同 Ajzen（1991）和 Conner & Armitage（1998）的研究相似，他们发现，在计划行为理论的三个要素中，主观标准对行为意向的预测能力最低，尤其与态度相比。该研究结论也提示企业，在对大规模定制的目标顾客开展营销宣传时，关键还要从改变目标顾客自身对产品定制的态度着手。

顾客的感知行为控制与自我身份表达对顾客的定制产品购买意向的作用效果相同，说明顾客在进行产品定制时，自我身份表达需要和感知行为控制同等重要。一方面，定制产品能够体现顾客的自我身份，展示与众不同的一面；另一方面，产品定制需要顾客的参与和配合，所以顾客是否有能力完成产品定制对其行为意向有着积极影响。企业应该从这两个方面着手开展大规模定制的宣传与改进工作。

第三，顾客的定制敏感性和顾客的品牌信任能够影响顾客对定制产品的态度。顾客对定制产品的态度受到顾客的定制敏感性和顾客的品牌信任的影响。结构方程路径系数显示，顾客的定制敏感性与顾客对定制产品态度之间的路径系数为 0.35，顾客的品牌信任与顾客对定制产品态度之间的路径系数为 0.14，说明顾客的定制敏感性是顾客对定制产品态度的主要影响因素。根据 Hart（1995）对顾客定制敏感性的定义，顾客的定制敏感性反映两方面内容：一方面是顾客对定制产品的偏好程度；另一方面是顾客愿意为定制产品付出的程度。实证检验结果表明，顾客的定制敏感性越强，其对定制产品的态度评价越积极，顾客也越愿意购买定制产品。这一研究发现同 Simonson（2005）的研究相一致，Simonson 发现，并不是所有顾客都愿意购买定制产品，只有那些偏好稳定并且对个人偏好能够有清晰洞见的顾客才愿意接受产品定制。

除了顾客自身的定制敏感性差异以外，顾客的品牌信任也能够影响其对定制产品的态度。原因在于顾客的品牌信任涉及顾客对企业能力和主观故意信息的知觉，信任能够影响到顾客态度。当顾客对企业品牌产生某种程度的信任时，他们愿意相信企业不会故意欺骗顾客，并且有能力去满足他们的需要。在这样的认知驱使下，顾客会对知名企业所推出的产品定制产生积极的心理暗示，相信企业有能力和有积极动机，通过推出产品定制从而为顾客带来更多价值，企业不会利用信息不对称去危害顾客福祉。所以说，顾客的品牌信任与顾客对定制产品的态度之间存在积极联系。这也从侧面证实了有品牌效应的企业的大规模定制更容易成功。我们的结论同 Pingjun（2004）的研究相一致，Pingjun 也发现，品牌名称在定制化过程中对消费者的决策制定有着重要和积极的影响。

第四，参照群体能够影响顾客对定制产品主观标准的形成。顾客对定制产品的主观标准反映了产品定制过程中顾客所感知到的社会压力大小，而参照群体能够积极影响顾客的主观标准的形成。人除了具有自然人属性以外，还具有社会属性。尤其对于生活在集体主义文化背景下的人们，其想法和行为不可避免地受到周围群体的影响。参照群体能够对人们产生信息性影响、功利性影响和价值表达影响三个方面的影响。当顾客需要购买产品时，他可能会从周围朋友、家人或者同事那里收集、获取各种有用信息进行参考，这种影响就是信息性影响。而功利性影响指的是个体按照与团体标准相一致的原则去调整自己的行为，从而使自己的行为能够获得其他人的肯定性评价。在社会心理学中，这种行为也叫“从众心理”。参照群体对顾客主观标准的形成起到积极作用。这一研究结论也提示企业，在大规模定制中，除了顾客自身对定制产品的态度以外，周围参照群体也能够影响顾客主观标准的形成，而主观标准也能够用来预测顾客对定制产品的购买意向。

第五，顾客定制产品知识和企业的定制指导能够影响顾客对定制产品的感知行为控制。顾客的感知行为控制实际上与自我效能概念的内涵外延相似，所以对感知行为控制的研究经常等同于自我效能。顾客的感知行为控制反映顾客是否相信自己有能力完成产品定制。感知行为控制是一种主观判断，但是这种主观判断又建立在对客观产品定制知识的掌握基础上。而顾客的定制产品知识和企业定制指导能够积极影响顾客对定制产品的感知行为控制。当顾客的定制产品知识较为丰富时，他们对自己完成产品定制的能力更加自信，认为自身能够完成产品定制过程；反之，当顾客的定制产品知识较少时，他们会怀疑自身是否有能力完成产品定制，主观感知行为控制则较低。已有研究证实了我们的研究结论，比如 Dellaert & Stremersch（2003）发现，产品定制实际上是消费者在感知产品效用和过程复杂性之间的一种平衡。当消费者感知到定制复杂程度较高时，他们判定从定制中所获得的收益就会降低。Benedict & Stefan（2005）也发现，产品知识水平高的专家消费者比新手感知到的复杂程度更低，产品知识水平高的消费者有更强的信息分析和处理能力，能够选择与任务最为相关的重要信息。而关于自我效能的研究显示，当感知任务较为复杂时，会明显降低个体的自我效能（Cervone & Peeke，1986）。

除了顾客的定制产品知识以外，企业的定制指导也能够影响顾客的感知行为控制。企业的定制指导指的是企业在定制化过程中为顾客提供的一种服务，目的是为了帮助新手顾客更顺利地完成产品定制过程。如果顾客对定制产品本身或者定制流程不是很熟悉或者没有把握，顾客可以借助于企业的定制指导加以完成。企业定制指导作为企业所提供的一种定制服务，能够影响顾客的感知行为控制。这同 Nikolaus 等人（2008）的研究结论一致。Nikolaus 等人认为，在顾客自我定制情境下，大多数顾客缺乏开发定制产品的经验，他们可能对自己的偏好只是有限视角，有时会发现开发初始创意非常困难。因此，许多大规模定制工具的新使用者将会从外部信息来源受益。

第六，顾客的自我身份表达既能够对定制产品购买意向起到独立作用，又能够通过对定制产品态度的影响，间接地扰动顾客购买定制产品的意向。顾客的自我身份表达对定制产品购买意向起到双重作用，除了直接作用于对定制产品的购买意向以外，还能够积极影响顾客对定制产品的态度。人们选择定制产品的目的之一就在于通过定制产品表达自我身份，在这种目的表达信念的支持下，顾客会对定制产品持积极的态度评价。Shreier（2004）曾发现，人们对稀有产品总是给予较高评价，当告诉消费者手表是独一无二的产品时，人们对该手表给出的价格会远远高于一般手表。本研究的研究结论与其一致，也证实顾客的自我身份表达能够积极影响态度的形成，并通过对定制产品的态度间接地影响定制产品购买意向。

6.1.2 研究创新点

第一，新的研究视角。回顾现有的大规模定制研究文献，大多数研究都围绕企业的供应链管理、产品制造流程、存货管理、延迟和模块化技术以及产品定制界面设计等展开，这些研究无疑能够为企业的定制实践提供借鉴意义;然而基于企业实施方的研究很容易因信息偏见导致“刚愎自用”，从而酿下“定制苦酒”。归根结底，定制产品的最终接受方即顾客的意见和看法对于定制成功至关重要。企业产品定制推出的初衷就是为了更好地满足顾客偏好从而获得顾客忠诚与回报，回馈市场的举动自然需要倾听来自市场的声音才能奏效，顾客是否愿意接受定制产品才是大规模定制的“阿喀琉斯之踵”。

有少部分学者意识到此问题的重要性，也曾立足顾客视角探讨大规模定制建构设计与顾客对定制产品购买意愿的关系。比如说定制任务的复杂性与顾客对定制产品的购买意愿呈反向关系，顾客只需要个性化的定制产品，却并不希望被过多选项耗费时间和精力；定制任务选项的呈现方式也与顾客对定制产品的购买意愿积极相关等。这些研究为我们洞悉市场反应打开了瞭望之窗，但是研究仍然较为分散、凌乱，未能从顾客行为决策视角系统探究影响顾客选择定制产品的因素及相关作用机理。理论研究的缺失不仅不利于我们对大规模定制模式有科学全面的理解，也在一定程度上阻碍了企业定制实践的发展。

本研究立足消费者选择与行为决策视角，探讨驱动顾客进行产品定制的因素，并通过实证方法进行检验，试图填补上述研究空白。本研究视角更加微观：通过深入消费者内部心理决策过程，洞悉其对定制产品购买意图的决策路径，有利于我们更好地理解顾客青睐定制产品的原因，为企业成功开展大规模定制提供有力指导。

第二，新的理论基础。已有研究多基于生产制造领域的理论如复杂性理论等作为研究基础，而基于消费者选择与行为决策理论的研究较少。考虑到定制产品所具有的功能性价值和象征性价值，以及消费者选择与行为决策特点，本研究创新性地选取拓展的计划行为理论模型作为研究的整体理论基础。在消费者行为决策领域，应用最为广泛的理论当数计划行为理论，该理论是在合理行为理论基础上发展起来的，被证实能够有效预测个体行为意图。除了态度、主观标准和感知行为控制对行为意图的预测作用以外，拓展的计划行为理论又增加了自我身份表达和社会身份表达对行为意图的预测作用。该理论能够整合个体对定制产品的认知（态度）和情感需要（自我身份表达和社会身份表达）、周围群体认知（主观标准）以及个体的行为能力（感知行为控制），更符合大规模定制的研究情境，能够科学地还原顾客对定制产品选择的内部决策过程。理论选取的恰当性可以使研究结论更具有科学性和权威性。

第三，新的研究内容。本研究从消费者选择与行为决策视角，深入探究了影响顾客进行产品定制的因素及相关作用机理，不仅从顾客对定制产品的态度、主观标准、感知行为控制、自我身份表达和社会身份表达几个方面探究对顾客购买定制产品行为意图的预测因素，并且通过实证方法检验了上述预测因素对定制产品购买意图作用程度的权重高低。除此以外，本研究还在期待—价值模型基础上，对预测因素的前置变量进行了研究。本研究内容不仅弥补了现有大规模定制的研究断层，并且丰富了消费者选择与行为决策领域的研究。研究结论更具有较强的实践指导意义。

第二节　理论贡献与实践价值

6.2.1　理论贡献的途径

陈晓萍等人在《组织与管理研究的实证方法》一书中，详细阐述了做出理论贡献的几种途径：深化（Elaboration）、繁衍（Proliferation）、竞争（Competition）和整合（Integration）。

第一种做出理论贡献的途径是深化。它是指研究者在已有的理论基础上增加一些新的成分，使原来的理论更全面、更具体、更精确和更严谨，从而增加理论的解释力和预测力。新建立的理论并没有调整或者背离原有理论的假定和原理，它与原有理论所阐述的问题是相似的，支持理论成立的实证性数据或观察也是相似的。运用深化的方法来发展原有理论的通常办法是：增加调节变量，揭示原来理论中的命题或者假设在不同条件下有所不同。另一个办法就是在原有理论的变量之间增加中介变量，揭示原有理论中的两个概念或者变量之间发生关系的过程。

第二种做出理论贡献的途径是繁衍。它是指研究者从其他领域的理论中借鉴某个或某些思想，将其应用到新领域的现象中。繁衍与深化的区别在于，繁衍是将其他领域或者学科的理论应用到一个新领域中的现象上去，而深化则针对的是同一领域中的相同现象。运用繁衍方法建立理论时，研究者可能没有对原来的理论进行大的改变，但借鉴它的思想却能够很好地解释新的现象。

第三种做出理论贡献的途径是竞争。它是针对某个已经完全建立起来的理论，提出新的理论，与原来的理论做出针锋相对的解释。新的理论以令人信服的证据展示原来理论的重大欠缺，从而提出另外的解释，甚至替代原来的理论。新的理论与原有的主流理论的竞争程度有所不同。有时新的理论只是在某些方面对已有理论提出挑战，但保留了原有理论的基本原则和结构。Wagner & Berger（1985）将这种情况称为理论变式而不是理论竞争。在高度竞争的理论建构中，新的理论很可能采用完全不同的角度或者假定来挑战原有理论的角度和假定的不足，也可能对相同的现象做出与原有理论截然不同的预测，并可能替代原有的理论。

第四种做出理论贡献的途径是在两个或者两个以上已经建立起来的理论的基础上，创造一个新的理论模型，这就是整合。研究者要证明新的理论如何比原有理论具有更强的解释力。在对理论进行整合时，可以采用前面提到的变式、繁衍或者竞争的方法。

以上四种途径并不是相互排斥或者截然分开的，可以将其视为研究者将自己的理论观点与已有文献联系起来的手段。而在理论建立过程中，归纳和演绎是两种不同的逻辑推理方法。演绎是将笼统的、一般性的原则推演到具体的事例，而归纳则是通过对具体事件的总结来发现一般性的规律或者原则。演绎式的理论建构主要依赖于学者的逻辑思考，并不要求理论与数据之间的不断匹配与调适。相反，归纳取向的理论家认为，由于社会现象非常复杂，人类对它们的了解很不够，而理论应当深深地扎根于社会现实，所以研究者应当积极而紧密地贴近现实，并系统地搜集数据和分析数据。没有数据就不可能有理论，数据是理论产生的唯一来源。

6.2.2 本研究的理论贡献

基于上述研究，本研究主要通过理论繁衍方式，在以下领域做出创新性理论贡献：

（1）对大规模定制研究的理论贡献

大规模定制概念自从 1987 年提出至今将近 30 年时间，经历了热情—冷却—再度热情的曲折发展过程。作为既能够以大规模生产的较低成本，又能够为顾客带来更满足其偏好的定制化产品的弹性生产模式，实践人员和学者们都对该模式寄予厚望。学者们围绕大规模定制的概念、种类、实现方式、实施条件、优势等进行了广泛探讨，不仅在研究方法上从最初的定性研究向定量和定性研究相结合的方式过渡，在研究内容上也日趋深入。学者们意识到如何实施大规模定制才是研究的重点和难点内容，而该问题也正是企业人员所真正困惑又头疼的问题。大规模定制能够为企业带来收入增加、成本减少方面的经济效益；从顾客身上所收集的信息又能够推动企业创新，节省企业资源投入；最为关键的是，大规模定制能够为顾客带来产品符合其偏好的功能价值以及定制产品设计过程中的心理满足等体验价值，能够提高顾客满意度和顾客忠诚度。这些对于身处竞争红海中的企业，无疑是“天赐良机”。而现代信息和制造技术的飞速发展，又为大规模定制的技术实施扫清了“障碍”。但是有所遗憾的是，虽然学者们和实践人员都迫切希望解开如何成功实施大规模定制之谜，但是至今未有令人满意的答案。

正是在这样的研究背景下，本研究选择大规模定制实施问题作为研究对象，希望能够弥补已有研究的空白。具体来说，本研究从以下几个方面对大规模定制研究做出贡献：

第一，从研究视角来看，与已有研究主要基于企业实施方的研究视角不同，本研究立足市场接受方即顾客的选择与行为决策视角，对顾客的定制产品购买行为意向进行研究。该研究视角抓住了大规模定制成功关键需要有顾客买单的本质特征。大规模定制作为一种柔性生产方式，与大规模生产方式存在本质区别。该模式虽然能够为顾客提供更符合其偏好的产品，但是在产品设计过程中需要顾客的参与和配合。因为如果单纯依靠企业收集顾客各种各样的偏好信息的话，需要耗费大量的人力物力。借助于互联网络，很多企业推出大规模定制设计平台，为顾客提供自我设计服务。在这种需要顾客参与的自我定制模式下，顾客是否愿意参与产品定制？哪些因素影响其对定制产品的购买意向？这些问题的解决是大规模定制成功实施的必要条件。已有研究虽然也从顾客偏好和行为特征角度对大规模定制建构设计进行探讨，但是至今还没有一项研究深入消费者行为决策内部过程，系统探讨究竟哪些因素影响顾客对定制产品的购买意向。本研究正是以此作为研究突破口，对现有大规模定制研究视角加以丰富和补充。

第二，从研究内容来看，本研究以社会心理学和消费者行为学领域的计划行为理论、身份理论、参照群体理论、态度理论、自我效能理论等作为研究的理论基础，在拓展版的计划行为理论整体研究框架下，系统构筑影响顾客选择定制产品的因素整合模型，并深入剖析因素作用背后的相关机理和路径，丰富和深化了现有大规模定制研究的内容。详细地看，本研究证明了顾客对定制产品的购买意向实际上可以由其行为背后的动机因素如顾客对定制产品的态度、主观标准、感知行为控制、自我身份表达因素加以预测和解释。在这些因素中，顾客对定制产品的态度对购买行为意向的影响程度最强，主观标准的影响最低，感知行为控制和自我身份表达对定制产品购买意向的作用效度相同。除此以外，我们还把分析视线前移，对上述预测因素的前置影响变量进行了深入探究。研究结果表明，顾客的定制敏感性和品牌信任能够影响顾客对定制产品态度的形成；参照群体对顾客主观标准的形成起到积极作用；顾客的定制产品知识和企业定制指导能够积极影响顾客对定制产品的感知行为控制。这些研究结论进一步证明了顾客对产品定制有两个阶段感知：最终定制产品以及定制过程。企业品牌和定制过程中提供的指导等因素、顾客定制敏感性和定制产品知识等顾客特征因素以及参照群体等定制情境因素，三个方面都能够综合作用于顾客对定制产品的感知。通过以定制产品购买意向作为结果变量，向前追溯购买意向背后的动机因素，以及动机因素背后的信念（价值观）因素，我们完整还原了顾客对定制产品选择与购买行为背后的行为决策逻辑链条，清晰透视了行为背后的内部机理。这些研究内容和结论丰富并且深化了现有大规模定制研究内容，为企业的大规模定制实践提供了有益指导。

第三，从研究方法来看，本研究综合运用了文献研究、大规模问卷调查、探索性因子分析和验证性因子分析，以及结构方程统计检验等技术。这些研究方法的综合运用，提高了研究结论的内外部效度，使得研究结果更加科学可信。

（2）对计划行为理论的研究贡献

本研究主要基于拓展的计划行为理论研究框架展开。计划行为理论是社会心理学和消费者行为学领域应用较为广泛的经典理论。该理论由合理行为理论发展而来，其理论框架本身也经历了发展变化。Ajzen 提出的传统计划行为理论认为，个体的实际行为可以通过其行为意向加以预测，因为行为意向是实际行为背后的动机因素，而人的行为都是在动机驱使下才进行的。基于这样的逻辑分析，个体的态度、主观标准、感知行为控制能够对其行为意向加以预测或者解释。但是 Ajzen 也承认，仅从态度、主观标准、感知行为控制三个方面对行为意向加以预测可能并不全面，很可能还存在其他预测因素，因此他建议学者们不要满足于现有的计划行为理论结构，还应该对行为意向的预测因素进行拓展研究。

受到 Ajzen 思想的启示，很多学者对传统的计划行为理论框架进行了拓展研究，比较多的模式是将身份理论和传统计划行为理论框架相结合，其中拓展工作最为成熟完整的当数 Thorbjornsen 等人（2007）的拓展研究工作。他们将身份表达用两个独立的孪生概念自我身份表达和社会身份表达概念所替代，认为除了顾客的态度、主观标准和感知行为控制以外，自我身份表达和社会身份表达也是行为意向的独立预测因素。并且自我身份表达能够通过对态度的影响间接影响行为意向，主观标准也能够通过社会身份表达间接影响行为意向。通过对消费者使用多媒体信息行为的调查发现，拓展的计划行为理论模型比传统的计划行为理论模型对多媒体信息采用行为意向的解释力度更高。

在这样的研究背景下，考虑到大规模定制研究情境，以及计划行为理论应用的广泛性和已有实证研究对拓展的计划行为理论的效度证明，本研究采用了拓展的计划行为理论模型作为整体研究框架。本研究除了对大规模定制研究领域做出创新的理论贡献以外，对计划行为理论研究也做出了有益的贡献：

首先，本研究通过大规模定制情境，证实了拓展的计划行为理论基本框架的有效性，并且通过引入产品定制研究情境，拓展了计划行为理论的实证研究范围。Thorbjornsen 等人（2007）提出的拓展的计划行为理论虽然在多媒体信息采用行为上经过了实证检验，但是尚未在产品定制情境下经过验证。本研究通过顾客对笔记本电脑定制情境的调查研究发现，除了顾客对定制产品的态度、主观标准和感知行为控制以外，自我身份表达确实能够对顾客的定制产品购买意向起到独立预测作用。并且与主观标准的作用相比，自我身份表达对定制产品购买意向的作用效度要高于主观标准的效度。研究结论再一次证实了传统的计划行为理论框架在预测个体行为意向方面的确不充分，以及对计划行为理论加以拓展的必要性和重要性。顾客自我身份表达并没有包含在顾客对定制产品的态度中，而是定制产品购买意向的独立预测因素。该研究发现进一步证实了拓展的计划行为理论的有效性，拓宽了该理论模型的实证研究范围。

其次，本研究结论与 Thorbjornsen 等人（2007）的研究结论并不完全一致，呼吁进一步对拓展的计划行为理论的普适性进行检验。比如 Thorbjornsen 等人（2007）认为社会身份表达也是人们行为意向的独立预测因素，但是在本研究情境中，社会身份表达与顾客定制产品购买意向之间的关系并未得到证实。之所以出现这样的差异，我们认为可能与研究情境相关。在本研究中，我们为被试者提供了笔记本电脑定制的研究情境，笔记本电脑更多被学生应用于私下场合，公开使用的机会较少，所以在笔记本电脑定制中，被试者可能较少考虑通过笔记本电脑达到表达社会身份的目的。究竟上述原因是否成立，还需要通过转换研究情境等加以验证。但是研究结论的不一致也为拓展的计划行为理论研究提供了有益的发现。如社会身份表达与行为意向之间的关系是否还受到产品种类的调节作用影响？这些问题需要进一步加以澄清。

6.2.3 本研究的实践价值

除了上述理论研究贡献以外，本研究结论对于企业的大规模定制实践具有重要的现实指导意义：

第一，本研究成果有利于企业从两方面认真评估是否具备实施大规模定制的条件。已有研究已经证明，大规模定制的确能够为企业带来诸多好处，但并不是所有企业都适合实施大规模定制，也不是所有顾客都愿意接受产品定制。这一点从已有大规模定制失败的一些案例中可以得到启示。本研究结果进一步表明，顾客对大规模定制的积极或消极评价对其定制产品购买意向的影响强度最大。当顾客对定制产品的态度越积极时，其购买意向越强；反之，当顾客对定制产品持消极评价时，顾客对定制产品的购买意向就不高。顾客的定制敏感性和顾客的品牌信任是影响顾客对定制产品态度的主要因素。这一研究结论提醒企业，在决定实施大规模定制之前，要从自身和顾客两方面去评价是否具备实施大规模定制的条件。

首先，企业是否有足够的定制品牌效应。举例来说，Dell（戴尔）公司是一家以直销模式为主的电脑公司，用户可以根据自身需要，选择电脑的相关配置。顾客对该公司品牌非常信任，觉得企业不会蓄意侵害消费者利益，并且戴尔公司也有实力为顾客提供品质一流的定制电脑。假如换一种情况，该公司品牌并不知名，或者品牌美誉度并不高，那么顾客恐怕就不会放心地进行产品定制了。也就是说，企业品牌效应在决定顾客的定制行为选择时起到积极作用。具备品牌效应的企业，实施大规模定制更容易成功。

其次，顾客的定制敏感性决定顾客对定制产品的态度，而顾客对定制产品的态度对其定制产品购买意向又起到积极作用。这提示企业，在决定实施大规模定制之前，需要从目标顾客角度仔细评估是否具备实施条件。并不是所有顾客都需要定制产品，对标准化产品不满意的顾客也许牢骚不断，但是他却不一定选择定制产品，原因在于他不愿意为定制付出时间和精力等。顾客对定制产品的购买意向，既受到顾客对定制产品态度评价的影响，还受到顾客主观感知是否有能力完成，即感知行为控制。相对于新手来说，具备丰富定制产品知识或者定制经验的顾客更愿意参与到定制产品过程中，其定制产品购买意向越强。所以，企业在决定实施大规模定制之前，除了评估自身品牌、技术能力、组织架构和流程管理等方面以外，还需站在市场接受方的角度，认真评估是否具备充分的目标顾客群体。只有有针对性地开展市场调研工作，才可以保障企业的定制实施更加顺利。

第二，本研究有利于企业把握顾客行为决策特点，理解其心理需求，更有针对性地开展各种服务和大规模定制营销工作。为顾客创造更多价值，坚持不懈地提高顾客满意度和忠诚度，是企业基业常青的根本。有研究显示，相对于吸引新顾客，留住一名老顾客的成本会更低，而且由老顾客所带来的口碑会吸引更多新顾客，一名满意的顾客平均会告诉 3 个人，而一名不满意的顾客则会将他的不满传递给 9 个人。由此可见，提高顾客满意度和忠诚度关系到企业的生死存亡。但是获得顾客满意和忠诚却并不容易，企业若想有针对性地满足顾客需求，必须精准把握顾客心理和行为需求，使服务更符合顾客需要，才有可能获得顾客欢心。本研究结果表明，在产品定制中，顾客购买定制产品很重要的一个理由是自我身份表达需要。顾客除了希望通过定制产品满足自身独一无二的偏好以外，还渴望通过定制产品向外界传递自我身份，以显示与众不同。建立在顾客自我身份表达心理需求的基础上，企业要有针对性地开展大规模定制的营销宣传和服务工作。比如在进行大规模定制营销宣传时，强调定制产品所具备的表达个性、成就感、与众不同等象征意义，并且在实际大规模定制过程中鼓励顾客积极并深入参与产品定制，为顾客提供更多产品象征意义方面的选项等。

此外，参照群体能够影响顾客对定制产品的主观标准形成。这一研究结论提示企业在进行大规模定制营销宣传时，要有目的地从社会影响因素着手展开工作。比如企业可以有意识地增加“其他人的选择”或者“畅销选择”等选项，目的是通过激发顾客与周围群体或者个人的某种联系，产生参照群体效应，进而影响顾客对定制产品的购买行为。而有的时候，顾客明明喜欢独一无二的定制产品，但是因为害怕周围朋友或者亲友反对，导致顾客对定制产品的主观标准较低，降低了其对定制产品的购买欲望。这时就需要企业充分了解顾客的心理需求特点，既激发或者强化顾客自身对定制产品产生积极的认知和情感认同，同时从社会评价入手，为顾客营造周围参照群体也在应用定制产品的积极认知。比如企业在营销广告中可以利用明星效应，通过展示某明星也在进行产品定制的信息，促使顾客下定决心选择产品定制。

第三，本研究对于企业做好大规模定制系统设计具有重要指导作用。现实中，企业在实践中往往借助于互联网络，通过为顾客提供大规模定制设计平台，让顾客自己进行产品设计。在进行大规模定制系统设计时，企业可以借鉴本研究成果。本研究证明，企业的定制指导能够积极影响顾客对定制产品的感知行为控制，而感知行为控制是定制产品购买意向的预测因素。当企业为顾客提供定制指导服务时，顾客完成定制产品过程的自我效能就高，他们对定制产品的购买意向也越强。这就提示企业在进行大规模定制系统设计时，应该增加定制指导服务，这对于促进顾客完成产品定制起到重要作用。

另外，企业的定制指导服务应该有针对性地展开。因为顾客的定制产品知识并不相同，顾客所掌握的定制经验也不一样。当顾客的定制产品知识较丰富时，他们的感知行为控制能力较强，对定制产品的购买意向也较高；相反，当顾客的定制产品知识较少时，他们对定制产品的感知行为控制能力较弱，对定制产品的购买意向也较低。所以，企业的定制指导应该根据不同顾客有针对性地开展，这样效果才会好。比如对于专家型消费者，可以为其提供更多选择自由，在选项设计上可以更加丰富，顾客完全根据个人需要设计符合偏好的产品，不仅能够收获更符合个人偏好的定制产品，而且还能够从定制设计过程中收获“原创设计者”的自豪感和满足感，收获更多定制过程的体验价值。但是当顾客是新手，并没有太多定制产品知识或者经验，只是希望有一件与众不同的定制产品时，企业对于这样的新手顾客可以提供更加详细的定制指导，比如定制选项如何搭配更符合审美或者功能需要等。这种细致周到的定制指导服务能够增加顾客对定制产品的感知行为控制，促使其打消无法完成理想的产品定制的顾虑，并且能够增加顾客满意度和顾客忠诚度。

总之，本研究从顾客行为决策视角对顾客定制的驱动因素进行了深入研究。本研究通过对定制产品购买意向的预测因素和作用效果进行深入探究，并从企业因素、顾客自身因素和情境因素三个方面对定制产品购买意向的预测因素的前置影响变量及其相关作用机理进行系统剖析，科学地构筑了影响顾客选择定制产品的因素整合模型。该模型的建立不仅填补了现有大规模定制理论研究的某些空白，而且相关研究结论也能够帮助企业更好地进行大规模定制系统设计，精准地开展大规模定制营销宣传工作，并能够帮助企业从目标顾客角度评估是否具备实施大规模定制的条件。研究结论从顾客视角解决了企业究竟该如何成功实施大规模定制的关键问题。

第三节　研究局限与未来研究展望

6.3.1　研究局限

作者经过一年半左右的时间进行了艰苦的研究工作，终于顺利完成，但是仍不免存有缺憾，需要在提高自身研究能力和克服现实研究条件的基础上，在未来的研究工作中予以克服。

第一，拓展的计划行为理论架构在本研究中并没有全部得到支持。本研究采用 Thorbjornsen 等人（2007）的拓展计划行为理论框架作为研究基础，该理论在 Ajzen 的传统计划行为理论基础上加入身份理论。Thorbjornsen 等人认为，个体的自我身份表达和社会身份表达都能够独立对行为意向起作用，并通过态度和主观标准间接影响个体的行为意图。然而在本研究中，我们通过实证数据检验，发现该理论在本研究中并没有全部得到证实。顾客的自我身份表达确实能够独立影响其对定制产品的购买意向，也能够通过对态度的影响间接影响行为意图。然而顾客的社会身份表达却并没有直接影响顾客对定制产品的购买意向，这点同 Thorbjornsen 等人的理论模型存在差异。之所以出现上述情况，我们猜测可能同本研究使用的笔记本电脑定制情境有关系。因为笔记本电脑的社会意义相对较弱，很大程度上还属于私下里使用的个人功能产品，人们使用定制笔记本电脑的目的更多出于自我身份表达需要，是为了彰显自己的个性、表达自己的个人价值观，与社会身份表达相关性不大。但是这也给拓展的计划行为理论的普适性提出了一定的疑问。到底是模型建构有问题，还是存在其他中间或者调节变量？未来需要进一步加以检验。

第二，出于简化模型的需要，本研究并没有验证计划行为理论各变量的相互影响问题。在 Ajzen 的计划行为理论模型中，态度、主观标准和感知行为控制被认为是行为意图的独立影响因素，同时它们之间也被证明存在交互影响作用。也就是说，感知行为控制与态度之间存在交互作用，态度、主观标准对于行为意图也存在交互作用。很多学者在研究模型中验证过交互作用，结果并不统一。有的学者证明这些交互作用是存在的，然而也有学者发现这些重要的交互作用在他们的个别研究中并没有出现。对于这种不一致的情况，Grube & Morgan（1990）认为，可能是由于验证交互的设计不合理，分析方法不正确。而 Bandal & Taylor（2002）则认为，这种不一致的原因多是由于样本量太小，采用单一维度测量或者使用的是回归分析方法。

行为意图的影响变量之间是否存在交互作用，目前并无定论。由于本研究的重点是顾客选择定制产品影响因素问题，出于简化研究模型需要，本研究并没有验证定制产品购买意向的预测变量之间是否存在交互作用，只构筑了影响因素的单向模型，而忽略了变量彼此之间的交互作用，这就有可能使本研究的研究结论存在一定的偏差。因为在各因素的单向影响作用路径下，数据检验结果显示，顾客对定制产品的态度影响定制产品购买意向的作用最强，感知行为控制次之，而主观标准最弱。如果变量之间存在交互作用影响，那么研究结论可能会有不同。如果验证变量之间的交互作用，无疑又会给本研究增加很大的工作量和难度。出于实际研究中作者时间、精力的限制，以及借鉴已有实证研究设计的经验，经过认真取舍，本研究最终放弃了对交互作用的验证。这一点是本研究的一大缺憾。

第三，研究数据使用的是学生样本，对于研究结论的普适性可能会有影响。在实证研究部分，我们出于数据获得的便利性和研究成本考虑，问卷调查样本来自在校大学生，这与真实中的消费群体存在一定差异。虽然在目前的很多消费者行为研究中，大多选用大学生样本，因为随着经济发展水平的提高，大学生群体日益成为不可忽视的消费群体，但是选择大学生消费者，在样本的代表性上还是弱了一些。大学生思想开放，接受新鲜事物能力强，也更看重个性的表达，渴望与众不同；本研究中的大学生来自天津和河北保定，这两所城市都是观念相对开放的地区，这些都决定了大学生样本是本研究产品定制情境中一个非常好的代表性群体。但是真实社会中的消费者层次多样，收入、受教育程度、价值观等都存在较大差异，在中国的内陆地区，那里的大学生如何感知产品定制？他们的反应模式与天津和保定一样吗？仅以两所大学的大学生作为研究对象，使得本研究中的样本代表性还是显得比较单薄，其研究结论的普适性可能会受影响。另外，本研究的产品定制并不是真实的产品定制，而是提供了一种模拟定制情境。虽然在大规模定制的研究中，这种方法也经常被应用，但是模拟定制与真实的产品定制毕竟存在差异。顾客在模拟定制情境下的反应与在真实的产品定制情境下的反应是否一致？这些都是未解决的问题，也给研究结论留下潜在缝隙。

第四，本研究并没有探讨顾客心理或情感变量如预期后悔等的影响。

在本研究模型中，更多调查的是顾客认知方面如定制敏感性、顾客产品知识、对企业品牌信任等的影响，而没有涉及顾客的情感变量如预期后悔。在实际的消费者决策行为中，顾客认知和情感都是行为不可或缺的一部分，都能够影响顾客行为决策。很多研究已经证实，顾客预期后悔能够影响其行为决策。举例来说，如果顾客的定制产品知识较少，没有产品定制经历，那么出于预期后悔的心理，他可能拒绝进行产品定制。虽然在顾客的理性认知中，认为定制产品更符合他们的个人偏好，但是由于担心自己没有能力完成好产品定制，定制出来的产品反倒不如标准化产品，在这种预期后悔的心理作用下，顾客也许会最终放弃产品定制。事实上，深入消费者行为研究领域就会发现，消费者的心理和情感变量还有很多，这些都有可能会影响到顾客的行为决策。在本研究中，并没有涉及预期后悔等心理和情感变量，需要在未来的研究中给予关注。

6.3.2 未来研究展望

鉴于本研究引发的理论启示与存在的局限性，未来可以从以下几个方面继续开展研究：

第一，进一步拓宽定制产品种类和定制情境，并研究相关调节变量的影响。本研究只进行了笔记本电脑的定制情境研究。如果更换定制情境，是否会出现一致的研究结论？比如一件外套，除了具有能够防寒保暖的功能价值以外，还可以使我们的外表更加漂亮，起到美化修饰作用。那么在对服装产品定制情境中，本研究模型的有效性是否也能够获得支持？这些都需要进一步去验证。此外，本研究并没有对不同人群进行差异化研究，比如由于性别不同，影响顾客购买定制产品意愿的因素的作用效果是否存在男女差异？各因素的作用权重会存在差异吗？再比如，选项的呈现方式在不同顾客之间是否存在影响？这些问题都需要在未来进一步研究。

第二，样本采集范围和对象要扩大。对于实证研究来说，样本的代表性和样本量的大小能够直接影响研究结论。为了进一步验证本模型的外部效度，应该在未来研究中选取真实情境下的消费者进行真实的产品定制研究。在本研究中，我们进行的是模拟定制情境研究，样本也选用大学生消费者样本。在未来的研究中，需要进一步将样本采集的范围扩大，不但是学生样本，还要选取其他消费者群体样本，同时将样本选择的地域范围进一步扩大到中国的内陆地区，消费者的年龄层次要多元化。如果在真实定制下，选取不同类型和层次的消费者，研究结果同本研究结论一致，那么本研究所构筑的研究模型对于企业定制实践来说，就具有非同寻常的指导意义了。

第三，未来需要进一步从顾客角度，深入探讨认知和情感变量对顾客选择与行为决策的影响。最近几年的大规模定制研究，研究重心已经呈现了明显转换。学者们大多从站在企业自身角度看问题过渡到从市场和顾客角度看问题。学者们已经意识到，若想成功实施大规模定制，仅从企业视角开展研究比较片面，只有真正了解顾客，理解顾客心理和行为特点，才能更好地实施大规模定制。所以从最近的研究文献来看，基于顾客角度的大规模定制研究呈现增多趋势。然而已有研究还是比较零散和片面，尚缺乏系统和深入顾客行为决策内部的大规模定制研究。本研究提出的顾客定制驱动因素整合模型在一定程度上弥补了这种缺憾。但是存在的不足之处在于，虽然从顾客自身、企业和社会因素等多方面开展了研究，但是在对顾客自身因素的挖掘中，还是较多地关注其认知方面，没有进一步研究顾客心理和情感等变量对其行为决策的影响。从目前消费者行为领域的研究文献来看，关注消费者情感对其行为的影响是热点问题。众多研究也证实，顾客经常表现出非理性行为，其中顾客心理和情感变量对其行为决策产生很大影响。所以，建议未来对大规模定制的研究应该继续基于顾客视角，从社会心理学、社会学、消费者行为决策等领域挖掘顾客心理和情感变量，探究各变量对顾客选择定制产品的影响。这些研究工作无疑能够拓展大规模定制研究范围，深化大规模定制研究内容，为科学、全面地认识大规模定制奠定坚实的基础。

中文参考文献

[1] 安东尼·弗林，艾米莉·弗林·范凯特著．陈薇薇译．私人定制[M]．电子工业出版社，2014.

[2] 陈晓萍，徐淑英，樊景立，组织与管理研究的实证方法[M]．北京大学出版社，2008.

[3] 但斌，面向大规模定制的产品族功能性评价与选择方法[J]．管理工程学报，2004，18（1）：17～21.

[4] 龚本刚，华中生．基于延迟技术的大规模定制生产模式[J]．经济管理，2001，16：46～50.

[5] 何昊．如何实现成功的大规模定制战略？——定制任务和消费者知识对参与定制的心理和行为结果的影响[D]．武汉大学博士生论文，2010.

[6] 侯杰泰，温忠麟，成子娟．结构方程模型及其应用[M]．教育科学出版社，2002.

[7] 金立印，邹德强，裘理瑾．服务定制情境下选项的战略呈现：呈现框架对消费者选择的影响[J]．南开管理评论，2009，12（6）：90～100.

[8] 李东进，吴波，武瑞娟．中国消费者购买意向模型[J]．管理世界，2009，1：121～129.

[9] 刘晓冰，董建华，孙伟，蒋平，韩永．面向大规模定制生产模式的产品数据管理[J]．大连理工大学学报，2000，40（6）：733～736.

[10] 林森，但斌．面向大规模定制的产品平台管理模型[J]．管理工程学

报，2005，19（1）：51～55.

[11] 林邦杰. 最不喜欢工作伙伴量表的因素结构及其与刻板印象、自我概念之关系[J]. 中华心理学刊，1979：21.

[12] 吕巍，林海燕，谢巧玲. 大规模定制原理[J]. 企业管理，2002，3：48～49.

[13] 邵晓峰，黄培清，季建华. 21 世纪的主流生产模式：大规模定制[J]. 软科学，2000，4：43～45.

[14] 舒彪，韩晓建. 基于大规模定制的产品模型及其配置研究[J]. 机械科学与技术，2007，26（1）：1～6.

[15] 王晶，席阳，李铁克. 基于体验经济与顾客参与的大规模定制模式[J]. 北京航空航天大学学报（社会科学版），2004，17（1）：45～49.

[16] 王艳芝，韩德昌. 基于顾客自我效能的服务定制实证研究[J]. 现代管理科学，2011，11：24～26.

[17] 吴锡英，仇晓黎. 从成组技术到大规模定制生产[J]. 中国机械工程，2001，12（3）：319～321.

[18] 吴迪冲. 服装大规模定制及其结构体系研究[J]. 纺织学报，2004，25（5）：139～141.

[19] 吴明隆. 问卷统计分析实务——SPSS 操作与应用[M]. 重庆大学出版社，2010.

[20] 武瑞娟，李东进，吴波. 中国农民消费者对下乡家电产品的购买意向分析[J]. 中国软科学，2010，1：40～52.

[21] 闫芬，陈国权. 实施大规模定制中组织知识共享研究[J]. 管理工程学报，2002，16（3）：39～43.

[22] 杨志雄，祁国宁，顾新建. 面向大规模定制的 Web 零件库的研究[J]. 计算机集成制造系统，2005，11（4）：541～547.

[23] 姚建明，周国华. 大规模定制模式下供应链计划调度优化分析[J]. 管理科学学报，2003，6（5）：58～64 .

[24] 张芬，陈卓宁，严晓光. 大规模定制下的产品配置设计研究[J]. 华中科技大学学报（自然科学版），2005，33，2：99～102.

[25] 周晓东，邹国胜，谢洁飞，张双杰. 大规模定制研究综述[J]. 计算机集成制造系统，2003，9，12：1045～1052.

[26] 周水银，陈荣秋. 大规模定制的发展与应用研究[J]. 中国软科学，2003，1：155～156.

[27] 邹国胜，周晓东. 基于大规模定制的供应链设计[J]. 商业研究，2002，10：40～42.

英文参考文献

[1] A. Dwayne Ball, Lori H. Tasaki. The Role and Measurement of Attachment in Consumer Behavior [J]. Journal of Consumer Psychology, 1992, 1(2):155-172.

[2] Ahmet Bardakci, Jeryl Whitelock. Mass-customization in Marketing: The Consumer Perspective [J]. Journal of Consumer Marketing, 2003, 20(5):463-479.

[3] Albert Bandura. Self-efficacy: Mechanism in Human Agency [J]. American Psychologist, 1982, 37(2): 122-147.

[4] Albert Bandura. Social Foundations of Thought and Action: A Social Cognitive Theory [M]. Prentice Hall: Englewood Cliffs, NJ, 1986.

[5] Albert Bandura. Self-efficacy: The Exercise of Control. Gordonsville, VA: WH Freeman & Co., 1997.

[6] Aleksandra Luszczynska, Urte Scholz, Ralf Schwarzer. The General Self-efficacy Scale: Multicultural Validation Studies [J]. The Journal of Psychology, 2005, 139(5): 439-457.

[7] Allan W. Wicker. Attitudes versus Actions: The Relationship of Verbal and Overt Behavioral Responses to Attitude Objects [J]. Journal of Social Issues, 1969, 25(4): 41-78.

[8] Allen Newell, Herbert Alexander Simon. Human Problem Solving [M]. Englewood Cliffs, NJ: Prentice-Hall, 1972.

[9] Alex S. Taylor, Richard Harper. Talking Activity: Young People and Mobile Phones. CHI 2001 Workshop on Mobile Communications, Seattle, 2001.

[10] Allen E. Liska. A Critical Examination of the Causal Structure of the Fishbein/Ajzen Attitude-Behavior Model [J]. Social Psychology Quarterly, 1984, 47(1): 61-74.

[11] Alice H. Eagly, Shelly Chaiken. The Psychology of Attitudes [M]. Harcourt Brace Jovanovich College Publishers, 1993.

[12] Andreas M. Kaplan, Michael Haenlein. Toward a Parsimonious Definition of Traditional and Electronic Mass Customization [J]. Journal of Product Innovation Management, 2006, 23(2): 168-182.

[13] Andreas M. Kaplan, Detlef Schoder, Michael Haenlein. Factors Influencing the Adoption of Mass Customization: The Impact of Base Category Consumption Frequency and Need Satisfaction [J]. Journal of Product Innovation Management, 2007, 24(2):101-116.

[14] Andrew A. Mitchell, Peter A. Dacin. The Assessment of Alternative Measures of Consumer Expertise [J]. Journal of Consumer Research, 1996, 23(3): 219-239.

[15] Andrew J. Cook, Geoff N. Kerr, Kevin Moore. Attitudes and Intentions towards Purchasing GM Food [J]. Journal of Economic Psychology, 2002, 23(5): 557-572.

[16] Ann Marie Fiore, Seung-Eun Lee, Grace Kunz, J. R. Campbell. Relationships between Optimum Stimulation Level and Willingness to Use Mass Customization Options [J]. Journal of Fashion Marketing and Management, 2001, 5(2): 99-107.

[17] Ann Marie Fiore, Seung-Eun Lee, Grace Kunz. Individual Differences, Motivations, and Willingness to Use a Mass Customization Option for Fashion Products [J]. European Journal of Marketing, 2004, 38(7): 835-849.

[18] Americus Reed. Social Identity as a Useful Perspective for Self-concept

Based Consumer Research [J]. Psychology & Marketing, 2002, 19(3): 235-266.

[19] Amanda Rivis, Paschal Sheeran. Descriptive Norms as an Additional Predictor in the Theory of Planned Behaviour: A Meta-analysis [J]. Current Psychology, 2003, 22(3): 218-223.

[20] Americus Reed II. Activating the Self-importance of Consumer Selves: Exploring Identity Salience Effects on Judgments [J]. Journal of Consumer Research, 2004, 31(2): 286-295.

[21] Anol Battacherjee. Acceptance of E-Commerce Services: the Case of Electronic Brokerages [J]. System, Man and Cybernetics, 2000, 30(4): 411-420.

[22] A. Parasuraman, Dhruv Grewal. The Impact of Technology on the Quality-Value-Loyalty Chain: A Research Agenda [J]. Journal of Academy of Marketing Science, 2000, 28(1): 168-170.

[23] Arjun Chaudhuri, Morris B. Holbrook. The Chain of Effects from Brand Trust and Brand Affect to Brand Performance: The Role of Brand Loyalty [J]. Journal of Marketing, 2001, 65 (2): 81-93.

[24] Arthur R. Cohen. Attitude Change and Social Influence [M]. Oxford England: Basic Books, 1964.

[25] Ashok Kumar, Said Gattoufi, Arnold Reisman. Mass Customization Research: Trends, Directions, Diffusion Intensity, and Taxonomic Frameworks [J]. International Journal of Flexible Manufacturing Systems, 2007, 19(4): 637-665.

[26] Aurélie Merle, Jean-Louis Chandon, Elyette Roux. Understanding the Perceived Value of Mass Customization: The Distinction between Product Value and Experiential Value of Co-design [J]. Recherche et Applications en Marketing (English Edition), 2008, 23(3):27-50.

[27] A. Weilenmann, C. Larsson. On Doing "Being Teenager". Applying Ethnomethodology to the Analysis of Young People's Use of Mobile Phones [C]. Proceedings of IRIS, 23, 2000.

[28] Bamberg Sebastian, Icek Ajzen, Peter Schmidt. Choice of Travel Mode in the Theory of Planned Behavior: The Roles of Past Behavior, Habit, and Reasoned Action [J]. Basic and Applied Social Psychology, 2003, 25(3):175-187.

[29] Banwari Mittal. A Study of the Concept of Affective Choice Mode for Consumer Decisions [J]. Advances in Consumer Research, 1994, 21: 256-263.

[30] Barbara Tversky, Sol Kugelmass, Atalia Winter. Cross-cultural and Developmental Trends in Graphic Productions [J]. Cognitive Psychology, 1991, 23(4): 515-557.

[31] Barry J. Zimmerman. Self-regulation Involves more than Meta Cognition: A Social Cognitive Perspective [J]. Educational Psychologist, 1995, 30(4): 217-221.

[32] Benedict G. C. Dellaert, Stefan Stremersch. Modeling the Consumer Decision to Mass Customize. Proceedings of the 2003 World Congress on Mass Customization and Personalization (MCPC 2003). Munich: TUM.

[33] Benedict G. C. Dellaert, Stefan Stremersch. Marketing Mass-customized Products: Striking a Balance between Utility and Complexity [J]. Journal of Marketing Research, 2005, 42(2): 219-227.

[34] Benedict G. C. Dellaert, Pratibha A. Dabholkar. Increasing the Attractiveness of Mass Customization: The Role of Complementary On-line Services and Range of Options [J]. International Journal of Electronic Commerce, 2009, 13(3): 43-70.

[35] Berit Skog. 16 Mobiles and the Norwegian Teen: Identity, Gender and Class. Perpetual Contact: Mobile Communication, Private Talk, Public Performance, 2002.

[36] Blair H. Sheppard, Jon Hartwick, Paul R. Warshaw. The Theory of Reasoned Action: A Meta Analysis of Past Research with Recommendations for Modifications in Future Research [J]. Journal of

Consumer Research, 1998, 15(3): 325-343.

[37] Blomqvist Kirsimaja. The Main Faces of Trust [J]. Scandinavian Journal of Management, 1997, 13 (3): 271-286.

[38] B. Joseph Pine Ⅱ, Bart Victor. Making Mass Customization Work [J]. Harvard Business Review, 1993, 71(5):108-119.

[39] B. Joseph Pine. Customers Don't Want Choice [J]. Managers Journal, Wall Street Journal, 1994, 18: 14.

[40] Brian Squire, Jeff Readman, Steve Brown, John Bessant. Mass Customization: The Key to Customer Value [J]. Production Planning & Control, 2004, 15(4): 459-471.

[41] Buddie Joseph Pine. Paradigm Shift: From Mass Production to Mass Customization [D]. Massachusetts Institute of Technology, Cambridge, MA, 1991.

[42] B. W. Payton. Use of Frog Neuromuscular Junction for Assaying the Action of Drugs Effecting [J]. Synaptic Transmission. Br. J. Pharmac. Chemother,1966, 28: 35-43.

[43] Carl Shapiro, Hal. R. Varian. Information Rules: A Strategic Guide to the Network Economy [M]. Boston, MA: Harvard Business School Press, 1999.

[44] C. B. Bhattacharya, Hayagreeva Rao, Mary Ann Glynn. Understanding the Bond of Identification: An Investigation of its Correlates among Art Museum Members [J]. The Journal of Marketing, 1995, 59(4): 46-57.

[45] Chamberlin, E. H. The Theory of Monopolistic Competition: A Reorientation of Value Theory. 8th Ed. Cambridge, MA: Harvard University Press, 1962.

[46] Chester A. Insko. Theories of Attitude Change [M]. New York: Appleton-Century- Crofts, 1967: 34-43.

[47] Chitrabhan B. Bhattacharya, Sankar Sen. Consumer-company Identification: A Framework for Understanding Consumers' Relationships with Companies [J]. Journal of Marketing, 2003, 67(2):

76-88.

[48] Christopher W. L. Hart. Mass Customization: Conceptual Underpinnings, Opportunities and Limits [J]. International Journal of Service Industry Management, 1995, 6(2): 36-45.

[49] Christopher J. Armitage, Mark Conno. Efficacy of the Theory of Planned Behavior: A Meta-analytic Review [J]. British Journal of Social Psychology, 2001, 40(4): 471-499.

[50] C.J.Armitage, P. Norman, M. Conner. Can the Theory of Planned Behavior Mediate the Effects of Age, Gender and Multidimensional Health Locus of Control? [J]. British Journal of Health Psychology, 2002, 7: 299-316.

[51] C. K. Prahalad,Venkatram Ramaswamy, M. S. Krishnan. Consumer Centricity [J]. Information Week, 2000, 781: 67-76.

[52] Cliff Welborn. Customization Index: Evaluating the Flexibility of Operations in a Mass Customization Environment [J]. The Icfai University Journal of Operation Management, 2009, 8: 6-15.

[53] Colin Robson. Real World Research: A Resource for Social Scientists and Practitioner-researchers [M]. Massachusetts: Blackwell Publishers, Oxford, 1993.

[54] Coimbatore K. Prahalad, Venkatram Ramaswamy. Co-opting Customer Competence [J]. Harvard Business Review, 2000, 78(1): 79-87.

[55] C. Whan Park, V. Parker Lessig. Students and Housewives: Differences in Susceptibility to Reference Group Influences [J]. Journal of Consumer Research, 1977, 4(2): 102-110.

[56] C. Whan Park, Sung Youl Jun, Deborah J. Macinnis. Choosing What I Want versus Rejecting What I Do not Want: An Application of Decision Framing to Product Option Choice Decisions [J]. Journal of Marketing Research, 2000, 37(2): 187-202.

[57] Cynthia Huffman, Barbara E. Kahn. Variety for Sale: Mass Customization or Mass Confusion? [J]. Journal of Retailing, 1998,

74(4): 491-513.

[58] D. A. Beale, A. S. R. Manstead. Predicting Mothers' Intentions to Limit Frequency of Infants' Sugar Intake: Testing the Theory of Planned Behavior [J]. Journal of Applied Social Psychology, 1991, 21(5): 409-431.

[59] Daniel Cervone, Philip K. Peake. Anchoring, Efficacy, and Action: The Influence of Judgmental Heuristics on Self-efficacy Judgments and Behavior [J]. Journal of Personality and Social Psychology, 1986, 50(3): 492-501.

[60] Katz. The Functional Approach to the Study of Attitudes [J]. Public Opinion Quarterly, 1960, 24: 163-204.

[61] David Trafimow, Martin Fishbein. The Moderating Effect on Behavior Type on the Subjective Norm-behavior Relationship [J]. Journal of Social Psychology, 1994, 134(6): 755-963.

[62] David R. Fortin. Clipping Coupons in Cyberspace: A Proposed Model of Behavior for Deal-prone Consumers [J]. Psychology & Marketing, 2000, 17(6): 515-534.

[63] Davis S. Future Perfect. Addison-Wesley Boston, MA, 1996.

[64] Deborah J. Teny, Joanne E. O'Leary. The Theory of Planned Behaviour: The Effects of Perceived Behavioural Control and Self-efficacy [J]. British Journal of Social Psychology, 1995, 34(2): 199-220.

[65] Deborah J. Terry, Michael A. Hogg, Katherine M. White. The Theory of Planned Behavior: Self-Identity, Social Identity, and Group Norms [J]. British Journal of Social Psychology, 1999, 38(3): 225-244.

[66] Deirdre Shaw, Edward Shiu, Ian Clarke. The Contribution of Ethical Obligation and Self-identity to the Theory of Planned Behavior: An Exploration of Ethical Consumers [J]. Journal of Marketing Management, 2000, 16(8): 879-894.

[67] Dennis T. Regan, Russell Fazio. On the Consistency between Attitudes and Behavior: Look to the Method of Attitude Formation [J]. Journal of

Experimental Social Psychology, 1977, 13(1): 28-45.

[68] D. G. Wagner, J. Berger. Do Sociological Theories Grow? [J]. American Journal of Sociology, 1985, 90(4):697-728.

[69] Donald T. Campbell, Sigmund Koch. Social Attitudes and other Acquired Behavioral Dispositions [M]. NewYork, US: McGraw-Hill, 1963.

[70] Don Peppers. The One to One Future [M]. New York: Currency Doubleday, 1993.

[71] Don Peppers, Martha Rogers, Larriance Segil. Enterprise One to One. Piatkus, 1997.

[72] Dov Eden. Pygmalion in Management: Productivity as a Self-fulfilling Prophecy [M]. Lexington, MA, England: Lexington Books, 1990.

[73] Edward L. Grubb, Gregg Hupp. Perception of Self, Generalized Stereotypes, and Brand Selection [J]. Journal of Marketing Research, 1968, 5(1): 58-63.

[74] Edward Tory Higgins, Arie W. Kruglanski. Knowledge Activation: Accessibility, Applicability, and Salience [M]. Social Psychology: Handbook of Basic Principles, New York: Guilford Press, 1996: 133-168.

[75] Edwin A. Locke. Self-set Goals and Self-efficacy as Mediators of Incentives and Personality [M]. Mahwah, NJ, US: Lawrence Erlbaum Associates Publishers, 2001: 13-26.

[76] Eldar Shafir. Choosing versus Rejecting: Why Some Options are both Better and Worse than Others? [J]. Memory & Cognition, 1993, 21(4): 546-556.

[77] E. L. Deci, R. M. Ryan. Intrinsic Motivation and Self-determination in Human Behavior. New York: Plenum Press, 1985.

[78] Elena Karahanna, Detmar W. Straub, Norman L. Chervany. Information Technology Adoption across Time: A Cross-sectional Comparison of Pre-adoption and Post-adoption Beliefs [J]. MIS Quarterly, 1999,

23(2):183-213.

[79] Elena Delgado-Ballester. Development and Validation of a Brand Trust Scale [J]. International Journal of Market Research , 2003, 45(1): 35-54.

[80] Elizabeth Cowley, Andrew A. Mitchell. The Moderating Effect of Product Knowledge on the Learning and Organization of Product Information [J]. Journal of Consumer Research, 2003, 30 (3): 443-454.

[81] Elizabeth C. Hirschman, Morris B. Holbrook. Symbolic Consumer Behavior [C]. MI: Association for Consumer Research, 1980.

[82] Eric J. Johnson, John W. Payne. Effort and Accuracy in Choice [J]. Management Science, 1985, 31 (4): 395-414.

[83] Eunah Yoh, Mary Lynn Damhorst, Stephen Sapp, Russ Laczniak. Consumer Adoption of the Internet: The Case of Apparel Shopping [J]. Psychology & Marketing, 2003, 20 (12) : 1095-1118.

[84] Floyd J. Fowler. Survey Research Methods [M]. Newbury Park: Sage Publications, 1988.

[85] Frank T. Piller, Kathrin Moeslein, Christof M. Stotko. Does Mass Customization Pay? An Economic Approach to Evaluate Customer Integration [J]. Production Planning & Control, 2004, 15(4): 435-444.

[86] Frank T. Pilier, Melanie Müller. A New Marketing Approach to Mass Customization [J]. International Journal of Computer Integrated Manufacturing, 2004, 17(7): 583-593.

[87] Fred D. Davis, Richard P. Bagozzi, Paul R. Warshaw. User Acceptance of Computer Technology: A Comparison of Two Theoretical Models [J]. Management Science, 1989, 35(8): 982-1003.

[88] G. Da Silveira, D. Borenstein, F. S. Fogliatto. Mass Customization: Literature Review and Research Directions [J]. International Journal of Production Economics, 2001, 72(1):1-13.

[89] George P. Moschis. Social Comparison and Informal Group Influence [J]. Journal of Marketing Research, 1976, 13(3): 237-244.

[90] Gilbert A. Churchill Jr. A Paradigm for Developing Better Measures of

Marketing Constructs [J]. Journal of Marketing Research, 1979, 16(1): 64-73.

[91] Goby, V. P. Online Purchases in an Inform Sophisticated Society [J]. Cyber Psychology & Behavior, 2006, 9(4): 423-431.

[92] Gregory R. Maio, James M. Olsen. Why We Evaluate: Functions of Attitudes [M]. London: Lawrence Erlbaum Associates, 2000.

[93] Gustav Bergmann. Philosophy of Science [M]. Madison, WI, US: University of Wisconsin Press,1957.

[94] G. W. Allport. Attitudes. In C. Murchison (Ed.). A Handbook of Social Psychology. Worcester, MA: Clark University Press, 1935: 798-844.

[95] Harry Charalambos Triandis. Interpersonal Behavior [M]. Monterey, CA: Brooks/Cole, 1977.

[96] Harry C. Triandis. Values, Attitudes, and Interpersonal Behavior [C]. Nebraska Symposium on Motivation, Lincoln: University of Nebraska Press, 1980, 27: 195-259.

[97] Harvir S. Bansal, Shirley F. Taylor. The Service Provider Switching Model (SPSM): A Model of Consumer Switching Behavior in the Services Industry [J]. Journal of Service Research, 1999, 2(2): 200-218.

[98] Harvir Bansel, Shirley F. Taylor. Investigating Interactive Effects in the Theory of Planned Behavior in a Service- provider Switching Context [J]. Psychology & Marketing, 2002, 19(5): 407-425.

[99] Hazel Marcus. The Self in Thought and Memory [M]. The Self in Social Psychology. Oxford: Oxford University Press, 1980.

[100] Hazel R. Markus, Shinobu Kitayama. Culture and the Self: Implications for Cognition, Emotion, and Motivation [J]. Psychological Review, 1991, 98(2): 224-252.

[101] Heejin Lim, Alan J. Dubinsky. The Theory of Planned Behavioral in Ecommerce: Making a Case for Interdependencies between Salient Beliefs [J]. Psychology & Marketing, 2005, 22(10): 833-855.

[102] Helge Thorbjornsen, Per E. Pedersen, Herbjorn Nysveen. “This Is Who

I Am": Identity Expressiveness and the Theory of Planned Behavior [J]. Psychology & Marketing, 2007, 24(9):763-785.

[103] Herbert H. Hyman. The Psychology of Status [J]. Archives of Psychology, 1942, 269: 5-91. Reprint in H. Hyman & E. Singer (Eds.), Reading in Reference Group Theory and Research. New York: Free Press; London: Collier-Macmillan Limited, 1942: 147-165.

[104] Herbjørn Nysveen, Per E. Helge Thorbjørnsen. Intentions to Use Mobile Services: Antecedents and Cross-service Comparisons [J]. Journal of the Academy of Marketing Science, 2005, 33(3): 330-347.

[105] Hume M., Peters S. Me, My Phone and I: The Role of the Mobile Phone [C]. CHI 2001 Workshop on Mobile Communications, March 30-April 5, Seattle, WA, 2001.

[106] Icek Ajzen, M. Fishbein. The Prediction of Behavioral Intentions in a Choice Situation [J]. Journal of Experimental and Social Psychology, 1969, 5: 400-416.

[107] Icek Ajzen, Martin Fishbein. Belief, Attitude, Intention, and Behavior: An Introduction to Theory and Research. Reading, MA: Addison-Wesley, 1975.

[108] Icek Ajzen, Martin Fishbein. Attitude-behavior Relations: A Theoretical Analysis and Review of Empirical Research [J]. Psychological Bulletin, 1977, 84(5) :888-918.

[109] Icek Ajzen, Martin Fishbein. Understanding Attitudes and Predicting Social Behavior. Prentice-Hall, Englewood Cliffs, NJ, 1980.

[110] Icek Ajzen. From Intentions to Actions: A Theory of Planned Behavior. In J. Kuhl & J. Beckmann (Eds.), New York: Springer, 1985:11-39.

[111] Icek Ajzen. Attitudes, Personality, and Behavior [M]. Chicago: Open University Press, 1988.

[112] Icek Ajzen. The Theory of Planned Behavior [J]. Organizational Behavior and Human Decision Processed, 1991, 50: 179-211.

[113] Icek Ajzen, Martin Fishbein. Attitudes and the Attitude-behavior

Relation: Reasoned and Automatic Processes [J]. European Review of Social Psychology, 2000, 11(1):1-33.

[114] Icek Ajzen. Nature and Operation of Attitudes [J]. Annual Review of Psychology, 2001, 52(1): 27-58.

[115] Icek Ajzen. Perceived Behavioral Control, Self-efficacy, Locus of Control, and the Theory of Planned Behavior [J]. Journal of Applied Social Psychology, 2002b,32(4): 665-683.

[116] I. J. Dolich. Congruence Relationships between Self-images and Product Brands [J]. Journal of Marketing, 1969, 6 (1): 80-84.

[117] Itamar Simonson. Determinants of Customers' Responses to Customized Offers: Conceptual Framework and Research Propositions [J]. Journal of Marketing , 2005, 69(1) : 32-45.

[118] Jack Buffington. Comparison of Mass Customization and Generative Customization in Mass Markets [J]. Industrial Management & Date Systems, 2011, 111(1): 41-62.

[119] Jacob Jacoby, T. Troutman, A. Kuss, D. Mazursky. Experience and Expertise in Complex Decision Making [J]. Advances in Consumer Research, 1986, 13(1): 469-476.

[120] James H. Gilmore, B. Joseph Pine II. The Four Faces of Mass Customization [J]. Harvard Business Review, 1997, 75(1): 91-101.

[121] Jan Bouwens, Margaret A. Abernethy. The Consequences of Customization on Management Accounting System Design [J]. Accounting Organizations and Society, 2000, 25(3): 221-241.

[122] Jay B. Barney, Mark H. Hansen. Trust Worthiness as a Source of Competitive Advantage [J]. Strategic Management Journal, 1994, 15(S1): 175-190.

[123] Jeni Warburton, Deborah J. Terry. Volunteer, Decision Making by Older People: A Test of a Revised Theory of Planned Behavior [J]. Basic and Applied Social Psychology, 2000, 22(3): 245-257.

[124] Jennifer L. Aaker, Bernd Schmitt . Culture-dependent Assimilation and

Differentiation of the Self: Preferences for Consumption Symbols in the United States and China [J]. Journal of Cross-cultural Psychology , 2001, 32(5): 561-576.

[125] Jennifer Edson Escalas, James R. Bettman. You are What They Eat: The Influence of Reference Groups on Consumer Connections to Brands [J]. Journal of Consumer Psychology, 2003, 13(3): 339-348.

[126] Jerry Wind, Vijay Mahajan. Issues and Opportunities in New Product Development: An Introduction to the Special Issue [J]. Journal of Marketing Research, 1997, 34(1): 1-12.

[127] J. F. Gauff Jr. A Proposed Health Model: A Step before Model Confirmation [J]. Health Marketing Quarterly, 1992, 10(1-2): 103-120.

[128] J. Kline Harrison, Margaret Chadwick, Maria Scales. The Relationship between Cross-cultural Adjustment and the Personality Variables of Self-efficacy and Self-monitoring [J]. International Journal of Intercultural Relations, 1996, 20(2): 167-188.

[129] Jianxin Jiao, Mitchell M.Tseng. A Methodology of Developing Product Family Architecture For Mass Customization [J]. Journal of Intelligent Manufacturing, 1999, 10(1):3-20.

[130] Jianxin Jiao, Mitchell M. Tseng. Customizability Analysis in Design for Mass Customization [J]. Computer-Aided Design, 2004, 36(8): 745-757.

[131] Joachim R. Höflich, Patrick Rossler. Mobile Schriftliche Kommunikation Oder: E-Mail für das Handy [J]. Medien & Kommunikations-wissenschaft, 2001,49(4): 437-461.

[132] Joel W. Gruhe, Mark Morgan. Attitude Social Support Interactions: Contingency Consistency Effects in the Prediction of Adolescent Smoking, Drinking and Drug Use [J]. Social Psychology Quarterly, 1990, 53(4): 329-339.

[133] John C. Turner. Social Influence [M]. Buckingham, England: Open University Press. Pacific Grove, CA: Brooks/Cole,1991.

[134] John K. Rempel, John G. Holmes, Mark P. Zanna. Trust in Close Relationships [J]. Journal of Personality and Social Psychology, 1985, 49(1): 95-112.

[135] John Liechty, Venkatram Ramaswamy, Steven H. Cohen. Choice Menus for Mass Customization: An Experimental Approach for Analyzing Customer Demand with an Application to a Web-Based Information Service [J]. Journal of Marketing Research, 2001, 38(2): 183-196.

[136] John W. Creswell. Research Design: Qualitative, Quantitative, and Mixed Methods Approaches [M]. Thousand Oaks, CA: Sage, 2003.

[137] Joseph F. Hair, William C. Black, Barry J. Babin, Rolph E. Anderson, Ronald Tatham. Multivariate Data Analysis [M]. Upper Saddle River, NJ: Pearson Prentice Hall, 2006.

[138] Joseph W. Alba, J. Wesley Hutchinson. Dimensions of Consumer Expertise [J]. Journal of Consumer Research, 1987,13(4): 411- 454.

[139] Jotindar S. Johar, M. Joseph Sirgy . Value-expressive versus Utilitarian Advertising Appeals: When and Why to Use Which Appeal [J]. Journal of Advertising, 1991, 20(3): 23-33.

[140] Julian B. Rotter. Generalized: Expectancies for Internal and External Control of Reinforcement [J]. Psychological Monographs: General and Applied, 1966, 80(1):1-28.

[141] J. Sundbo. The Organization of Innovation in Services [M]. Cobenhagen: Roskilde University Press, 1998.

[142] Kelly Tepper Tian, William O. Bearden, Gary L. Hunter. Consumers' Need for Uniqueness: Scale Development and Validation [J]. Journal of Consumer Research, 2001, 28(1):50-66.

[143] Kenneth S. Law, Chi-Sum Wong, William M. Mobley. Toward a Taxonomy of Multidimensional Constructs [J]. Academy of Management Review, 1998, 23(4): 741-755.

[144]Kent B. Monroe. Pricing: Making Profitable Decisions [M]. New York,

McGraw-Hill, 1990.
[145] Kieran Mathieson. Predicting User Intentions: Comparing the Technology Acceptance Model with the Theory of Planned Behavior [J]. Information Systems Research, 1991, 2(3):173-191.
[146] Kim L. Johnston, Katherine M. White. Binge-drinking: A Test of the Role of Group Norms in the Theory of Planned Behaviour [J]. Psychology and Health, 2003, 18(1): 63-77.
[147] Lance A. Bettencourt, Kevin Gwinner. Customization of the Service Experience: The Role of the Frontline Employee [J]. International Journal of Service Industry Management, 1996, 7(2): 3-20.
[148] Lars Bo Jeppesen, Mans J. Molin. Consumers as Co-developers: Learning and Innovation Outside the Firm [J]. Technology Analysis & Strategic Management, 2003, 15 (3): 363-383.
[149] Lars Bo Jeppesen. User Toolkits for Innovation: Consumers Support Each Other [J]. Journal of Product Innovation Management, 2005, 22(4): 347-362.
[150] Lars Bo Jeppesen, Lars Frederiksen. Why Do Users Contribute to Firm-hosted User Communities? The Case of Computer-controlled Music Instruments [J]. Organization Science, 2006,17 (1): 45-63.
[151] Lenda Jo Anderson-Connell , Pamela V. Ulrich , Evelyn L. Brannon. A Consumer Driven Model for Mass Customization in Apparel Industry [J]. Journal of Fashion Marketing and Managment, 2002, 6(3): 240-258.
[152] L. Michelle Bobbitt, Pratibha A. Dabholkar. Integrating Attitudinal Theories to Understand and Predict Use of Technology-based Self-service: The Internet as an Illustration [J]. International Journal of Service Industry Management, 2001, 12(5): 423-450.
[153] Louis Leon Thurstone. The Measurement of Social Attitudes [J]. Journal of Abnormal and Social Psychology, 1931, 26(3): 249-269.
[154] Louis M. Rea, Richard A. Parker. Design and Conducting Survey

Research: A Comprehensive Guide [M]. San Francisco: Jossey-Bass Publishers, 1992.

[155] Lyn Quine, Rona Rubin. Attitude, Subjective Norm, and Perceived Behavioural Control as Predictors of Women's Intentions to Take Hormone Replacement Therapy[J]. British Journal of Health Psychology, 1997, 2(3): 199-216.

[156] Mannetti L., Pierro A., Livi S. Explaining Consumer Conduct: From Planned to Self-expressive Behavior [J]. Journal of Applied Social Psychology, 2002, 32: 1431-1451.

[157] Mark Conner, Christopher J. Armitage. Extending the Theory of Planned Behavior: A Review and Avenues for Further Research [J]. Journal of Applied Social Psychology,1998, 28(15): 1429-1464.

[158] Mark Conner, Neil Smith, Brian Mcmilian. Examining Normative Pressure in the Theory of Planned Behaviour: Impact of Gender and Passengers on Intentions to Break the Speed Limit [J]. Current Psychology, 2003, 22(3): 252-263.

[159] Mark Cordano, Irene Hanson Frieze. Pollution Reduction Preferences of U.S. Environmental Managers: Applying Ajzen's Theory of Planned Behavior [J]. Academy of Management Journal, 2000, 43(4): 627-641.

[160] Marianna Sigala. Mass Customization Implementation Models and Customer Value in Mobile Phones Services Preliminary Findings From Greece [J]. Managing Service Quality, 2006, 16(4): 395-420.

[161] Marilyn E. Gist, Terence R. Mitchell. Self-efficacy: A Theoretical Analysis of its Determinants and Malleability [J]. Academy of Management Review, 1992, 17(2): 183-211.

[162] Marsha L. Richins. Special Possessions and the Expression of Material Values [J]. Journal of Consumer Research, 1994, 21(3): 522-533.

[163] Martin Fishbein, Susan Middlestadt. Non-cognitive Effects on Attitude Formation and Change: Factor Artifact? [J]. Journal of Consumer Psychology, 1995, 4(2): 181-202.

[164] Martin Schreier. The Value Increment of Mass-customized Products:An Empirical Assessment [J]. Journal of Consumer Behaviour, 2006, 5: 317-327.

[165] Martin Holzwarth, Chris Janiszewski, Markus M. Neumann. The Influence of Avatars on Online Consumer Shopping Behavior [J]. Journal of Marketing, 2006, 70(4): 19-36.

[166] Martin Schreier, Reinhard Prügl. Extending Lead User Theory: Antecedents and Consequences of Consumers' Lead Userness [J]. Journal of Product Innovation Management, 2008, 25(4): 331-346.

[167] May O. Lwin, Jerome D. Williams. A Model Integrating the Multidimensional Developmental Theory of Privacy and Theory of Planned Behavior to Examine Fabrication of Information Online [J]. Marketing Letters, 2003,14(4): 257-272.

[168] M. Deutsch. The Resolution of Conflict: Constructive and Destructive Processes [J]. American Behavioral Scientist, 1973, 17(2): 248.

[169] M. Fishbein. An Investigation of the Relationships between Beliefs about an Object and the Attitude toward that Object [J]. Human Relations, 1983, 16: 233-240.

[170] M. Joseph Sirgy. Self-concept in Consumer Behavior: A Critical Review [J]. Journal of Consumer Research, 1982, 9(3): 287-300.

[171] M. Kakati. Mass Customization - Needs to Go Beyond Technology [J]. Human Systems Management , 2002, 21(2): 85-93.

[172] Michael R. Solomon. The Role of Products as Social Stimuli: A Symbolic Interactionism Perspective [J]. Journal of Consumer Research, 1983, 10(3): 319-329.

[173] Michael G. Morris, Viswanath Venkatesh. Age Differences in Technology Adoption Decisions: Implications for a Changing Workforce [J]. Personal Psychology, 2000, 53(2): 375-403.

[174] Miron Zuckerman, Harry T. Reis. Comparison of Three Models for Predicting Altruistic Behavior [J]. Journal of Personality and Social

Psychology, 1978, 36(5): 498-510.

[175] Monroek. Pricing: Making Profitable Decisions. McGraw-Hill, 1990.

[176] Morton Deutsch, Harold B. Gerard. A Study of Normative and Information Social Influences Upon Individual Judgement [J]. Journal of Abnormal and Social Psychology, 1955, 51(3): 629-636.

[177] Muzafer Sherif. The Psychology of Social Norms [M]. Oxford, England: Harper Publishers, 1936: 210.

[178] Nam P. Suh. Complexity: Theory and Applications [M]. Oxford University Press, New York, 2005.

[179] Neeraj Bharadwaj, Rebecca Walker Naylor, Frenkel Ter Hofstede. Consumer Response to and Choice of Customized versus Standardized System [J]. International Journal of Research in Marketing, 2009, 26(3): 216-227.

[180] Nikolaus Franke, Frank T. Piller. Key Research Issues in User Interaction with Configuration Toolkits in a Mass Customization System [J]. International Journal of Technology Management, 2003, 26(5): 578-599.

[181] Nikolaus Franke, Frank T. Piller. Value Creation by Toolkits for User Innovation and Design: The Case of the Watch Market [J]. Journal of Product Innovation Management, 2004, 21 (6): 401-415.

[182] Nikolaus Franke, Peter Keinz, Martin Schreier. Complementing Mass Customization Toolkits with User Communities: How Peer Input Improves Customer Self-design [J]. Journal of Product Innovation Management, 2008, 25(6): 546-559.

[183] Nikolaus Franke, Peter Keinz, Christoph J. Steger. Testing The Value of Customization: When Do Customers Really Prefer Products Tailored to Their Preferences? [J]. Journal of Marketing, 2009, 73(5): 103-121.

[184] Nikolaus Franke, Martin Schreier. Why Customers Value Self-designed Mass-customized Products: The Importance of Process Effort

and Enjoyment [J]. Journal of Product Innovation Management, 2010, 27(7): 1020-1031.

[185] Nikolaus Franke, Martin Schreier, Ulrike Kaiser. The "I Designed It Myself" Effect in Mass Customization [J]. Management Science, 2010, 56(1): 125-140.

[186] Niraj Dawar, Madan M. Pillutla. Impact of Product-harm Crises on Brand Equity: The Moderating Role of Consumer Expectations [J]. Journal of Marketing Research, 2000, 37(2): 215-226.

[187] Norbert Schwarz. Moods and Attitude Judgments: A Comment on Fishbein and Middlestadt [J]. Journal of Consumer Psychology, 1997, 6(1): 93-98.

[188] Norris Krueger, Peter R. Dickson. How Believing in Ourselves Increases Risk Taking: Perceived Self-efficacy and Opportunity Recognition [J]. Decision Sciences , 1994, 25 (3): 385-400.

[189] Pamela Tierney, Steven M. Farmer. Creative Self-efficacy: Its Potential Antecedents and Relationship to Creative Performance [J]. Academy of Management Journal, 2002, 45(6): 1137-1148.

[190] Paschal Sheeran, Sheina Orbell. Implementation Intentions and Repeated Behavior: Augmenting the Predictive Validity of the Theory of Planned Behavior [J]. European Journal of Social Psychology, 1999, 29(2): 349-369.

[191] Patricia M. Doney, Joseph P. Cannon. An Examination of the Nature of Trust in Buyer-Seller Relationships [J]. Journal of Marketing, 1997, 61(2): 35-51.

[192] Paul A. Pavlou. Consumer Acceptance of Electronic Commerce: Integrating Trust and Risk with the Technology Acceptance Model [J]. International Journal of Electronic Commerce , 2003, 7(3): 101-134.

[193] Paul A. Pavlou, Mendel Fygenson. Understanding and Predicting Electronic Commerce Adoption: An Extension of the Theory of Planned Behavior [J]. MIS Quarterly, 2006, 30 (1): 115-143.

[194] Paul Sparks, Carol A. Guthrie. Self-Identity and the Theory of Planned Behavior: A Useful Addition or an Unhelpful Artifice? [J]. Journal of Applied Social Psychology, 1998, 28(15): 1393-1410.

[195] Paul W. Miniard, Michael J. Barone. The Case for Non Cognitive Determinants of Attitude: A Critique of Fishbein and Middlestadt [J]. Journal of Consumer Psychology, 1997, 6(1): 77-91.

[196] Paul Zipkin. The Limits of Mass Customization [J]. Sloan Management Review, 2001, 42(3): 81-87.

[197] Peter M. Gollwitzer. Action Phases and Mindsets [M]. Hand Book of Motivation and Cognition: Foundations of Social Behavior. New York: Guilford Press, 1990, 2: 53-92.

[198] Peter M. Gollwitzer, Ute Bayer. Deliberative versus Implemental Mindsets in the Control of Behavior. In S. Chaiken & Y. Trope (Eds.), Dual-process Theories in Social Psychology. New York: Guilford Press, 1999: 403-422.

[199] Piller F., F. Hönigschmid, F. Müller. Individuality and Price: An Exploratory Study on Consumers' Willingness to Pay for Customized Products. Working Paper For General and Industrial Management, TUM Business School, Munich, 2002.

[200] Pingjun Jiang. The Role of Brand Name in Customization Decisions: A Search vs Experience Perspective [J]. Journal of Product & Brand Management, 2004, 13(2):73-83.

[201] P. Spark, R. Sheperd. Self-identity and the Theory of Planned Behavior: Assessing the Role of Identification with "Green Consumerism" [J]. Social Psychology Quarterly, 1992, 55: 388-399.

[202] Qiang Tu, Mark A. Vonderembse, T. S. Ragu-Nathan. The Impact of Time-based Manufacturing Practices on Mass Customization and Value to Customer [J]. Journal of Operations Management, 2001, 19(2): 201-217.

[203] Qiang Tu, Mark A. Vonderembse, T. S. Ragu-Nathan, Bhanu

Ragu-Nathan. Measuring Modularity-based Manufacturing Practices and Their Impact on Mass Customization Capability: A Customer-driven Perspective [J]. Decision Sciences, 2004, 35(2): 148-168.

[204] Rebecca Duray, Peter T. Ward, Glenn T. Millgan, Willam L. Berry. Approaches to Mass Customization: Configurations and Empirical Validation [J]. Journal of Operations Management, 2000, 18(6): 605-625.

[205] Rich Ling. It is "in". It doesn't Matter if You Need It or Not, Just That You Have It: Fashion and the Domestication of the Mobile Telephone among Teens in Norway. Working Paper, Telenor R&D, Oslo, Norway, 2001.

[206] Richard T. Lapiere. Attitudes vs Action [J]. Social Forces,1934,13(2): 230-237.

[207] Richard C. Whiteley, Richard Whiteley, Diane Hessan. Customer Centered Growth. Century Business Books, NewYork, NY, 1996.

[208] Rigby D. K., Vishwanath V. Localization: The Revolution in Consumer Markets [J]. Harvard Business Review, 2006, 84 (4): 82-92.

[209] Robert A. Baron, Donn Byrne, William Griffitt. Social Psychology: Understanding Human Interaction [M]. Oxford, England: Allyn & Bacon, 1974.

[210] Robert E. Larzelere, Ted L. Huston. The Dyadic Trust Scale: Toward Understanding Interpersonal Trust in Close Relationships [J]. Journal of Marriage and the Family, 1980, 42(3): 595-604.

[211] Robert A. Baron, Donn Byrne. Social Psychology: Understanding Human Interaction. 5th ed. Boston: Allyn & Bacon, 1987.

[212] Robert Meeds. Cognitive and Attitudinal Effects of Technical Advertising Copy: The Roles of Gender, Self-assessed and Objective Consumer Knowledge [J]. International Journal of Advertising, 2004, 23(3): 309-335.

[213] Roger C. Davis, James H. Mayer, F. David Schoorman. An Integration Model of Organizational Trust [J]. Academy of Management Review, 1995, 20(3): 709-734.

[214] Roland T. Rust, Kathline N. Lemon. E-service and the Consumer [J]. International Journal of Electronic Commerce, 2001, 5(3): 85-101.

[215] Rungtusanatham M. Johnny, Fabrizio Salvador. From Mass Production to Mass Customization: Hindrance Factors, Structural Inertia, and Transition Hazard [J]. Production and Operations Management, 2008, 17(3): 385-396.

[216] Russell H. Fazio, Mark P. Zanna. Attitudinal Qualities Relating to the Strength of the Attitude-behavior Relationship [J]. Journal of Experimental Social Psychology, 1978, 14(4): 398-408.

[217] Russell W. Belk. Possessions and the Extended Self [J]. The Journal of Consumer Research, 1988, 15(2): 139-168

[218] Russell H. Fazio. Attitudes as Object-evaluation Associations: Determinants, Consequences, and Correlates of Attitude Accessibility [J]. Attitude Strength: Antecedents and Consequences, 1995, 4: 247-282.

[219] Ruth Mugge, Frederic Brunel, Jan Schoormans. Consumer Responses to Mass Customization of Product Aesthetics [J]. Advances in Consumer Research, 2010, 37: 624-625.

[220] Ryan E. Rhodes, Kerry S. Courneya. Investigating Multiple Components of Attitude, Subjective Norm, and Perceived Control: An Examination of the Theory of Planned Behaviour in the Exercise Domain [J]. British Journal of Social Psychology, 2003, 42(1): 129-146.

[221] Sarah Moore, Molly T. Laflin, David L. Weis, Bob E. Hayes. Use of the Theory of Reasoned Action to Predict Drug and Alcohol Use [J]. International Journal of the Addictions, 1994, 29(7): 927-940.

[222] Satyabhusan Dash, K. B. Saji. Role of Self-efficacy and Website

Social-presence in Customers' Adoption of B2C Online Shopping: An Empirical Study in the Indian Context [J]. Journal of International Consumer Marketing, 2007, 20(2): 33-48.

[223] Seiji Endo, Doris H. Kincade. Mass Customization For Long-term Relationship Development: Why Consumers Purchase Mass Customized Products Again [J]. Qualitative Market Research, 2008, 11(3): 275-294.

[224] Serge Moscovici. Toward a Theory of Conversion Behavior [J]. Advances in Experimental Social Psychology, 1980, 13: 209-239.

[225] Serge Moscovici. Social Influence and Conformity [J]. Hand Book of Social Psychology, 1985, 2: 347-412.

[226] Shankar Ganesan. Determinants of Long-term Orientation in Buyer-Seller Relationships [J]. Journal of Marketing, 1994, 58(2): 1-19.

[227] Shaoyi Liao, Yuan Pu Shao, Huaiqing Wang, Ada Chen. The Adoption of Virtual Banking: An Empirical Study [J]. International Journal of Information Management, 1999, 19(1): 63-74.

[228] Sharon Shavitt. Operationalizing Functional Theories of Attitude [J]. Attitude Structure and Function, 1989, 3: 311-337.

[229] Sharon Shavitt. The Role of Attitude Objects in Attitude Functions [J]. Journal of Social Psychology, 1990, 26(2): 124-148.

[230] Sharon Shavitt, Tina M. Lowrey, Sang-Pil Han. Attitude Functions in Advertising: The Interactive Role of Products and Self-monitoring [J]. Journal of Consumer Psychology, 1992, 1(4): 337-364.

[231] Sheldon Stryker. Identity Salience and Role Performance: The Relevance of Symbolic Interaction Theory for Family Research [J]. Journal of Marriage and the Family, 1968, 30(4): 558-564.

[232] Sheldon Stryker. Symbolic Interactionism: A Social Structural Version [M]. Menlo Park, CA: Benjamin / Cummings Publishing Company, 1980.

[233] Shin-Yuan Hung, Cheng-Yuan Ku, Chia-Ming Chang. Critical Factors of WAP Services Adoption: An Empirical Study [J]. Electronic Commerce Research & Applications, 2003, 2(1): 42-61.

[234] Shirley Taylor, Peter A. Todd. Understanding Information Technology Usage: A Test of Competing Models [J]. Information Systems Research, 1995, 6(2): 144-176.

[235] Shu Fai Cheng, Darius K. S. Chan. The Role of Perceived Behavioral Control in Predicting Human Behavior: A Meta-analytic Review of Studies on the Theory of Planned Behavior. Unpublished Manuscript, Chinese University of Hong Kong, 2000.

[236] Shu-Sheng Liaw. The Theory of Planned Behaviour Applied to Search Engines as a Learning Tool [J]. Journal of Computer Assisted Learning, 2004, 20(4): 283-291.

[237] Sidney J. Levy. Symbols for Sale [J]. Harvard Business Review, 1959, 37 (4): 117-119.

[238] Sriram Ramabhadran, Joseph Pasquale. A Framework for Application-specific Customization of Network Services. Proceedings of the Fourth Annual International Work Shop on Active Middleware Services, 2002.

[239] Stanley M. Davis. Future Perfect [M]. Reading, MA: Addison-Wesley, 1987.

[240] Steven P. Brown, Eli Jones, Thomas W. Leigh. Moderated Mediation in the High Performance Cycle: Interference of Role Overload [J]. Journal of Applied Psychology, 2005, 90(5): 972-979.

[241] Steven J. Sherman, Russell H. Fazio. Parallels between Attitudes and Traits as Predictors of Behavior [J]. Journal of Personality, 1983, 51(3): 308-345.

[242] Studipto Bhatttacharya, Arnoud W. A. Boot, Anjan V. Thakor. The Economics of Bank Regulation [J]. Journal of Money, Credit, and Banking, 1998, 30(4): 745-770.

[243] Suresh Kotha. Mass Customization: Implementing The Emerging Paradigm For Competitive Advantage [J]. Strategic Management Journal, 1995, 16(S1): 21-42.

[244] Suresh Kotha. From Mass Production to Mass Customization: The Case of the National Industrial Bicycle Company of Japan [J]. European Management Journal, 1996, 14(5): 442-450.

[245] Syed S. Andaleeb. The Trust Concept: Research Issues for Channels of Distribution [J]. Research in Marketing, 1992, 11(1): 1-34.

[246] Takatoshi Kitano, Keiichi Iguchi, Kazuya Koyama. Generating Robust X Paths for Service Customization. 2010 IEEE 6th World Congress on Services.

[247] Terence A. Shimp, Alican Kavas. The Theory of Reasoned Action Applied to Coupon Usage [J]. Journal of Consumer Research, 1984, 11(3): 795-809.

[248] Terry A. Oliver, Faye Shapiro. Self-efficacy and Computers [J]. Journal of Computer-based Interactions, 1993, 20(3): 81-85.

[249] Terry Lam, Cathy H. C. Hsu. Theory of Planned Behaviour: Potential Travelers from China [J]. Journal of Hospitality & Tourism Research, 2004, 28(4): 463-482.

[250] Thoits P. A., Virshup L. K. Me's and We's: Forms and Functions of Social Identity. In R. Ashmore & L. Jussim (Eds.), Self and Identity: Fundamental Issues. New York: Oxford University Press, 1997.

[251] Thomas G. McGuire. Criteria for Evaluating a Case-mix Classification System as a Basis for Prospective Payment. Unpublished Manuscript, Health Policy Center, Brandeis University, Waltham (MA), 1985.

[252] Thorsten Blecker, Nizar Abdelkafi. Complexity and Variety in Mass Customization Systems: Analysis and Recommendations [J]. Germany Management Decision, 2006, 44(7): 908-929.

[253] Torben Hansen. Consumer Values, The Theory of Planned Behaviour and Online Grocery Shopping [J]. International Journal of Consumer

Studies, 2008, 32(2): 128-137.

[254] Utpal M. Dholakia, Richard Bagozzi. As Time Goes By: How Goal and Implementation Intentions Influence Enactment of Short-fused Behaviors [J]. Journal of Applied Social Psychology, 2003, 33(5): 889-922.

[255] Valarie A. Zeithaml. Consumer Perceptions of Price, Quality, and Value: A Means-end Model and Synthesis of Evidence [J]. Journal of Marketing, 1988, 52(3): 2-22.

[256] Viswanath Venkatesh, Fred D. Davis. A Theoretical Extension of the Technology Acceptance Model: Four Longitudinal Field Studies [J]. Management Science, 2000, 46(2): 186-204.

[257] Viswanath Venkatesh, Michael G. Morris, Philip L. Ackerman. A Longitudinal Field Study of Gender Differences in Individual Technology Adoption Decision Making Processes [J]. Organizational Behavior and Human Decision Processes , 2000, 83(1): 33-60.

[258] Viswanath Venkatesh, Michael G. Morris, Gordon B. Davis, Fred D. Davis. User Acceptance of Information Technology: Toward a Unified View [J]. MIS Quarterly, 2003, 27(3):425-478.

[259] William O. Bearden, Richard G. Netemeyer, Jesse E. Teel. Measurement of Consumer Susceptibility to Interpersonal Influence [J]. Journal of Consumer Research, 1989, 15(4): 473-481.

[260] William O. Bearden, Michael J. Etzel. Reference Group Influence on Product and Brand Purchase Decisions [J]. Journal of Consumer Research, 1982, 9(2): 183-194.

[261] William D. Crano, Radmila Prislin. Attitudes and Attitude Change [M]. Psychology Press, Taylor & Francis Group, New York, London, 2008.

[262] X. F. Shao, J. H. Ji. Evaluation of Postponement Strategies in Mass Customization with Service Guarantees [J]. International Journal of Production Research, 2008, 46(1):153-171.

[263] Xuehong Du, Mitchell M. Tseng. Characterizing Customer Value for

Product Customization. In Proceedings of the 1999 ASME Design Engineering Technical Conference. Las Vegas, 1999, 12:1999.

[264] Yann Truong. An Evaluation of the Theory of Planned Behaviour in Consumer Acceptance of Online Video and Television Services [J]. Electronic Journal Information Systems Evaluation, 2009, 12(2): 177-186.

[265] Yossi Aviv, Awi Federgruen. Design for Postponement: A Comprehensive Characterization of its Benefits under Unknown Demand Distributions [J]. Operation Research, 2001, 49(4): 578-598.

附录A 调查问卷

亲爱的同学们：

大家好！我是南开大学博士研究生，目前进行消费者关于定制产品接受情况的研究，这份调查问卷是我博士研究论文的一部分，恳请您的配合与协作。

本问卷调查纯属学术研究目的，内容不会涉及您的隐私，我们将会对问卷内容严格保密，所获信息不会用于任何商业目的，请您放心！在回答前请您仔细看清题项，认真作答。答案没有优劣之分，请根据您的实际情况真实填写。非常感谢您的参与和配合！祝身体健康！学业愉快！

南开大学博士研究生　王艳芝

电子邮箱：　wyz_7702@126.com

请您仔细阅读下列情景，然后回答下面问题：

某知名电脑公司（这里省去了具体公司名称）新推出个人笔记本电脑定制业务，即您可以根据个人需要，参与选择不同的电脑软硬件，进而组装一台更符合自己需要的笔记本电脑（这与传统市场上出售的标配电脑有所区别）。为了更有针对性地开展该业务，公司拟在学生群体中开展预调研。下面一些说法您是否同意？请您根据个人情况在同意的那一项下面挑"√"。再次感谢您的真诚参与！

注：数字 1-7 分别表示下列意思

1-非常不同意　2-比较不同意　3-不同意　4-中立　5-同意

6 -比较同意　7-非常同意

条目	选项						
我愿意定制一台更符合我个人需要的电脑	□1	□2	□3	□4	□5	□6	□7
我觉得目前市场上出售的标配电脑不能完全让我满意	□1	□2	□3	□4	□5	□6	□7
我认为选择定制电脑是个好主意	□1	□2	□3	□4	□5	□6	□7
我认为定制电脑更令我满意	□1	□2	□3	□4	□5	□6	□7
我的朋友或家人会尊重我定制电脑的决定	□1	□2	□3	□4	□5	□6	□7
我的朋友或家人认为我应该选择定制电脑	□1	□2	□3	□4	□5	□6	□7
我认为朋友或者家人不会反对我定制电脑	□1	□2	□3	□4	□5	□6	□7
对于完成电脑定制，我有较充足的把握	□1	□2	□3	□4	□5	□6	□7
我用定制电脑表明我想成为什么样的人	□1	□2	□3	□4	□5	□6	□7
我用定制电脑表明我的个人身份	□1	□2	□3	□4	□5	□6	□7
我认为定制电脑能够向别人传达我的个性	□1	□2	□3	□4	□5	□6	□7

续表

条目	选项						
如果企业提供关于电脑定制的指导，我会很高兴	□1	□2	□3	□4	□5	□6	□7
企业的定制指导对我完成电脑定制很有帮助	□1	□2	□3	□4	□5	□6	□7
我认为企业品牌对于我选择电脑定制很关键	□1	□2	□3	□4	□5	□6	□7
我认为品牌电脑公司更具有实力	□1	□2	□3	□4	□5	□6	□7
请问您愿意定制电脑吗	□1	□2	□3	□4	□5	□6	□7
我对品牌电脑公司更信任	□1	□2	□3	□4	□5	□6	□7
我认为品牌电脑公司不会让我失望	□1	□2	□3	□4	□5	□6	□7
我认为选择品牌电脑公司进行电脑定制会更令人放心	□1	□2	□3	□4	□5	□6	□7
我对笔记本电脑的相关知识了解清楚	□1	□2	□3	□4	□5	□6	□7
我知道如何选择笔记本电脑的相关配件	□1	□2	□3	□4	□5	□6	□7
我比较熟悉笔记本电脑的相关部件和性能	□1	□2	□3	□4	□5	□6	□7
我愿意企业提供电脑定制方面的指导	□1	□2	□3	□4	□5	□6	□7
我认为定制电脑表明自己是追求个性的时尚人士	□1	□2	□3	□4	□5	□6	□7

续表

条目	选项						
我认为周围人会对我的定制电脑印象很深	□1	□2	□3	□4	□5	□6	□7
我通过定制电脑向周围人炫耀	□1	□2	□3	□4	□5	□6	□7
我会有意通过定制电脑表明自己的社会身份	□1	□2	□3	□4	□5	□6	□7
我认为电脑定制是小事一桩	□1	□2	□3	□4	□5	□6	□7
我能够独立完成整个电脑定制过程	□1	□2	□3	□4	□5	□6	□7
我认为使用定制电脑是我个性表达的一部分	□1	□2	□3	□4	□5	□6	□7
我用定制电脑表达我的个人价值	□1	□2	□3	□4	□5	□6	□7
我比较熟悉笔记本电脑市场	□1	□2	□3	□4	□5	□6	□7
如果企业提供定制指导，我会很欢迎	□1	□2	□3	□4	□5	□6	□7
我认为品牌电脑公司更有能力满足我的需要	□1	□2	□3	□4	□5	□6	□7
如果有足够的钱，您会考虑定制电脑吗	□1	□2	□3	□4	□5	□6	□7
您选择定制电脑的可能性有多大	□1	□2	□3	□4	□5	□6	□7
我认为我有能力完成电脑定制	□1	□2	□3	□4	□5	□6	□7
电脑定制对于我来说不是什么难事	□1	□2	□3	□4	□5	□6	□7

续表

条目	选项						
我的朋友希望我与他们用一样的产品	□1	□2	□3	□4	□5	□6	□7
我的朋友希望我与他们品位一致	□1	□2	□3	□4	□5	□6	□7
我认为我的朋友或家人会赞同我定制电脑的	□1	□2	□3	□4	□5	□6	□7
我的朋友或家人肯定也喜欢定制电脑	□1	□2	□3	□4	□5	□6	□7
我的家人或者朋友会对我提供建议	□1	□2	□3	□4	□5	□6	□7
我会从朋友、家人那里获得信息	□1	□2	□3	□4	□5	□6	□7
我认为参与电脑定制会是愉快的过程	□1	□2	□3	□4	□5	□6	□7
我喜欢参与电脑定制过程	□1	□2	□3	□4	□5	□6	□7
我的朋友或家人对我的影响很大	□1	□2	□3	□4	□5	□6	□7
我会从我的偶像那里获得产品信息	□1	□2	□3	□4	□5	□6	□7
我希望自己的电脑与众不同	□1	□2	□3	□4	□5	□6	□7
我希望按照自己的意愿配置电脑	□1	□2	□3	□4	□5	□6	□7
我愿意为电脑定制付出一些时间和精力	□1	□2	□3	□4	□5	□6	□7

您的性别： □男　□女

您的年龄： □20 岁及以下　□21～25 岁　□26～30 岁　□31 岁及以上

您的学历： □本科一年级　□本科二年级　□本科三年级
□本科四年级　□研究生及以上

问卷到此结束，请您再仔细检查有无遗漏。再次感谢您的参与和配合！

附录B 不同来源样本的同质性检验结果

项目	F 值	Sig	项目	F 值	Sig
定制敏感 A1	0.435	0.510	行为控制 A23	0.721	0.396
定制敏感 A2	2.727	0.099	行为控制 A24	1.156	0.283
定制敏感 A4	2.141	0.144	行为控制 A25	2.613	0.107
定制敏感 A5	0.060	0.807	社会身份 A26	2.286	0.131
态度 A6	0.138	0.711	社会身份 A27	0.520	0.471
态度 A7	0.141	0.708	社会身份 A28	0.371	0.543
态度 A8	0.036	0.850	社会身份 A29	0.050	0.823
态度 A9	0.002	0.965	自我身份 A30	2.438	0.119
参照群体 A11	0.053	0.819	自我身份 A31	1.628	0.203
参照群体 A12	0.284	0.594	自我身份 A32	2.221	0.137
参照群体 A13	1.418	0.234	自我身份 A33	0.462	0.497
参照群体 A14	3.184	0.075	自我身份 A34	0.319	0.573
参照群体 A15	3.095	0.079	产品知识 A35	0.418	0.518
主观标准 A16	0.496	0.481	产品知识 A36	4.979	0.026
主观标准 A17	1.343	0.247	产品知识 A37	1.093	0.296
主观标准 A18	1.637	0.201	产品知识 A38	0.438	0.509
主观标准 A19	0.001	0.970	定制指导 A39	0.005	0.946
行为控制 A22	1.693	0.194	定制指导 A40	1.199	0.274

续表

项目	F 值	Sig	项目	F 值	Sig
定制指导 A41	0.205	0.651	品牌信任 A48	0.628	0.428
定制指导 A42	0.650	0.421	购买意愿 A49	1.724	0.190
品牌信任 A43	0.363	0.547	购买意愿 A50	3.248	0.072
品牌信任 A44	1.554	0.213	购买意愿 A51	7.671	0.006
品牌信任 A45	0.006	0.938	性　　别	0.088	0.767
品牌信任 A46	0.293	0.588	学　　历	2.456	0.118
品牌信任 A47	0.093	0.760	年　　龄	1.856	0.174

附录C 本研究的假设检验情况表

假设	内 容	结论
假设 1	顾客感知行为控制积极影响他们对定制产品的购买意愿	支持
假设 2	顾客对定制产品的态度积极影响他们对定制产品的购买意图	支持
假设 3	主观标准积极影响顾客对定制产品的购买意图	支持
假设 4	顾客定制产品知识积极影响他们的感知行为控制	支持
假设 5	企业定制指导积极影响顾客感知行为控制	支持
假设 6	顾客定制敏感性积极影响顾客对定制产品的态度	支持
假设 7	顾客对企业品牌的信任会积极影响他们对定制产品的态度	支持
假设 8	顾客的自我身份表达会积极影响他们对定制产品的购买意图	支持
假设 9	顾客的自我身份表达影响他们对定制产品的态度	支持
假设 10	社会身份表达积极影响顾客对定制产品的购买意图	拒绝
假设 11	顾客主观标准积极影响其社会身份表达	支持
假设 12	参照群体积极影响顾客主观标准	支持

附录　案例一：快门网（Shutterfly）的定制之路

定制化是商业发展的趋势和未来，如果你对此仍有所怀疑，那么没有比提供个性照片礼物制作的快门网更具说服力的例子了。该公司市值估计在10亿美元左右，而有着百年历史的老牌影像巨头伊斯曼·柯达公司（Eastman Kodak Co.）则申请破产保护——之所以会出现如此的反差，是因为快门网成功走上了定制化正轨。

1999年12月，硅谷企业家吉姆·克拉克（Jim Clark）创办快门网。当初他的想法是为美国消费者提供数码照片冲印服务。那个时候，拥有数码照相机的美国人数量极其有限。一台很简单的200万像素的相机售价就高达800美元，这其实也不难理解。但是吉姆确信世界将会朝数字化迈进——现在回过头去看，他的确很有先见之明。

不过有趣之处在于：快门网能取得如今的成功并不仅仅是因为吉姆抢先一步占据数码照片领域。事实上，尽管吉姆眼光独到，但在互联网泡沫时代，快门网也曾举步维艰。该公司之所以能生存下来，且最终在同行业竞争中脱颖而出，战胜众多大品牌，就是因为它在一定程度上提供了对手所没有的定制化服务。2004年左右，所有人（不仅仅是吉姆）都意识到美国人开始从胶片转向数码领域，数百家公司争先恐后地投身数码照片冲印行业。

那时，快门网远没有发展到家喻户晓的地步。2004年，公司全年收入额只有5000万美元，勉强实现盈利。与此同时，成立多年的美国老牌摄影公司柯达公司在2005年登上美国数码相机销量榜首位，年收入达到

57 亿美元。在当时，如果让你打赌到 2012 年哪家公司会申请破产保护，快门网显然是更为明智的选择。当然了，历史发展往往是“反其道而行之”。

虽然柯达公司开启了数码照相机业务，却没能洞察到顾客的进一步需求。柯达想当然地认为消费者仍然想要标准的 10 厘米×15 厘米的照片。2005 年，快门网聘请 eBay 公司战略客户部负责人杰弗里·豪森伯德为新任 CEO（首席执行官）。杰弗里有着不同的见解，当他得到快门网 CEO 这份工作时，快门网和同行的竞争对手没有差别，主打的也是 10 厘米×15 厘米的照片冲印。快门网没能帮助人们冲印更多样化的照片、留住美好的回忆，基本上只是延续旧有的经营模式，即顾客留下胶卷，公司负责冲印，然后将照片放入干净的包装袋中，顾客取回后可以将照片插入活页相册，再摆放在书架上。

后来，快门网放弃了“照片冲印”这一主打招牌，开始将“线上社交分享以及个人冲印服务”作为自己的定位。当柯达公司依旧固守着 10 厘米×15 厘米的经典老照片冲印服务时，快门网已经将目标瞄准了诸如个性日历、定制贺卡、定制相册、个性马克杯以及鼠标垫等利润更丰厚的定制化产品。此外，无论顾客是否购买东西，快门网从来不会擅自删除用户上传的任何照片。正如杰弗里所言，该公司始终坚定以顾客为中心的服务理念，照片或者收入都不是最重要的，公司看重的是终身与顾客的合作关系。

杰弗里的判断收到了回报。2011 年 1 月，快门网成为世界上首批公开发行市值突破 10 亿美元的真正提供定制化服务的公司之一。没过多久，即 2012 年 1 月，定制化程度相对不高的柯达公司申请破产保护。两个月后，这一昔日的影像巨头将其在线图片分享业务“柯达画廊（Kodak Gallery）”以 2380 万美元出售给快门网（包括 7500 万注册用户）。在与很多大公司如柯达、贺曼等的竞争博弈中，快门网终于凭借定制化成为最大且最赚钱的公司。

资料来源：安东尼·弗林，艾米莉·弗林·范凯特著. 陈薇薇译. 私人定制. 电子工业出版社，2014：34～36.

附录 案例二：Zara和Gap之争

数十年来，服装产业几乎就等同于发展中国家大规模生产，但最近几年，这种等同关系发生了新的变化。最好的例子莫过于世界两大服装零售商 Inditex 集团与 Gap 公司之间的竞争。2008 年，拥有服装品牌巨头 Zara 的西班牙 Inditex 集团取代美国的 Gap 公司（其旗下最大的品牌是 Gap 专卖店）成为世界上最大的时装零售商。Inditex 成功的秘诀是什么？当然就是定制化。

和 20 世纪其他主要服装品牌一样，Gap 的经营模式就是在每个季节来临之前，在劳动力廉价的海外生产中心大规模生产售价相对并不昂贵的时装。20 世纪 90 年代，Gap 从中获益。CEO 米奇·德雷克斯勒（Mickey Drexler）有着敏锐的时尚嗅觉，能在产品上市前几个月就预见到当季会吹怎样的时尚风潮，什么款式的时装会大受热捧。除了 Gap 批量生产的服装外，普通消费者几乎没有其他能够承受得起的时装选择，因此，德雷克斯勒对流行的预测吸引了一波又一波的回头客。

而 Zara 凭借着一种足以改变市场游戏格局的商业模式崭露头角，引起国际关注。2001 年，Zara 所属的 Inditex 集团首次公开发行股票，募得 20 亿美元的资金。于是 Inditex 集团开始加大投入，为 Zara 打开国际市场。这一新兴全球化品牌与老牌巨头 Gap 截然不同。Zara 并没有将生产业务外包给发展中国家，其超过 50%的产品是在西班牙本土生产的。通过保持对产品的控制以及生产本土化，使得 Zara 能够在短短 10 天内就开创新的时装线，Gap 则需花费数月时间。Zara 的营销方式在以前是难以想象的：与其在季节来临前几个月就去猜测消费者想要穿什么，倒不如让消费者自己当设计师。

今天，进入任何一家 Zara 专卖店，你都能感受到这种新潮的商业模式。公司将低科技的顾客反馈与高科技的设备相结合（例如掌上电脑与智能收音机）。Zara 的门店店长会与顾客交流，了解他们希望在货架上看到怎样的产品。以现有产品线为基础，店长还会询问顾客是否喜欢更长一点的裙子、不同的颜色、圆领连衣裙、不同面料的职业套装等无数的问题。然后他们会将所得到的答案都上传到掌上电脑上。顾客从一叠又一叠的衣服中不停翻寻，最终决定买什么，或者没有买，店长还会搜集这些数据，以便找出哪种面料、颜色或者款式不受买家欢迎。同时，专卖店内的智能收银机还会自动计算哪种款式销量最高，并且进行排名后定期将榜单直接发到店长的掌上电脑上。

完成调查后，店长会进一步整理掌上电脑上所有的数据，然后传给位于西班牙的 Zara 总部。在那里，数百名设计师会将顾客的点子和设计付诸实践。虽然 Zara 的商业模式并非“真正的定制化”，但是可以称之为“适度定制化”。在商界，这种定制化服务通常就是“众包”“开放式创新”或者“协同创新”。

Zara 并没有对个体客户开放服装定制业务，而是以群体为基础，拥有数千种不同款式的服装，远多于 Gap。且 Zara 的产品不是在遥远的生产地装箱，节约了漫长的运输时间。到 2008 年，Zara 在专卖店中陈设的产品种类总量竟然达到了令人惊叹的 3 万种，大约是 Gap 的 10 倍。

为顾客定制时尚服装，且在本土生产，Zara 的决定收到了回报。公司市值节节攀升，从 2001 年的 24.3 亿美元发展至 2007 年的 1360 亿美元。与此同时，面对如此冲击，Gap 茫然不知所措。2003 年，Gap 创始人兼主席丹 • 费舍尔（Dan Fisher）在接受《财富》杂志采访时表示：“我们花了 30 年时间才实现 10 亿美元利润，结果短短两年后，我们就什么也不是了。”到 2008 年年底，Inditex 超越 Gap，成为世界上最大的时装零售商，令后者黯然失色。

自那以后，热衷定制化服务的 Zara 创建全球化零售网站，为顾客提供定制化购物体验，Gap 与其的差距越来越大。Zara 的网站于 2010 年成立，顾客能够通过一系列选项来确定想要浏览的特定产品。例如想买连衣裙，顾客就能通过选择类别、颜色、尺码以及价格范围，从而更快地找到心仪的裙子。实际上，顾客网上购物所得到的体验与其步入某高端精品店要求信得过的售货员为自己做些推荐时所享受到的服务是一样的。举个例子，顾客会这么说："我想要一件红色迷你连衣裙，价格不要超过 60 美元，要小号。"而网站很快就能为你列出相应的答案，还会附上漂亮的产品图片。

而 Gap 的官网上则是一种截然不同的体验，在"连衣裙"一栏，只为顾客提供了尺码选择。如今的消费者想要更多的自主权，他们渴望体验定制化购物。数据是最有力的证明。2010 年，即 Zara 创办网站那一年，Gap 公司的净收入只提升了 9%；而同一时期，Zara 母公司 Inditex 集团的净收入涨幅高达 32%。

资料来源：安东尼·弗林，艾米莉·弗林·范凯特著. 陈薇薇译. 私人定制. 电子工业出版社，2014：64～67.